백문백답

백문백답

모세오경, 역사서, 시가서

지은이 | 양진일
초판 발행 | 2023.11.15

등록번호 | 제 2022-000023호
펴낸이 | 이현걸
펴낸곳 | 미션앤컬처

주소 | 동작구 여의대방로 22길 121
전화 | 02-877-5613, 010-3539-3613
팩스 | 02-877-5613
E-mail | missionlhg@naver.com

표지 디자인 | 이시우
내지 디자인 | 정영수
인쇄 | (주)한솔에이팩스

책 값은 뒤표지에 있습니다.
ISBN   978-89-966741-4-6

백문백답

| 모세오경, 역사서, 시가서 |

2023년도에 <구약성경, 책별로 만나다>, <신약성경, 책별로 만나다>, <모세오경 강의>, <역사서 강의> 등 네 권의 책을 연속으로 출판하게 되었습니다. 책을 출판하면서 많은 분들에게 과분한 사랑과 격려를 받았습니다. 이제 다섯 번째 책 <백문백답>을 내놓습니다.

이 책은 <구약성경, 책별로 만나다>, <신약성경, 책별로 만나다>에 이어 서울영동교회에서 주일 오후 성경공부 시간에 강의했던 내용들입니다. 구약성경과 신약성경을 공부한 후에 성도님들이 성경 각 본문에서 궁금해 하시는 내용들을 질문 받고 거기에 답한 내용 가운데 창세기부터 아가서까지를 책으로 엮었습니다. 평소 성경을 읽으시면서 궁금해 하셨던 질문들이 이 책을 통해서 자연스럽게 풀려지는 경험들을 누리실 수 있기를 바랍니다.

<백문백답>이 나오기까지 참으로 고마운 분들이 계십니다. 먼저 귀한 말씀의 자리에 초대해주셔서 성경 강의를 맡겨주시고 언제나 분에 넘치는 사랑과 격려를 해주시는 정현구 목사님과 반갑게 맞아주시는 서울영동교회 성도님들께 감사드립니다. 신학자의 모습이 어떠한지 표본이 되어주시고 말씀을 깊이 있게 볼 수 있는 눈을 열어주신 스승 김회권

교수님께 특별한 감사를 드립니다. <백문백답>을 기쁨으로 출판해준 나의 벗 이현걸 목사님께도 감사드립니다. 하나님의 말씀을 공부하는 여정에서 언제나 힘이 되어주신 말씀과함께 길벗들에게도 감사드립니다. 이 땅 가운데서 하나님 나라 백성 됨의 여정을 즐겁고 치열하게 살아가며 신앙의 길에서 서로가 서로에게 스승 되어 돕고 있는 공동체 식구들과 가족들에게도 고마움을 전합니다.

<백문백답>을 통해 평소 성경을 읽다가 궁금하셨던 내용들에 대해 답을 찾아가는 기쁨과 함께 성경을 좀 더 깊이 있게 이해하는데 큰 도움을 받으실 수 있을 것이라고 확신합니다. 말씀을 사랑하는 분들이라면 이 책을 통해 많은 유익을 누리게 될 것입니다. 책을 읽는 모든 분들이 책을 읽는 모든 시간 속에서 하나님의 말씀을 깨닫게 하시는 성령 하나님의 도우심을 풍성하게 경험할 수 있기를 바랍니다. 진심으로 감사드립니다.

2023년 11월 15일 양진일 목사

백문백답
모세오경

창세기

01 대부분의 그리스도들은 창세기를 비롯해서 오경에 대해 저자는 모세이고 히브리어로 기록된 것으로 이해하고 있습니다. 그런데 어떤 분들은 모세 당시에는 히브리어가 없었기 때문에 모세가 히브리어로 창세기를 쓰는 것은 불가능하다고 이야기합니다. 히브리어루 된 창세기를 모세가 쓴 것이 맞는가요?

A 첫 번째 질문부터 아주 심오합니다. 출애굽기에 보면 모세가 하나님의 말씀을 기록했다는 표현들이 나옵니다. 출애굽기 24장 4절과 34장 27절입니다.

모세가 여호와의 모든 말씀을 기록하고.
여호와께서 모세에게 이르시되 너는 이 말들을 기록하라.

하나님께서 두 돌 판에 십계명을 써서 모세에게 주셨습니다. 이는 모세가 문자를 알고 있었다는 중요한 증거입니다. 그렇다면 그 문자는 무엇이었을까요. 보수적인 신학자들은 모세 당시 히브리어라는 문자가 존재했다고 생각하고 진보적인 신학자들은 모세 당시 히브리어라는 문자가 존재하지 않았다고 봅니다. 대부분의 고고학자들과 성서학자들은 고대 히브리어가 다윗과 솔로몬 시대 이후에 등장했다고 보고 모세 시대에는 애굽에서 사용하던 구술 언어와 문자 언어를 사용하지 않았을까 하고 추측합니다. 출애굽기 본문을 통해 우리는 모세가 하나님의 말씀을 기록으로 남겼다는 것을 분명한 사실로 받아들일 수 있습니다. 그러나 그것이 히브리어라고 보기에는 무리가 있습니다. 당시 애굽에서 사용하던 상형문자로 기록을 남겼을 것이라고 보는 것이 가장 타당합니다. 고대 히브리어가 탄생한 이후에 서기관들에 의해 모세의 기록이 히브리어로 재기술되었다고 보는 것이 가장 합리적입니다.

우리는 모세가 오경 전체를 기록했다고 생각하지만 사실 여기서 모세는 고유명사로의 모세가 아닌 보통명사로의 모세를 말하는 것입니다. 신명기 18장 15절을 보겠습니다.

네 하나님 여호와께서 너희 가운데 네 형제 중에서 너를 위하여 나와 같은 선지자 하나를 일으키시리니 너희는 그의 말을 들을지니라.

모세가 나이가 들자 이스라엘 백성들은 걱정이 하나 생겼습니다. 지금까지 모세가 하나님과 이스라엘 백성들 사이에서 중간 매개자로서 역할을 감당했는데 모세가 사라지게 되면 이제 하나님과 소통은 어떻게 되는 것인지에 대해 걱정을 하게 된 것입니다. 그때 하나님께서 주신 말씀이 신명기 18장 15절입니다. 각 시대마다 모세와 같은 중보자를 세워주시겠다는 것입니다. 모세와 같은 중보자를 우리는 보통명사화된 모세라고 합니다. 보통명사로서의 모세는 하나님과 이스라엘 백성 사이의 중간 매개자를 가리키는 말입니다. 이런 맥락에서 여호수아는 제2의 모세라 할 수 있고, 사무엘은 주전 11세기 모세라 할 수 있고, 엘리야는 주전 9세기 모세, 이사야는 주전 8세기 모세라고 할 수 있습니다. 이 모세들에게 주신 하나님 말씀의 총합을 오경, 즉 토라라고 부릅니다.

창세기를 보면 고유명사로서 모세가 이것을 기록했다고 보기 어려운 본문들이 있습니다. 먼저 창세기 36장 31절입니다.

이스라엘 자손을 다스리는 왕이 있기 전에 에돔 땅을 다스리던 왕들은 이러하니라.

이 본문은 이스라엘에 왕정이 있었다는 것을 아는 사람만이 쓸 수 있는 표현입니다. 왕정은 고유명사 모세로부터 400년 이후에 실시된 제도인데 이것을 고유명사로서 모세가 알았다고 보기에는 무리가 있습니다. 다음으로 창세기 14장 14절입니다.

아브람이 그의 조카가 사로잡혔음을 듣고 집에서 길리고 훈련된 자 삼백십팔 명을 거느리고 단까지 쫓아가서.

아브람이 간 곳을 단이라고 말합니다. 그런데 단이라는 지명이 생겨난 것은 사사시대입니다. 사사기 18장 29절입니다.

이스라엘에게서 태어난 그들의 조상 단의 이름을 따라 그 성읍을 단이라 하니라 그 성읍의 본 이름은 라이스였더라.

고유명사로서 모세가 창세기 14장을 썼다면 아브람이 롯을 구하기 위해 쫓아간 곳을 라이스라고 해야 합니다. 왜냐하면 단이라는 지명이 생겨난 것이 사사시대이기 때문입니다. 그런데 창세기 14장 14절에서 단까지 쫓아갔다고 말하는데 이것은 고유명사로서 모세가 쓰기는 어려운 표현입니다. 정리하면 오경은 하나님과 이스라엘 백성 사이에 중간 매개자였던 모세들에게 주신 말씀의 총합이라고 할 수 있습니다. 그중에는 고유명사로서 모세가 쓴 기록이 분명히 있지만 모세가 이 모든 오경을 썼다고 보기는 어렵습니다. 그리고 고유명사로서 모세가 쓴 기록물을 고대 히브리어가 탄생한 이후에 서기관들이 히브리어로 재기술하여 남겼다고 보는 것이 합리적입니다.

02 창세기 1장과 2장의 창조 이야기를 읽다 보면 너무 신화 같다는 생각이 듭니다. 신화 같은 창조 이야기를 오늘날에는 어떻게 받아들여야 할까요?

Ⓐ 성경을 계시의 책이라고 말합니다. 계시는 그동안 숨겨져 있던 하나님의 뜻이 우리에게 밝히 드러나는 것을 의미합니다. 계시가 성립되려면 두 가지 조건이 충족되어야 합니다. 첫째는 하나님께서 먼저 자신의 뜻을 우리에게 드러내주셔야 합니다. 하지만 하나님과 인간은 질적 차이가 있는 존재입니다. 인간은 땅은 있고 하나님은 하늘에 계십니다. 인간이 하나님의 뜻을 알기 위해 하늘로 올라갈 수는 없습니다. 계시가 성립되려면 하나님께서 자신의 뜻을 먼저 우리에게 알려주셔야 합니다. 둘째는 하나님께서 자신의 뜻을 우리에게 알려주실 때 우리가 이해할 수 있는 언어와 개념으로 말씀해 주실 때에만 우리가 하나님의 뜻을 알 수가 있습니다. 대한민국 사람들에게 하나님께서 당신의 뜻을 드러내주시려면 우리가 사용하는 한글로 우리가 이해할 수 있는 단어와 개념으로 말씀해주셔야 우리가 하나님의 뜻을 알 수가 있습니다. 하나님께서 우리가

이해할 수 있는 수준으로 자신을 낮추어주셔야 우리는 하나님의 뜻을 알게 되는 것입니다. 이것을 하나님의 자기 낮추심이라고 말합니다.

창조이야기는 신화 같다는 생각이 들기도 합니다. 신화라는 것이 오늘날에는 허구, 동화와 같은 의미로 해석됩니다. 그러나 신화는 고대인들이 인생과 존재의 근본 문제와 의미를 설명해 내는 가장 합법적인 방식이었다는 것을 기억해야 합니다. 한마디로 신화는 고대인들의 보편적 세계관이라고 할 수 있습니다. 여기서 신화라고 하는 것은 모든 것을 신과의 연관 속에서 해석하는 것을 말합니다. 예를 들어 고대인들은 비가 오지 않는 것을 기상학적으로 이해하지 않고 신이 진노했다고 생각해서 기우제를 지냈습니다. 결혼 후에 자녀를 출산하지 못하는 것도 생리학적으로 이해하지 않고 신의 진노로 이해하여 신의 복을 구하였습니다. 현대인들은 대화나 사고 속에서 신이라는 존재를 제외하는 것을 지식인의 모습이라고 생각하지만 고대인들은 현대인들에 비해 훨씬 더 신앙적인 사람들이었습니다. 그들은 모든 것을 신과 연관시켜 사고하고 행동했습니다. 그러한 신화적 세계관을 가진 사람들에게 하나님께서 당신의 뜻을 알려주시기 위해 창세기에는 신화적 형태의 기술이 많이 등장합니다. 그 당시 사람들이 이해할 수 있는 세계관으로 성경을 기술한 것입니다.

오늘날은 과학적 세계관과 합리적 세계관이 보편적인 세계관이 되었습니다. 만약 하나님께서 당신의 뜻을 현대인들에게 알려주고자 하신다면 현대인들이 가지고 있는 과학적 세계관과 합리적 세계관의 틀 안에서 당신의 뜻을 계시하실 가능성이 높다고 봅니다. 성경은 일차적으로 과학책도 아니고 역사책도 아니고 하나님의 뜻을 알려주는 계시의 책임을 기억해야 합니다. 그리고 계시는 그 당시 사람들이 이해할 수 있는 세계관의 틀 안에서 전달되어지는 것이기 때문에 오늘날 관점으로 성경을 해석하는 것은 옳지 않습니다. 성경의 말씀이 일차적으로 그때 당시의 사람들에게 어떤 의미가 있었는가를 주목해야 합니다.

03 많은 신앙인들이 궁금해 하는 질문인데 하나님께서 에덴동산에 선 악과를 두신 이유는 무엇인가요. 그리고 선악과에 대해 누구는 사과 라고 하고 누구는 복숭아라고 하는데 무엇이 맞는 말인가요?

A 창세기를 공부할 때마다 빠지지 않고 등장하는 질문이 선악과입니다. 선악과는 선과 악을 알게 하는 열매입니다. 여기서 알게 한다는 것은 판단한다는 것입니다. 하나님께서는 선과 악에 대한 판단을 하나님을 통해서 하기를 원하셨습니다. 인간이 선악과를 따 먹었다는 것은 선과 악에 대한 판단을 하나님과 상관없이 인간 스스로 하게 되었다고 말하는 것입니다. 하나님께서는 에덴동산에서 인간이 무한한 자유를 누리며 살아가도록 하셨습니다. 그리고 오직 한 가지인 선악과를 먹지 말라고 하심을 통해 인간이 넘어서는 안 되는 선이 있음을 알려주셨습니다. 선악과는 하나님과 인간의 차이를 극명하게 보여주는 상징입니다. 하나님은 창조자이고 인간은 피조물이며, 하나님은 명령하시는 분이시고 우리는 그에게 순종해야 할 존재입니다. 그것을 잘 보여주는 상징이 바로 선악과 금지 명령입니다. 그 명령에 순종함을 통해 우리는 하나님을 사랑하는 존재임을 드러내는 것입니다.

선악과를 특정 과일과 동일하게 이해하는 것은 옳지 않습니다. 그런 생각은 성경이 명백하게 말하지 않는 것에 대한 상상이고 추측일 뿐입니다. 중요한 것은 선악과가 에덴동산에만 존재하는 것이 아니라는 것입니다. 오늘날 우리에게도 선악과가 있습니다. 선악과 사건에서 주목해야 할 것은 하나님은 선악과를 먹지 말라고 하셨는데 그 선악과는 사람들이 팔만 뻗으면 먹을 수 있는 곳에 있었다는 것입니다. 만약 하나님께서 선악과를 창공 50미터 위에 매달아 두셨다면 아담과 하와가 그것을 먹을 수 있었을까요. 먹고 싶은 욕망이 있었더라도 결코 먹을 수 없었을 것입니다. 그런데 하나님은 팔만 뻗으면 따 먹을 수 있는 곳에 선악과를 두셨습니다. 무슨 말입니까. 선악과는 먹을 수 있지만 먹지 말아야 하는 것입니다. 할 수 있지만 해서는 안 되는 것입니다. 왜 해서는 안 되는 것입니까. 하나님께서 하지 말라고 하셨기 때문입니다. 내가 힘이 있으면 내 마음에 들지 않는 약한 사람에게 폭력을 사용할 수 있습니다. 그러나 할 수 있지만 그것은 해서는 안 되는 행동입니다. 내가 말만 잘하면 누군가를 속여 많은 이득을 얻을 수 있지만 그것은 해서는 안 되는 일입니다. 왜냐하면 하나님께서 그것을 금하셨기 때문입니다. 이처럼 무한한 자유의지를 가진 인간에게 제한된 영역이 있음을 강조하는 상징이 바로 선악과입니다. 오늘날 과학의 발전으로 인해 인간이 할 수 있는 일들이 더욱 많아졌습니다. 그리고 할 수 있는 일들은 다 해보라고 이 시대는 우리를 유혹합니다. 하지만 할 수 있다고 해서 그 모든 것들을 하는 것이 과연 옳은 일일까요. 선악과는 분명하게 우리에게 말해줍니다. 할 수 있지만 해서는 안 되는 일이 있음을 말입니다.

04 결혼식 주례하는 목사님께서 신부인 저에게 남편에 대해 돕는 배필의 역할을 잘 하라고 하시면서 창세기 2장 18절을 말씀하셨는데 여기서 돕는 배필의 의미는 무엇인가요?

Ⓐ 하나님께서 천지를 창조하시면서 항상 보시기에 좋다고 하셨는데

유일하게 좋지 않았던 것이 인간이 독처하는 것이었습니다. 독처는 독신과는 다릅니다. 독처한다는 것은 홀로 있다, 혼자 동떨어져 있다는 뜻입니다. 다시 말해 다른 존재와 관계 맺지 못하고 홀로 살아가는 모습을 말합니다. 그런데 결혼을 하지 않고도 많은 분들과 관계 맺으며 살아가는 사람들이 있고, 결혼을 하고서도 사람들과 관계 맺지 못하고 홀로 살아가는 사람들이 있습니다. 중요한 것은 사람들이 홀로 살아가는 모습을 보시며 하나님은 안타까워하셨다는 것입니다. 그리고 돕는 배필을 창조하셨습니다. 질문처럼 보통 돕는 배필이라는 말을 들으면 남편에 대해서 아내의 역할이라고 생각하기 쉽습니다. 그러나 아내만이 남편의 돕는 배필이 아니라 남편도 아내의 돕는 배필이 되어야 합니다. 부모가 자녀에게, 자녀가 부모에게, 친구가 친구에게 서로 돕는 배필이 되어야 합니다.

돕는 배필이라는 히브리어 원어는 '에제르 크네그도'입니다. 이 단어는 세 가지 의미로 번역할 수 있습니다. 첫째는 반대하며 돕는다, 둘째는 대등한 관계에서 돕는다, 셋째는 하나님의 도우심을 대신한다는 뜻입니다. 여기서 중요한 것은 첫 번째 의미입니다. 돕는 배필은 돕기는 돕는데 반대하며 돕는 자입니다. 그러면 반대하며 돕는다는 것이 무슨 뜻일까요. 지금 누군가가 어떤 생각을 하고 있는데 옳지 않은 것입니다. 그때 이 사람을 돕기 위해서는 무엇을 해야 합니까. 그의 생각에 반대함을 통해 그 잘못된 생각이 현실이 되지 못하도록 막아야 합니다. 반대함을 통해 그를 돕는 것입니다. 누군가가 지금 잘못된 행동을 하고 있다면 무엇이 그를 돕는 것이겠습니까. 그가 더 이상 잘못된 행동을 지속하지 못하도록 반대하는 것이 그를 돕는 것입니다. 이것이 바로 반대하며 돕는다는 의미입니다. 돕는 배필은 반대하며 돕는 자입니다. 이 역할을 제대로 하기 위해서는 무엇이 옳은 것인지, 하나님이 원하시는 바가 무엇인지를 제대로 알아야 합니다. 그래야만 돕는 배필의 역할을 신실하게 감당할 수 있습니다.

반대하며 돕는다는 말 속에는 인간이 실수할 수 있는 존재임이 전제되어 있습니다. 인간은 흙으로 지음 받은 존재입니다. 흙으로 지음 받았다는 것은 넘어지기 쉽다는 것이고 부서지기 쉽다는 것입니다. 인간은 잘못 할 수 있는 자유의지를 가진 존재입니다. 그래서 홀로 살아가게 되면 자신이 하는 행동이 잘못되었음에도 불구하고 옳다고 생각하며 지속할 수가 있습니다. 그래서 하나님께서는 우리로 하여금 돕는 배필을 만나게 하셨습니다. 돕는 배필은 우리가 만나는 모든 관계 안에서 상호간에 해야 할 역할입니다. 무엇보다 이 시대 교회는 세상을 향해 돕는 배필의 역할을 신실하게 감당해야 할 사명이 있습니다. 구약 시대 돕는 배필의 역할을 신실하게 감당했던 이들이 바로 예언자들이었습니다.

05 창세기 3장 1절을 보면 "뱀은 여호와 하나님이 지으신 들짐승 중에 가장 간교하니라"는 말씀이 있습니다. 이 말씀에 근거하면 들짐승은 다 간교한데 뱀이 가장 간교하다는 것인가요. 만약 들짐승이 다 간교하다면 창세기 1장에 피조물을 창조하시고 나서 보시기에 좋았더라는 말씀과 충돌이 일어나는 것은 아닌가요?

A 성경을 아주 자세히 보시고 질문을 주셨습니다. 성경을 자세히 보게 되면 창세기 1장과 3장 1절 사이에 신학적 충돌이 일어나고 있음을 발견하게 됩니다. 1장에는 하나님께서 천지를 창조하시고 보시기에 좋았더라는 말씀이 나옵니다. 여기 '좋다'는 말은 히브리어로 '토브'인데 윤리적으로 선하고 미학적으로도 아름답다는 의미입니다. 그런데 3장 1절에는 뱀이 하나님이 지으신 들짐승 중에 가장 간교하다는 말이 나오는데 '가장'이라는 말을 통해서 우리는 하나님이 지으신 들짐승이 다

간교한데 그중에 뱀이 가장 간교하다는 의미로 이해하게 됩니다. 그렇다면 하나님이 창조하신 들짐승은 다 간교한 것인가요. 이것은 1장이 말하는 보시기에 좋았더라는 말씀과 충돌이 일어나는 표현이 아닌가요.

한글 성경에 '간교하다'로 번역된 히브리어는 '아룸'입니다. 히브리어 성경을 문자 그대로 풀면 "뱀은 하나님이 지으신 들짐승 중에 가장 아룸하다"는 것입니다. 그렇다면 '아룸'에는 어떤 의미가 있을까요. '아룸'이라는 단어에는 크게 세 가지 의미가 있습니다. '간교하다', '지혜롭다', '벌거벗다'입니다. 그러면 올바른 번역을 위해서는 문장에다가 '아룸'의 뜻을 하나씩 대입해 보면 됩니다. 하나님이 지으신 들짐승 중에 뱀이 가장 간교하다, 가장 지혜롭다, 가장 벌거벗었다가 됩니다. 간교하다를 채택하면 보시기에 좋았다는 창세기 1장과 충돌이 일어납니다. 지혜롭다를 채택하면 보시기에 좋았다는 창세기 1장과 충돌이 일어나지 않습니다. 벌거벗었다는 말은 문맥적 상황에서 특별히 의미가 없는 번역입니다. 그렇다면 지혜롭다 아니면 간교하다가 가장 올바른 번역입니다. 이 둘 중에 하나를 선택해야 합니다. 여기서 중요한 것이 70인경입니다. 70인경은 히브리어 성경을 헬라어로 번역한 성경입니다. 구약 히브리어 성경을 다른 나라 언어로 번역한 최초의 번역 성경이라고 생각하시면 됩니다. 이방 지역에 있던 초대교회 대부분의 신앙인들은 구약을 70인경으로 읽었습니다. 그러면 70인경에는 '아룸'을 어떤 단어로 번역했을까요. 70인경은 '프로니모스'로 번역했습니다. 이 '프로니모스'라는 단어는 예수께서 제자들을 전도 파송하시면서 하신 말씀에도 사용된 단어입니다. 마태복음 10장 16절입니다.

그러므로 너희는 뱀 같이 지혜롭고 비둘기 같이 순결하라.

70인경은 '아룸'을 지혜롭다는 뜻의 '프로니모스'로 번역했습니다. 이를 통해 유대인들은 창세기 3장 1절의 '아룸'을 지혜롭다로 이해했음을 알 수 있습니다. 이렇게 되면 창세기 1장과 신학적 충돌이 일어나지 않습니다. 창세기 3장 1절은 다음과 같이 번역되어야 합니다.

뱀은 여호와 하나님이 지으신 들짐승 중에 가장 지혜로우니라.

창세기 3장에서 뱀은 사탄의 도구로 사용되었습니다. 뱀은 가장 지혜롭게 지음 받은 피조물이었지만 깨어 있지 못함으로 사탄의 도구가 되어 인간을 원죄에 빠뜨리게 되었습니다. 마치 마태복음 16장의 베드로와 동일합니다. 베드로는 수제자였지만 마태복음 16장에서는 예수께서 십자가의 길을 걷지 못하도록 막아서는 사탄의 도구로서의 역할을 하게 됩니다. 그때 예수께서 베드로를 향해 "사탄아 물러가라"고 책망하셨습니다. 알고 계신 것처럼 베드로는 사탄이 아닙니다. 그러나 한순간 깨어 있지 못함으로 인해 베드로는 사탄의 도구로서의 역할을 하고 있습니다. 뱀도 마찬가지입니다. 뱀은 하나님이 창조하신 지혜로운 피조물이었지만 창세기 3장에서 사탄의 도구로서의 역할을 하고 있습니다. 우리도 깨어 있지 못하면 한 순간에 누구든지 예외 없이 사탄의 도구가 될 수 있음을 기억해야 합니다.

06 창세기 3장 22절을 보면 하나님께서 "사람이 선악을 아는 일에 우리 중 하나 같이 되었다"고 말씀하셨습니다. 정말 선악과를 따 먹은 후에 사람이 선악을 아는 일에 하나님처럼 된 것인가요?

Ⓐ 선악을 아는 일에서 안다는 것은 판단하는 것을 말합니다. 3장 22절의 말씀은 인간이 선악과를 따 먹은 이후 선악을 판단하는 일에서 하나님처럼 되었다는 것입니다. 선악을 판단할 수 있는 유일한 분은 하나님이십니다. 인간은 하나님을 통해서만 선과 악에 대해 배워야 합니다. 그런데 선악과를 따 먹은 이후 인간은 하나님과 상관없이 스스로 선악을 판단하는 존재가 되었습니다. 한마디로 하나님의 판단에 의지하지 아니하고 독자적으로 자기 인생의 주인 노릇을 하게 된 것입니다. 무엇이 옳은지 그른지를 하나님의 판단과 상관없이 자기가 판단을 내리고 있는 것입니다. 이것을 잘 보여주는 두 가지 실례가 있습니다. 하나는 창세기 4장 23~24절의 라멕입니다.

라멕이 아내들에게 이르되 아다와 씰라여 내 목소리를 들으라 라멕의 아내들이여 내 말을 들으라 나의 상처로 말미암아 내가 사람을 죽였고 나의 상함으로 말미암아 소년을 죽였도다 가인을 위하여는 벌이 칠 배일진대 라멕을 위하여는 벌이 칠십칠 배이리로다 하였더라.

그는 자신이 소년을 죽인 이후에 죄책감을 갖기는커녕 가인을 위하여는 벌이 칠 배일진대 라멕을 위하여는 벌이 칠십칠 배라고 스스로 자신의 행위에 대한 판단을 내렸습니다. 하나님의 판단을 무시하고 자기 스스로 자기 인생의 판단자가 된 것입니다. 다른 하나는 사사기에 반복해서 나오는 "자기 소견에 옳은 대로 행하였다"는 구절입니다. 하나님의 뜻을 경청하거나 마음에 새기지 아니하고 자신이 원하는 대로 행동하고 판단하는 것입니다. 이것이 사사시대의 무질서와 혼란을 만들어낸 주된 원인임을 성경은 계속적으로 경고하고 있습니다.

07 창세기 9장 25~27절에 나오는 노아의 말을 가지고 함의 후손인 흑인들이 야벳의 후손인 백인들의 지배를 받는 것이 하나님의 뜻이라는 이야기를 들은 적이 있습니다. 정말 하나님께서는 노아의 입을 통해 백인들이 흑인들을 노예로 부려먹을 것을 예언하신 것인가요?

Ⓐ 창세기 9장에 나오는 노아의 말을 가지고 오랜 세월 백인들은 자신들이 흑인들을 노예로 부려먹는 것을 하나님의 뜻이라고 항변해 왔습니다. 그들의 주장처럼 하나님께서는 노아의 입을 통해 백인들이 흑인들을 지배하도록 하셨을까요. 우리가 성경을 읽으면서 물어야 할 중요한 질문이 세 가지 있습니다.

첫째는 성경에 기록된 모든 말씀이 다 하나님의 뜻인가, 다시 말하면 성경에는 하나님의 말씀만 기록되어 있는가 하는 것입니다. 성경에는 하나님의 뜻만이 기록되어 있습니까. 절대 그렇지 않습니다. 성경은 하나님의 감동으로 기록된 계시의 말씀이지만 성경 안에는 사탄의 말도 있고 하나님께서 옳다 인정하지 않은 사람들의 말도 있습니다. "돌을 떡덩어리가 되게 하라"는 것은 사탄의 말입니다. "성전에서 뛰어내리라"고 하는 것도 사탄의 말입니다. 하나님의 말씀이 아닙니다. 성경을 읽으면서 이것이 하나님께서 주신 말씀인지, 주의 백성들을 미혹하기 위해 사탄이 한 말인지를 분별할 수 있어야 합니다.

둘째는 믿음의 사람들이 했던 말과 행동이 모두 하나님의 뜻을 대언하고 대행한 것인가요. 우리가 생각하는 믿음의 사람들이 있습니다. 그 가운데 한 사람이 노아입니다. 창세기 9장은 믿음의 사람인 노아가 한 말이기 때문에 그가 한 말은 곧 하나님의 말씀을 대언한 것이라고 생각하기 쉽습니다. 그러나 믿음의 사람들이 했던 말과 행동이 하나님의 뜻을 말하고 행한 것일까요. 그렇지 않습니다. 믿음의 사람들도 우리와 똑

같은 성정을 가진 사람들입니다. 그들도 때로는 넘어졌습니다. 다윗이 밧세바를 범한 것이 하나님의 뜻과 무슨 상관이 있습니까. 그 죄를 은폐하기 위해 다윗이 우리아를 죽인 것이 하나님의 뜻과 무슨 상관이 있습니까. 믿음의 사람들이 했던 말과 행동 중에는 하나님을 기쁘시게 하는 것과 그렇지 않은 것이 섞여 있습니다. 노아가 말을 했다고 해서 무조건 하나님의 뜻을 대언한 것이라고 생각해서는 안 됩니다.

셋째는 그럼에도 불구하고 노아가 선포한 말을 하나님의 뜻이라고 한번 가정해보겠습니다. 그렇다면 노아의 입을 통해 선포된 이 말씀은 영원무궁토록 영구적 효력을 지니는 말씀일까요. 그렇지 않습니다. 그것을 우리는 야곱과 모세의 유언적 메시지를 통해 알 수 있습니다. 야곱은 죽기 전에 열두 아들에게 복과 저주의 유언적 메시지를 선포했습니다. 그것이 창세기 49장에 나옵니다. 야곱은 5~7절에서 세겜 학살 사건에 대한 책임을 물어 레위를 저주했습니다.

> 시므온과 레위는 형제요 그들의 칼은 폭력의 도구로다 내 혼아 그들의 모의에 상관하지 말지어다 내 영광아 그들의 집회에 참여하지 말지어다 그들이 그들의 분노대로 사람을 죽이고 그들의 혈기대로 소의 발목 힘줄을 끊었음이로다 그 노여움이 혹독하니 저주를 받을 것이요 분기가 맹렬하니 저주를 받을 것이라 내가 그들을 야곱 중에서 나누며 이스라엘 중에서 흩으리로다

신명기 33장에는 모세가 죽기 전 이스라엘 열두 지파에 대해 복과 저주를 선언한 유언적 메시지가 나옵니다. 여기서 모세는 금송아지 우상 사건 때 하나님의 편에 섰던 레위 지파를 축복하게 됩니다. 신명기 33장 8~11절입니다.

레위에 대하여는 일렀으되 주의 둠밈과 우림이 주의 경건한 자에게 있도다 주께서 그를 맛사에서 시험하시고 므리바 물 가에서 그와 다투셨도다 그는 그의 부모에게 대하여 이르기를 내가 그들을 보지 못하였다 하며 그의 형제들을 인정하지 아니하며 그의 자녀를 알지 아니한 것은 주의 말씀을 준행하고 주의 언약을 지킴으로 말미암음이로다 주의 법도를 야곱에게, 주의 율법을 이스라엘에게 가르치며 주 앞에 분향하고 온전한 번제를 주의 제단 위에 드리리로다 여호와여 그의 재산을 풍족하게 하시고 그의 손의 일을 받으소서 그를 대적하여 일어나는 자와 미워하는 자의 허리를 꺾으사 다시 일어나지 못하게 하옵소서.

야곱의 유언적 메시지와 모세의 유언적 메시지를 모두 하나님의 말씀을 대언한 것으로 인정했을 경우에 한번 저주를 받았다고 해서 영원토록 저주를 받는 것은 아님을 알 수 있습니다. 중간에 얼마든지 바뀔 수 있는 것입니다. 따라서 설령 함의 후손이 저주를 받았다고 해서 그들이 영원토록 저주를 받았다고 말하는 것은 옳지 않습니다. 무엇보다 자기 이익 중심으로 성경을 해석하는 것은 가장 위험한 자세임을 알아야 합니다. 하나님의 말씀을 인용하여 자기 이익을 추구하고자 한다거나 다른 사람을 비방하려는 태도는 옳지 않습니다. 말씀과 정직하게 대면하는 사람들은 말씀을 통해 자기를 성찰하고 자신의 그릇된 삶을 돌이키려고 합니다. 그것이 성경을 대하는 올바른 자세입니다. 노아의 말을 가지고 백인들이 우리가 흑인들을 지배하는 것은 하나님의 뜻이라고 주장하는 것은 가장 반성경적 태도임을 기억해야 합니다.

08 창세기 19장에서 소돔성이 심판받을 때 롯과 그의 가족은 하나님의 은혜로 구원을 받습니다. 그런데 19장 29절을 보면 이런 말씀이 있습니다. "하나님이 그 지역의 성을 멸하실 때 곧 롯이 거주하는 성을 엎으실 때에 하나님이 아브라함을 생각하사 롯을 그 엎으시는 중에서 내보내셨더라." 여기서 아브라함을 생각하사 롯을 구원하셨다고 말하는데 자기의 믿음을 통해서만 하나님의 구원을 받는 것이 아닌가요?

Ⓐ 하나님은 아브라함을 생각하사 롯을 구원하십니다. 물론 여기서 말하는 구원이 우리가 생각하는 영생을 누리는 구원은 아닙니다. 성경은 다양한 의미에서 구원을 말합니다. 병에 걸린 사람이 치유함을 받는 것도 구원이고, 웅덩이에 빠진 자가 위기에서 벗어나는 것도 구원입니다. 소돔성이 심판받는 과정에서 하나님은 아브라함을 생각하사 롯을 구원해 주셨습니다. 이것을 우리는 중보의 힘이라고 할 수 있습니다.

마가복음 2장 5절에도 이런 말씀이 있습니다. 네 명의 사람들이 한 중풍병자를 침상에 눕혀 예수께 데리고 왔을 때 예수께서 이렇게 말씀하셨습니다.

예수께서 그들의 믿음을 보시고 중풍병자에게 이르시되 작은 자야 네 죄 사함을 받았느니라 하시니.

예수께로 가면 중풍병자가 치유함 받을 수 있을 것이라고 믿은 그들의 믿음을 보시고 예수께서는 중풍병자에게 죄 사함을 선포하셨습니다. 이것도 중보의 힘입니다. 예레미야 5장 1절에 이런 말씀이 있습니다.

너희는 예루살렘 거리로 빨리 다니며 그 넓은 거리에서 찾아보고 알라 너희가 만일 정의를 행하며 진리를 구하는 자를 한 사람이라도 찾으면 내가 이 성읍을 용서하리라.

의인 한 사람으로 인해 성읍을 용서하시겠다고 말씀하십니다. 오늘 우리가 하나님의 심판을 받지 않고 살아가는 이유가 하나님께 매달리는 한 사람의 의인 때문일 수도 있습니다. 이것이 바로 중보의 힘입니다. 그런 의미에서 우리도 간절하게 중보의 책임을 감당해야 합니다. 하나님에 대한 온전한 믿음을 가지고 신실하고 정직하고 거룩하게 살아가는 한 사람으로 인해 많은 이들이 혜택을 누릴 수 있습니다. 우리가 누군가를 유익하게 하는 중보의 사람이 되어야 합니다. 또한 누군가의 중보로 인해 내가 은혜를 누리고 있다는 것을 기억해야 합니다. 그동안 그리스도교 신앙은 니의 믿음과 신앙으로 내가 구원받고 은혜 받는 것만 강조했습니다. 그래서 개인주의적 신앙에 익숙합니다. 그러나 하나님께서 베푸시는 은혜의 범위를 우리가 제한할 수 없습니다. 누군가의 신실함으로 인해 누군가가 유익을 누릴 수 있는 것입니다. 우리가 서로에게 그러한 존재가 되었으면 좋겠습니다.

09 창세기 22장 1절을 보면 "하나님이 아브라함을 시험하시려고 그를 부르시되"라는 표현이 나옵니다. 그런데 야고보서 1장 13절을 보면 "사람이 시험을 받을 때에 내가 하나님께 시험을 받는다 하지 말지니 하나님은 악에게 시험을 받지도 아니하시고 친히 아무도 시험하지 아니하시느니라"는 말씀이 있습니다. 이 두 구절의 모순을 어떻게 해결해야 할까요?

Ⓐ 신명기 8장 2절을 보겠습니다.

네 하나님 여호와께서 이 사십 년 동안에 네게 광야 길을 걷게 하신 것을 기억하라 이는 너를 낮추시며 너를 시험하사 네 마음이 어떠한지 그 명령을 지키는지 지키지 않는지 알려 하심이라.

이 말씀을 보면 광야 40년의 기간을 이스라엘이 하나님의 명령을 지키는지 지키지 않는지에 대한 시험의 시간이라고 말합니다. 여기 광야는 우리의 인생길이라고 할 수 있습니다. 하나님 임재와 부재가 혼재되어 있는 상황 속에서 우리가 하나님에 대해 어떤 믿음을 드러내는지, 하나님의 말씀에 온전히 순종하고 있는지가 그대로 드러나는 시험의 장이 우리의 인생길입니다. 세속의 욕망과 가치가 지배하는 대한민국 사회에서 하루를 살아가는 동안에도 우리가 직면하게 되는 모든 순간들이 우리 믿음에 대한 시험의 순간 아닙니까. 우리의 삶 자체가 우리 믿음에 대한 시험의 연속이라고 할 수 있습니다.

그런데 야고보서 1장 13절에는 하나님은 누구도 시험하지 아니하신다고 말씀하고 있습니다. 이것을 어떻게 해석해야 할까요. 창세기 22장에서 시험한다는 히브리어 단어는 '나싸' 입니다. 야고보서 1장에서 시험한다는 헬라어 단어는 '페이라조' 입니다. 그런데 히브리어 '나싸' 와 헬라어 '페이라조' 는 '시험한다' 는 뜻도 있지만 '유혹한다' 는 뜻도 있습니다. 야고보서 1장 13절은 이렇게 번역되어야 합니다.

사람이 유혹을 받을 때에 내가 하나님께 유혹을 받는다 하지 말지니 하나님은 악에게 유혹을 받지도 아니하시고 친히 아무도 유혹하지 아니하시느니라.

시험은 우리의 믿음에 대한 테스트이고 유혹은 우리를 넘어뜨리기 위한 술수입니다. 하나님은 우리가 믿음의 테스트에서 이기기를 원하십니다. 우리를 걸려 넘어뜨리고자 하는 유혹은 하나님이 아닌 사탄으로부터 오는 것입니다. 주기도문의 기도도 "우리를 시험에 들게 하지 마시옵고"가 아닌 "우리를 유혹에 빠지지 않게 하옵시고"로 고백해야만 보다 정확한 의미로 번역되었다고 할 수 있습니다.

10 창세기 24장 2절을 보면 아브라함이 이삭의 아내를 찾기 위해 자기의 종을 보낼 때 자신의 허벅지 밑에 손을 넣고 맹세시키는 장면이 나옵니다. 창세기 47장 29절에도 야곱이 죽기 전에 요셉에게 자신의 허벅지 아래 손을 넣고 맹세시키는 장면이 나옵니다. 이것이 고대 사회에서 언약을 체결하던 일반적인 모습인가요. 허벅지 이래 손을 넣는 것은 어떤 의미가 있는가요?

A 성경을 보면 언약을 체결하는 두 가지 모습이 나옵니다. 하나는 예레미야 34장 18절입니다.

송아지를 둘로 쪼개고 그 두 조각 사이로 지나매 내 앞에 언약을 맺었으나 그 말을 실행하지 아니하여 내 계약을 어긴 그들을.

고대 사회에서 언약을 체결하는 가장 일반적인 모습은 이렇습니다. A와 B 쌍방이 만나 서로에게 약속합니다. 그리고 짐승을 잡아서 절반으로 쪼개고 쪼개어진 반쪽을 양쪽 가운데 둡니다. 그런 후에 언약의 당사자들이 쪼개어진 짐승 사이로 함께 지나갑니다. 그러면 언약이 체결됩니다. 이러한 의식을 하는 이유는 내가 당신에게 무엇을 지키겠다고 약속을 하였는데 만약 내가 그것을 지키지 못했을 경우 쪼개어 죽임 당한 짐승처럼 나를 죽여도 좋다는 것입니다. 이처럼 언약은 자신의 생명을 담보로 맺는 약속입니다.

다른 하나는 창세기 24장과 47장에 나옵니다. 여기서는 A가 B에게 무엇인가를 부탁하고 B는 반드시 그것을 지키겠다는 약속의 표시로 A의 허벅지 아래에 손을 넣고 맹세를 하는 것입니다. 여기 허벅지 아래는 생식기를 의미합니다. 생식기는 생명의 근원이라 할 수 있습니다. 즉 생식기에 손을 넣고 맹세를 한다는 것은 생명의 근원을 두고 맹세를 하는 것으로 내가 한 약속을 지키지 못하거나 어기게 되었을 경우에는 불임이 되거나 후손이 멸절되는 것을 감수하겠다는 것입니다. 결국 모든 언약 체결은 자신의 목숨을 걸고 지키겠다는 각오로 체결하는 것임을 알 수 있습니다.

11 창세기 27장을 보면 야곱이 에서인척 위장하여 에서의 복을 가로채는 이야기가 나옵니다. 분명 아버지 이삭은 에서에게 복을 빌어준 것인데 야곱이 에서인척 위장한 채 축복기도를 받았다고 해서 야곱이 실제 복을 받았다고 할 수 있을까요. 가로챈 복도 유효한 것인가요?

Ⓐ 대부분의 그리스도인들은 야곱이 속이기는 했지만 에서가 받아야 될 복을 대신 받은 것으로 생각합니다. 여기서도 이삭이 한 기도를 하나님의 음성을 대언한 것으로 이해하는 것입니다. 창세기 9장에서도 살펴본 것처럼 믿음의 사람들이 했던 말과 행동이라고 하여 그 모든 것이 하나님의 뜻을 대신 말하거나 행한 것이 아님을 기억해야 합니다. 그렇다면 창세기 27장의 사건을 어떻게 보아야 할까요. 먼저 창세기 27장 1절을 주목해야 합니다.

이삭이 나이가 많아 눈이 어두워 잘 보지 못하더니.

여기 눈이 어두워 잘 보지 못했다는 것은 시력이 좋지 않다는 의미도 있지만 분별력을 상실했다는 뜻도 있습니다. 이삭은 나이가 많은 노년의 때에 분별력을 상실했습니다. 특별히 하나님의 말씀을 기억하지 못했습니다. 하나님께서는 쌍둥이 에서와 야곱이 태어나기 전에 그들의 삶에 대한 말씀을 이미 주셨습니다. 그것이 창세기 25장 23절입니다.

여호와께서 그에게 이르시되 두 국민이 네 태중에 있구나 두 민족이 네 복중에서부터 나누이리라 이 족속이 저 족속보다 강하겠고 큰 자가 어린 자를 섬기리라 하셨더라.

이삭은 40세에 리브가와 결혼했는데 20년 동안 자녀를 얻지 못했습니다. 그러다 리브가가 20년 만에 쌍둥이를 잉태했습니다. 그런데 태에서 쌍둥이가 서로 싸우는 일로 인해 이삭이 하나님께 어떻게 해야 하는지를 물었을 때 하나님이 주신 말씀이 창세기 25장 23절입니다. 여기서 중요한 것은 쌍둥이 모두가 국가와 민족을 이룬다는 것입니다. 고대 사회에서 자녀의 번성보다 더 중요한 복은 없습니다. 쌍둥이 모두가 자녀 번성의 복을 받게 될 것임을 분명히 말씀하셨습니다. 그런데 둘 다 복을 받지만 큰 자가 어린 자를 섬기리라고 말씀하셨습니다. 즉 작은 자가 큰 자보다 더 큰 복을 받는다는 것입니다. 이때는 에서와 야곱이 태어나기 전이었습니다. 두 아들 다 복을 받겠지만 작은 자가 큰 자보다 더 큰 복을 받는다는 것이 하나님께서 이삭에게 주신 말씀입니다. 그런데 창세기 27장을 보면 이삭은 하나님의 이 말씀을 완전히 망각한 채 큰 아들인 에서에게 모든 복을 몰아주고자 했습니다. 하나님의 말씀을 전혀 기억하고 있지 않음을 알 수 있습니다. 창세기 27장은 하나님의 말씀을 기억하고 있지 못한 분별력 없는 이삭이 한 행동이지 하나님의 뜻과는 아무런 상관이 없는 이야기입니다.

또 하나 기억해야 할 것은 창세기 27장에서 이삭은 심각한 신학적인 문제를 드러냅니다. 이삭은 하나님을 제로섬의 하나님으로 이해했습니다. 제로섬의 하나님이라는 말은 하나님이 가지신 자원이 한정적이어서 누군가에게 +5만큼의 복을 주기 위해서는 누군가에게는 −5만큼의 손해를 주셔야 한다는 것입니다. 언제나 제로 상태를 유지하기 위해서는 누군가에게는 복을, 누군가에게는 저주를 주시는 하나님이라고 이삭은 착각했습니다. 그래서 먼저 온 야곱에게는 온갖 축복을 선포하고 뒤늦게 온 에서에게는 온갖 저주를 퍼부었습니다. 이것이 과연 하나님의 뜻이었을까요. 그렇지 않습니다. 하나님의 뜻은 창세기 25장 23절에 분명히 나와 있는 것처럼 에서와 야곱 모두에게 복을 주시는 것이었습니다.

12 창세기 37장 3절에 "요셉은 노년에 얻은 아들이므로"라고 되어 있는데 요셉과 열 명의 형들 사이에 나이 차이가 어느 정도 되는지요?

Ⓐ 결론부터 말씀드리면 요셉과 형들의 나이 차이는 7년 미만입니다. 형들 모두가 야곱 노년에 얻은 아들입니다. 요셉만 노년에 얻은 아들이 아니라 르우벤부터 시작해서 모든 아들들이 야곱 노년에 얻은 아들입니다. 창세기에 나온 내용을 가지고 야곱의 나이를 한번 계산해 보겠습니다. 창세기 47장 9절에 바로를 만난 자리에서 야곱은 자신의 나이를 이야기합니다.

야곱이 바로에게 아뢰되 내 나그네 길의 세월이 백삼십 년이니이다 내 나이가 얼마 못 되니 우리 조상의 나그네 길의 연조에 미치지 못하나 험악한 세월을 보내었나이다 하고.

야곱이 애굽으로 내려갔을 때 그의 나이는 130세였고, 이때 요셉은 39세였습니다. 요셉은 30세에 애굽의 총리가 되었습니다(창 41:46). 총리가 되자마자 7년 동안 풍년이 있었고, 흉년 2년 차에 야곱의 가족이 애굽으로 내려오게 되었습니다. 그러니까 야곱이 130세에 요셉은 39세였습니다. 그렇다면 야곱이 91세에 요셉을 낳았음을 알 수 있습니다. 요셉이 태어났을 때 야곱은 중대한 결심을 합니다. 창세기 30장 25절입니다.

라헬이 요셉을 낳았을 때에 야곱이 라반에게 이르되 나를 보내어 내 고향 나의 땅으로 가게 하시되.

야곱은 요셉이 태어났을 때 라반에게 자기 고향으로 돌아가겠다고 말합니다. 이를 통해서 우리는 요셉이 태어났을 때 야곱이 라반과 결혼지참금으로 약속한 노동의 기간을 다 채워졌음을 알 수 있습니다. 이때 라반은 정당한 임금을 주겠다고 약속하면서 야곱을 6년 동안 더 자기집에 붙잡아 둡니다. 그래서 야곱은 총 20년을 라반의 집에 머물게 됩니다. 14년은 라헬과 레아를 얻기 위한 결혼지참금의 노동 기간이었고 6년은 정당한 임금을 받기로 하고 노동한 기간이었습니다. 야곱은 처음 라헬과 결혼하는 조건으로 7년간 노동을 하기로 했습니다. 7년간의 노동을 한 후에 라헬과 결혼식을 올렸는데 정작 그의 부인이 된 사람은 라헬의 언니 레아였습니다. 요셉이 약속을 위반했다고 삼촌 라반에게 문제를 제기하자 라반은 자기 동네에서는 둘째를 첫째보다 먼저 시집을 보내는 법은 없다고 하면서 동생 라헬도 아내로 주겠으니 또 7년 동안 노동을 하라고 했습니다. 그런 후 일주일이 지나고 라헬도 아내로 줍니다. 처음에는 아내를 얻기 위해 7년을 노동한 것이고, 이후에는 아내를 먼저 얻은 후에 7년간 노동을 뒤에 한 것입니다. 그리고 레아가 연속으로 4명의 아들을 낳았고 이에 뒤질세라 라헬은 자신의 몸종인 빌하를 통해 2명의 아들을 낳았고, 레아도 자신의 몸종인 실바를 통해 2명의 아들을 낳았습니다. 그리고 레아가 2명의 아들을 더 낳고, 마지막에 라헬이 요셉을 낳았습니다. 4명의 부인이 치열한 아들 낳기 경쟁을 한 것입니다. 이렇게 해서 7년 동안 4명의 아내로부터 총 11명의 아들이 태어났습니다. 넷째와 다섯째, 여섯째와 일곱째, 여덟째와 아홉째, 열째와 열한 번째 아들은 같은 해에 태어났을 가능성이 아주 높습니다.

13 창세기 37장을 읽다 보면 요셉을 사서 애굽에 판 사람을 이스마엘 사람이라고 하고 또 미디안 사람이라고도 하는데 왜 이런 모순이 생겨난 것일까요. 요셉을 사서 애굽에 판 사람은 누구인가요?

Ⓐ 성경을 자세히 읽고 질문주셔서 감사드립니다. 먼저 창세기 37장 28절을 보겠습니다.

그 때에 미디안 사람 상인들이 지나가고 있는지라 형들이 요셉을 구덩이에서 끌어올리고 은 이십에 그를 이스마엘 사람들에게 팔매 그 상인들이 요셉을 데리고 애굽으로 갔더라.

본문에는 요셉을 구덩이에서 끌어올리고 은 이십에 이스마엘 사람들에게 팔았다고 말합니다. 그런데 37장 36절에는 다르게 말합니다.

그 미디안 사람들은 그를 애굽에서 바로의 신하 친위대장 보디발에게 팔았더라.

여기서는 미디안 사람들이 요셉을 보디발에게 판 것처럼 말합니다. 마지막으로 창세기 39장 1절을 보겠습니다.

요셉이 이끌려 애굽에 내려가매 바로의 신하 친위대장 애굽 사람 보디발이 그를 그리로 데려간 이스마엘 사람의 손에서 요셉을 사니라.

여기서는 또 보디발이 이스마엘 사람들에게서 요셉을 샀다고 말합니다. 질문하신 것처럼 본문마다 요셉을 사서 애굽에 판 사람을 이스마엘, 미디안, 이스마엘로 서로 다른 주장을 하고 있습니다. 사실 이 문제는 간단합니다. 중간에 미디안으로 번역된 단어는 장사꾼이라는 의미의 '메다님'입니다. 즉 미디안이 아니라 장사꾼으로 번역해야 합니다. 형들은 이스마엘 장사꾼들에게 요셉을 팔았고 이스마엘 장사꾼들은 요셉을 애굽으로 데리고 가서 보디발에게 팔았던 것입니다.

14 애굽이 기근에 시달리게 될 때 요셉은 처음에는 돈을 받고 양식을 팔았고 이후에는 애굽 사람들의 토지를 국가 소유로 만들었고 이후에는 애굽 사람들 모두를 바로의 종이 되게 만듭니다. 그리고 사람들이 농사를 지은 것에 오분의 일을 바로에게 상납하게 하였는데 믿음의 사람이라고

A 요셉에 대해서 부정적으로 이해하는 분들이 많이 있습니다. 창세기 47장 23~24절입니다.

> 요셉이 백성에게 이르되 오늘 내가 바로를 위하여 너희 몸과 너희 토지를 샀노라 여기 종자가 있으니 너희는 그 땅에 뿌리라 추수의 오분의 일을 바로에게 상납하고 오분의 사는 너희가 가져서 토지의 종자로도 삼고 너희의 양식으로도 삼고 너희 가족과 어린 아이의 양식으로도 삼으라.

요셉은 백성들의 토지를 매입하여 토지를 국유화합니다. 그런데 이러한 토지 국유화는 백성들의 요청에 의해 이루어진 것임을 기억해야 합니다. 창세기 47장 19절입니다.

> 우리가 어찌 우리의 토지와 함께 주의 목전에 죽으리이까 우리 몸과 우리 토지를 먹을 것을 주고 사소서 우리가 토지와 함께 바로의 종이 되리니 우리에게 종자를 주시면 우리가 살고 죽지 아니하며 토지도 황폐하게 되지 아니하리이다.

극심한 기근이라는 비상 상황 속에서 백성들은 자신들의 토지를 국가가 매입해주기를 바랐습니다. 그리고 국가가 백성들의 토지를 매입하여 토지가 국유화된 상황에서 애굽의 백성들은 국가의 땅을 임차하여 노동을 하는 국가에 귀속된 소작인이 됩니다. 국가가 토지를 국유화하고 백성들은 소작인이 되었다는 것으로 인해 요셉의 이 정책을 부정적으로 이해하기 쉽습니다. 그런데 그 내용을 자세히 들여다보면 꼭 이 정책이 백성들에게 불리한 것만은 아니었음을 알 수 있습니다. 24절에 말하는 것처럼 요셉이 세운 애굽의 토지법은 토지의 소유권은 왕이 가지고 백성은 소출의 20%를 세금으로 납부하는 것입니다. 자신이 수확한 것 가운데 20%만 국가에 납부하고 나머지 80%는 자신이 갖는 구조였습니다. 인류 역사에 등장한 소작비율 중 이렇게 소작인에게 유리한 비율이 있었는가를 생각해 보십시오. 대부분의 국가에서 소작인이 납부해야 할 비율은 최소 30%에서 최대 70%까지였습니다. 20%의 소작율은 인류 역사상 가장 낮은 비율이라고 할 수 있습니다. 그래도 백성들 입장에서는 자기 땅에서 수확하는 것이 더 많은 이윤을 남기지 않았겠냐고 생각할 수 있습니다. 그런데 꼭 그렇지만은 않습니다. 자기 땅에서 농사를 짓는 경우에는 토지세, 수확세, 물세 등 온갖 세금은 내야 하는데 이 것도 만만치 않았습니다. 자기 수확의 20% 안에 이 모든 세금까지 다 포함되어 있었기에 요셉이 세운 애굽의 토지법은 소작인들에게 절대적으로 유리한 법이었다고 할 수 있습니다.

출애굽기

01 출애굽기 1장 8절을 보면 "요셉을 알지 못하는 새 왕이 일어나 애굽을 다스렸다"는 표현이 나옵니다. 요셉이 애굽의 총리로 오랜 기간 봉직했는데 어떻게 요셉을 알지 못하는 새 왕이 나올 수 있는지요?

A 출애굽기 1장 8절을 보겠습니다.

> 요셉을 알지 못하는 새 왕이 일어나 애굽을 다스리더니.

여기에 나오는 요셉을 알지 못하는 새 왕은 두 가지 차원에서 해석할 수 있습니다. 첫째는 역사적 인물인 요셉을 진짜 모르는 왕이 등장했다고 보는 것입니다. 어떻게 요셉을 모르는 왕이 있을 수 있었을까요. 이것이 가능했던 이유는 이집트에서 끊임없이 새로운 왕조가 등장했기 때문입니다. 보통 요셉이 총리로 봉직했던 시기를 힉소스 왕조 시기로 봅니다. 힉소스 왕조는 아시아에서 온 이민족 정부로서 주전 1680년부터 약 100년간 이집트를 다스렸습니다. 힉소스 왕조에서 요셉을 총리로 임명했던 이유 중 하나는 같은 아시아 민족이었기 때문으로 보기도 합니다. 이후에 힉소스 왕조는 이집트 원주민들이 세운 18왕조에 의해 무너지게 됩니다. 힉소스 왕조를 무너뜨린 18왕조와 19왕조는 이집트 역사 가운데 가장 강력한 제국으로 명성을 떨쳤습니다. 새로운 왕조의 왕들은 힉소스 왕조 시기에 총리로 봉직했던 요셉을 정말로 몰랐을 가능성이 높습니다. 이처럼 왕조의 교체로 인해 요셉을 알지 못하는 새로운 왕이 등장했다고 보는 것이 일반적인 해석입니다.

둘째는 좀 더 신학적으로 본문을 해석하는 것입니다. 출애굽기 1장 8절에 나오는 '요셉을 알지 못하는 새 왕'을 요셉을 통해 역사하신 하나님을 경외하지 않는 왕으로 해석하는 것입니다. 성경에서 '알다'는 표현은 '경외하다'와 같은 의미로 사용되기도 합니다. 대표적으로 사무엘상 2장 12절이 그렇습니다.

엘리의 아들들은 행실이 나빠 여호와를 알지 못하더라.

엘리의 두 아들은 홉니와 비느하스를 가리킵니다. 그들은 아버지 엘리를 따라 제사장으로 사역하고 있었습니다. 제사장인 그들이 행실이 나빠 여호와를 알지 못하더라는 말이 무슨 말일까요. 여호와를 경외하지 않았다는 말입니다. 그들은 제사장으로서 지식적으로는 하나님에 대한 많은 내용들을 알고 있었을 것입니다. 하지만 하나님에 대한 무수한 지적 정보는 가지고 있었지만 하나님을 경외하지는 않았습니다. 그래서 그들은 사람들이 하나님께 바친 제물을 강탈하고, 거룩한 회막 문에서 수종드는 여인들과 동침했습니다. 하나님을 경외하는 제사장이라면 도저히 행할 수 없는 일들을 행한 것입니다. 그들이 이렇게 행동한 이유는 그들이 하나님을 경외하지 않았기 때문입니다. 이것을 사무엘상 2장 12절은 "엘리의 아들들은 행실이 나빠 여호와를 알지 못하더라"고 말했습니다. 이처럼 안다는 것은 경외한다는 말과 같은 의미로 사용할 수 있습니다. 따라서 요셉을 알지 못하는 새 왕은 요셉이 경외하던 하나님을 경외하지 않는 새 왕으로도 해석 가능합니다. 이 해석을 받아들이면 출애굽기 1장 이후는 하나님을 경외하지 않는 왕이 어떤 일을 벌이는지를 잘 보여주고 있습니다.

02 성경을 보면 이스라엘을 가리키는 여러 명칭이 있는 것 같습니다. 히브리인들, 이스라엘 사람, 유대인들 모두가 이스라엘을 가리키는 표현 같은데 이 단어들의 차이점이 있나요?

Ⓐ 히브리인들, 이스라엘 사람, 유대인들을 대부분의 신앙인들은 동일한 표현으로 이해하거나 사용하고 있습니다. 하지만 세 단어는 조금씩 의미의 차이가 있습니다. 먼저 히브리인에 대해서 설명 드리겠습니다. 히브리인들 하면 이스라엘 사람들을 연상하지만 엄밀한 의미에서 히브리인들과 이스라엘 사람들은 동의어가 아닙니다. 히브리인은 강을 건너온 사람이라는 뜻입니다. 강을 건너온 사람들은 오늘날로 하면 이주민입니다. 이주민들은 대부분 사회의 밑바닥에서 생활할 수밖에 없습니다. 그래서 히브리인들은 하층민을 가리키는 사회적 계층 개념으로 이해하기도 합니다. 창세기 14장 13절을 보겠습니다.

도망한 자가 와서 히브리 사람 아브람에게 알리니.

전쟁 중에 조카 롯이 사로잡혀 갔다는 소식을 아브람은 도망한 자를 통해서 듣게 됩니다. 여기서 아브람을 뭐라고 표현하고 있습니까. 히브리 사람으로 소개합니다. 아브람은 본토 친척 아비 집을 떠나 가나안 땅으로 이주한 사람입니다. 아브람은 원래 살고 있던 갈대아 우르를 떠나 가나안 땅으로 이주했습니다. 이때 유프라테스 강을 건넜는데 이때부터 강을 건너온 사람이라는 뜻의 히브리인이 된 것입니다. 그리고 가나안 땅에서 아브람은 이주민으로서 살았습니다. 그래서 아브람을 히브리 사람으로 말하고 있습니다. 창세기 39장 14절입니다.

그 여인의 집 사람들을 불러서 그들에게 이르되 보라 주인이 히브리 사람을 우리에게 데려다가 우리를 희롱하게 하는도다 그가 나와 동침하고자 내게로 들어오므로 내가 크게 소리 질렀더니.

보디발의 아내가 요셉에게 성폭행의 죄를 뒤집어씌우고자 할 때 그는 요셉을 히브리 사람이라고 말합니다. 요셉은 자신이 살고 있던 가나안 땅을 떠나 애굽에 종으로 팔려온 존재였습니다. 이처럼 가장 낮은 신분의 사람, 법의 보호 바깥에 있는 사람들을 불렀던 명칭이 히브리인입니다. 이러한 히브리인은 이스라엘뿐 아니라 각 나라 안에 존재했습니다. 한 사회 안에서 가장 밑바닥에 있는 사람들을 불렀던 사회적 계층 개념이 히브리인입니다. 이후에 애굽에서 종살이하던 자들이 집단적으로 탈출하여 가나안 땅에 이스라엘 공동체를 세웠을 때 이때부터 이스라엘 사람과 히브리인이라는 표현이 동의어로 사용된 것입니다.

다음으로 이스라엘에 대해 설명 드리겠습니다. 엄밀한 의미에서 이스라엘 사람은 출애굽 이후 시내산 언약에서 탄생합니다. 우리는 아브라함, 이삭, 야곱을 모두 이스라엘 사람이라고 생각하지만 실제 아브라함은 이스라엘 사람이 아닙니다. 아브라함은 갈대아 우르 사람입니다. 그의 아들인 이삭도 엄밀하게는 메소포타미아 사람입니다. 이삭의 아들 야곱도 마찬가지입니다. 다시 말해 하나님을 믿고 섬기는 이스라엘 공동체는 시내산 언약에서 탄생했습니다. 이때 이스라엘이 채택한 정치 형태가 열두 지파 연맹 공동체였습니다. 열두 지파 연맹 공동체의 구성원으로서 하나님을 믿고 섬기는 자를 우리는 이스라엘이라고 합니다. 이후에 사울과 다윗 그리고 솔로몬의 통일 왕국 시대에도 그들의 이름은 이스라엘이었습니다.

　마지막으로 유대인에 대해 설명 드리겠습니다. 유대인은 다른 말로 하면 유다인입니다. 원래 유다는 야곱의 열두 아들 중 네 번째 아들로 처음에 유다는 하나의 지파 개념이었습니다. 그런데 통일 이스라엘이 남과 북으로 분열될 때 남쪽 왕국을 남유다로 부르게 되었습니다. 남쪽 왕국을 형성했던 사람들 대부분이 유다 지파 사람들이었기 때문입니다. 이처럼 유다라는 것은 처음에는 지파 개념에서 출발했다가 나중에는 국가 개념으로 발전하게 됩니다. 분열왕국 이후에 남쪽을 남유다, 북쪽을 북이스라엘이라고 불렀습니다. 그러다가 바벨론 포로기 이후에는 유다와 대칭되는 개념은 이스라엘이 아니라 사마리아인이 됩니다. 이때부터 유대인은 하나님만을 믿는 정통 신앙인들, 사마리아인은 하나님과 다른 신을 겸하여 섬기는 종교혼합주의자라는 인식이 자리잡게 되었습니다.

03 출애굽기 2장 18절을 보면 모세의 장인 이름이 르우엘로 나오고, 출애굽기 3장 1절에는 이드로로, 사사기 4장 11절에는 호밥이라고 나옵니다. 이 세 사람 가운데 누가 모세의 장인인가요?

A 성경을 너무 꼼꼼하게 읽으신 것 같습니다. 구약성경 안에 모세의 장인이라고 소개된 상이한 세 개의 이름이 있습니다. 출애굽기 2장 18에는 르우엘로, 출애굽기 3장 1절에는 이드로로, 사사기 4장 11에는 호

밥이라는 이름이 모세의 장인으로 등장합니다. 결론부터 말씀드리면 르우엘과 이드로는 동일 인물이고 호밥은 모세의 처남이자 르우엘의 아들입니다. 민수기 10장 29절을 보겠습니다.

모세가 모세의 장인 미디안 사람 르우엘의 아들 호밥에게 이르되 여호와께서 주마 하신 곳으로 우리가 행진하나니 우리와 동행하자 그리하면 선대하리라 여호와께서 이스라엘에게 복을 내리리라 하셨느니라.

여기 분명하게 나오는 것처럼 호밥은 모세의 장인 르우엘의 아들입니다. 따라서 사사기 4장 11절에 장인이라는 번역은 처남으로 바꾸어야 합니다. 참고로 히브리어에는 촌수 개념이 매우 불명확합니다. 창세기 34장 17절을 보겠습니다.

너희가 만일 우리 말을 듣지 아니하고 할례를 받지 아니하면 우리는 곧 우리 딸을 데리고 가리라.

야곱의 딸 디나가 세겜에게 성폭행을 당했을 때 디나의 오빠들이 세겜과 협상하는 과정에서 자신들의 제안을 받아들이지 않으면 동생 디나를 데리고 가겠다고 하는 말입니다. 그런데 동생이라고 번역해야 하는데 딸이라고 번역하고 있습니다. 히브리어로 아버지와 할아버지, 조상들은 다 같은 단어입니다. 어머니와 할머니도 같은 단어입니다. 아들, 손자, 후손도 같은 단어입니다. 따라서 문맥에 따라 가장 정확한 번역을 해야 합니다. 사사기 4장 11절의 장인은 처남으로 번역되어야 합니다. 그렇다면 이제 남은 이름은 르우엘과 이드로입니다. 이 두 이름은 같은 인물에 대한 서로 다른 두 개의 이름입니다. 그러면 이 두 이름에 무슨 차이가 있는지를 보겠습니다. 출애굽기 3장 1절을 보면 이드로라는 이름 앞에 미디안 제사장이라는 표현이 있습니다. 출애굽기 18장 1절도 그렇습니다. "모세의 장인이며 미디안 제사장인 이드로가." 이드로라는 이름 앞에 두 번에 걸쳐 미디안 제사장이라는 수식어가 나옵니다. 그런데 르우엘이라는 이름 앞에는 어떤 수식도 나오지 않습니다. 이것으로 보아 이드로는 이름이라기보다는 오늘날 목사와 같이 미디안 제사장을 가리키는 호칭이 아닐까 하고 학자들은 생각합니다. 정리하면 르우엘은 이름이고 이드로는 미디안 제사장을 가리키는 호칭이고 호밥은 모세의 처남입니다.

04 출애굽기 4장 24~26절의 말씀이 이해가 되지 않습니다. 왜 하나님께서는 갑자기 모세를 죽이려고 하신 건가요?

Ⓐ 이 본문은 구약 학자들 사이에도 가장 설명하기 어려운 본문 중에 하나입니다. 왜 하나님께서 갑자기 모세를 죽이려고 하셨을까요. 본문을 먼저 보겠습니다.

모세가 길을 가다가 숙소에 있을 때에 여호와께서 그를 만나사 그를 죽이려 하신지라 십보라가 돌칼을 가져다가 그의 아들의 포피를 베어 그의 발에 갖다 대며 이르되 당신은 참으로 내게 피 남편이로다 하니 여호와께서 그를 놓아 주시니라 그 때에 십보라가 피 남편이라 함은 할례 때문이었더라.

대부분의 신앙인들은 본문을 이렇게 이해합니다. 하나님께서 갑자기 모세를 죽이고자 하셨을 때 십보라가 돌칼을 가져다가 두 아들에게 할례를 행하였고 십보라가 모세에게 당신은 내게 피 남편이라고 말했다는 것입니다. 당시 애굽 사람들은 할례를 받았으나 미디안 문화에서 태어난 모세의 두 아들은 할례를 받지 않았을 것이라고 보고 모세가 출애굽의 지도자로서 사역을 해야 하는데 그의 아들들이 할례를 받지 않았다고 하는 것은 지도자로서의 중요한 결격 사유가 될 수 있었기에 하나님께서 이것을 해결하신 사건으로 이해하는 것입니다. 그런데 이렇게 해석하게 되면 이런 질문을 제기할 수 있습니다. 만약 아들들이 할례를 받지 않은 것이 지도자로서의 큰 결격 사유였다면 아들들에게 할례를 행하라고 미리 말씀하셔도 되는 것 아닙니까. 그런데 아무 말씀도 하지 않으시다가 사명을 완수하기 위해 애굽으로 가고 있는 모세를 갑작스럽게 죽이고자 하는 것은 너무 납득하기 어려운 내용 아닙니까.

출애굽기 4장 24·26절의 히브리어 원문에는 십보라 외에 구체적인 사람의 이름이 나오지 않고 대명사 '그'라는 표현만 등장합니다. 그런데 개역개정은 24절 앞부분에 그를 모세라고 했는데 이것은 번역자의 해석입니다. 히브리어 원문상으로는 야웨가 죽이고자 한 대상이 모세인지 그의 아들인지 분명하지 않습니다. 중요한 것은 25절에서 누군가를 죽이고자 하는 하나님께 맞서 십보라가 그의 생명을 살리는 역할을 한다는 것입니다. 25절에 '갖다 대며'라는 표현은 히브리어 원어로 '나가'인데 이를 출애굽기 12장 22절에는 '뿌리고'로 번역했습니다. '나가'라는 단어는 '갖다 대다', '뿌리다'라는 의미를 가지고 있는데 둘 다 생명을 구하기 위한 행위를 가리키는 것입니다. 따라서 학자들은 십보라의 행위를 피를 통해 죽음의 공격으로부터 한 존재를 지켜낸 것으로 해석하고 이러한 십보라의 행위가 유월절 사건을 예시하는 것으로 보기도 합니다. 중요한 것은 이때 핵심은 할례가 아니라 죽음의 공격으로부터 생명을 지켜내는 피의 역할이라는 것입니다.

05 출애굽기 7장 3절을 보면 하나님께서 바로의 마음을 완악하게 했다는 표현이 나옵니다. 만약 그렇다면 바로는 회개의 기회를 갖지 못한 것 아닌가요. 바로는 회개를 하고자 했는데 하나님께서 그의 마음을 완악하게 하신 것이라면 바로의 입장에서는 조금 억울하다는 느낌이 들기도 합니다. 정말 그런 것인가요. 완악하게 했다는 표현이 어떤 의미인가요?

Ⓐ 바로는 마음을 돌이키고자 하는데 하나님께서 바로의 마음을 계속해서 완악하게 하셨다면 바로 입장에서는 너무나 억울할 수 있다고 생각합니다. 그런데 우리가 알고 있는 하나님의 성품에 비추어볼 때 하나님은 회개와 돌이킴을 기뻐하는 분이십니다. 누군가가 회개하고자 하는데 의도적으로 그를 심판하시기 위해서 계속해서 그의 마음을 완악하게 만드시는 분이 아님을 우리는 잘 알고 있습니다. 하나님은 죄인들이 회개하는 것을 기뻐하십니다. 심판의 과정에서도 그들이 진심 어린 회개를 했을 때는 언제든지 심판을 중단하시는 분이 하나님이십니다. 그런 의미에서 하나님께서 강제로 바로로 하여금 마음을 완악하게 했다고 보기는 어렵습니다. 여기 바로의 마음을 완악하게 했다는 것은 바로의 마음을 그대로 내버려두셨다는 의미로 해석해야 합니다. 강제로 바로의 마음을 돌이키지 아니하시고 바로가 하고자 하는 바대로 내버려 두시는 것입니다. 이것을 신학에서는 유기라고 합니다. 죄 된 길을 걸어가고자 하는 자를 하나님께서 그대로 내버려 두시는 것입니다. 유기야 말로 하나님의 최고의 심판이라고 할 수 있습니다. 하나님께서 이스라엘을 사랑하신 결정적인 증거는 이스라엘이 죄 된 길을 걸어가던 각 시대마다 예언자를 보내셔서 이스라엘의 죄 된 삶을 돌이키고자 하셨다는 것입니다. 내가 잘못된 길을 걸어가고 있는데 아무도 나의 길을 가로막지 않는 것만큼 무서운 심판은 없습니다. 하나님께서는 강제로 바로의 마음을

돌이키지는 않으셨습니다. 바로 스스로 자신의 마음을 돌이키기를 기대하셨습니다. 그러나 안타깝게도 바로는 회개의 기회를 거부했고 마침내 열 번째 재앙에서 하나님께 무릎을 꿇게 되었습니다.

06 출애굽기 7장 7절을 보면 모세가 바로 앞에 섰을 때 나이가 팔십 세로 되어 있습니다. 하나님께서는 이스라엘 백성들을 구원하고 인도하는 큰 사명을 이룸에 있어서 젊고 혈기 왕성한 모세가 아닌 나이 많고 늙은 모세를 선택하셨을까요?

Ⓐ 성경을 보면 하나님께서 일반적인 세상의 가치관을 뒤엎는 행위를 하실 때가 많이 있습니다. 이에 대해 바울은 고린도전서 1장 27절에 다음과 같이 말합니다.

그러나 하나님께서 세상의 미련한 것들을 택하사 지혜 있는 자들을 부끄럽게 하려 하시고 세상의 약한 것들을 택하사 강한 것들을 부끄럽게 하려 하시며.

하나님은 스스로 지혜 있다 하는 자들, 스스로 강하다고 하는 자들을 선택하지 않으십니다. 도리어 세상적으로 볼 때 지혜도 없어 보이고, 힘도 약해 보이는 연약한 자들을 사용하셔서 강한 자들과 지혜 있다고 하는 자들을 부끄럽게 하십니다. 예수께서 선택하신 열두 제자도 그러했습니다. 그들은 세상적인 눈으로 볼 때 내세울 만한 학벌과 직업과 가문이 있었던 것은 아닙니다. 하나님께 쓰임 받는 자들에게 가장 중요한 것은 순종하고자 하는 마음입니다. 순종하고자 하는 마음만 있다면 하나님께서 그들에게 지혜를 주시고 힘을 주시고 능력을 주십니다.

왜 젊고 혈기왕성한 모세가 아닌 늙고 힘도 없는 모세를 하나님께서 출애굽의 지도자로 선택하셨을까요. 중요한 것은 모세가 출애굽의 지도자로서 가장 잘 준비된 사람이라는 사실입니다. 모세가 출애굽의 지도자가 될 수 있었던 세 가지 이유가 있습니다. 첫째, 모세는 40세에 출애굽을 해본 경험이 있었습니다. 둘째, 모세는 출애굽 이후 이스라엘 백성을 이끄는 지도자로 세움을 받게 되는데 미디안 광야에서 40년 동안 양을 치면서 고집 세고 완악한 이스라엘 백성들을 인도할 수 있는 성품적 훈련을 받았습니다. 알고 계신 것처럼 양은 초식동물 중에 가장 고집 센 동물로 유명합니다. 그런 고집 센 양을 40년 동안 돌보면서 모세는 지상에서 가장 온유한 사람으로 변화되었고 그 40년의 훈련 이후에 이스라엘 백성들을 이끄는 지도자로 부름을 받은 것입니다. 40년의 훈련이 있었기에 40년을 지도자로서의 사역도 가능했다고 볼 수 있습니다. 여기서 다시 한 번 하나님께서는 준비된 자를 사용하신다는 것을 볼 수 있습니다. 셋째, 모세는 광야 길에 대해 누구보다 해박한 이해를 갖고 있는 사람이었습니다. 모세는 40년 동안 양을 치면서 미디안 광야 길을 계속 왔다 갔다 했을 것입니다. 출애굽 이후 가나안 땅까지 경로를 가장 잘 알고 있는 모세가 출애굽의 지도자로 가장 적격이었음을 알 수 있습니다. 무엇보다 모세는 바로의 압제 가운데 시달리는 히브리인들의 해방을 간절히 원했던 사람입니다. 그의 간절한 소망을 알고 계신 하나님께서 모세가 가장 잘 훈련되어 있던 그 시점에 출애굽의 지도자로 부르셨습니다.

07 하나님께서 이스라엘을 출애굽시켜 주시기 위해 애굽에 열 가지 재 앙을 내리시는데 왜 굳이 한 번에 바로를 심판하지 않으셨는지에 대 해 답답함이 있습니다. 그 기간 동안 히브리인들은 계속해서 강제 노역에 시 달리지 않았겠습니까. 능력 많으신 하나님께서 굳이 열 가지 재앙을 내리실 때까지 기다리실 필요가 있으셨는지요?

A 하나님의 심판의 대상이 나 자신인 경우와 타인인 경우에 우리에게 는 이중적인 마음이 있는 것 같습니다. 나에 대해서는 하나님께서 한없 이 참아주시고 용서해주시기를 바라는 마음이 강하고 타인에 대해서는 즉각적인 심판을 행하여 주시기를 간구할 때가 있습니다. 또한 나에게 는 자비와 사랑의 하나님의 모습만이 드러나기를 바랄 때가 많고 타인에 게는 정의와 공의의 하나님의 모습만이 드러나기를 바랄 때가 있습니다. 이런 모습 속에서도 우리는 인간의 죄성을 볼 수 있는 것 같습니다. 하나 님께서 이집트에 열 가지 재앙을 내리신 것은 바꾸어 말하면 최소한 9번 의 회개할 수 있는 기회를 주셨다는 것입니다. 그만큼 하나님은 오래 참 으시는 분이십니다. 우리 하나님은 심판하기보다는 구원하기를 원하십 니다. 죄 된 길을 걸어가던 존재가 어느 시점에 회개하고 돌이키고자 한 다면 너무나 그 회개를 기쁘게 열납하시는 분이 우리 하나님이십니다. 사랑과 자비와 인자와 긍휼이 많으신 하나님께서 무수하게 많은 회개의 기회를 바로에게 허락하셨지만 안타깝게도 바로는 그 모든 회개의 기회 를 거부합니다. 이런 바로의 모습 속에서 여전히 고집스러운 우리의 모 습을 보게 되는 것 같습니다. 하나님의 말씀 앞에 온전히 순종하지 못하 고 적당히 타협하고자 하는 바로의 모습은 사실상 오늘 우리의 모습입니 다. 돌이키겠다고 약속하고서도 그 약속을 내팽개치는 바로의 모습이 사 실은 우리의 모습입니다. 이처럼 하나님 앞에서 끝까지 완악한 존재였던

바로의 모습이 사실은 나와 우리 자신의 모습입니다. 바로의 이야기를 들으면서 우리 자신의 모습을 바라볼 수 있기를, 회개의 기회를 은총으로 알고 온전히 돌이킬 수 있기를 소망합니다.

08 출애굽기 12장의 유월절 내용을 보면서 만약 야곱의 후손 가운데 누군가가 하나님께서 명하신 유월절 규례를 지키지 않았다면 그는 죽임을 당하였을까 아니면 야곱의 후손이기에 그래도 구원을 받았을까 라는 생각을 하게 되는데 유월절 규례를 지키지 않은 야곱의 후손들은 어떻게 되었을까요?

Ⓐ 출애굽 구원에 있어 그가 야곱의 후손인가 아닌가 하는 것은 결정적인 요소가 되지 못합니다. 왜냐하면 출애굽기 12장 38절을 보면 출애굽 당시에 야곱의 후손뿐만 아니라 중다한 잡족들도 출애굽 했음을 알 수 있습니다. 즉 어떤 혈통이냐가 출애굽 구원의 핵심은 아니었음을 보게 됩니다. 출애굽 구원 당시 하나님께서는 애굽을 탈출하여 하나님이 통치하시는 새로운 세상에 살고자 하는 모든 사람들을 구원해 주셨습니다. 하나님의 구원 사건에 있어서 혈통은 그리 중요하지 않습니다. 유월절도 마찬가지입니다. 야곱의 후손이라고 해서 모두 자동적으로 구원을 받은 것은 아닙니다. 하나님이 명하신 유월절 규례에 순종한 자들만이 유월절에 장자의 죽음이라는 재앙으로부터 구원을 받을 수 있었습니다. "나는 야곱의 후손이니까"라고 하면서 하나님이 명하신 유월절 규례를 지키지 않은 사람이 있다면 그의 가정도 장자의 죽음이라는 심판을 받게 되었을 것입니다. 진정한 야곱의 후손은 혈통에 의해 규정되는 것이 아닙니다. 아브라함과 이삭과 야곱의 그 믿음을 계승하는 자가 진정한 아브라함과

이삭과 야곱의 후손입니다. 그는 하나님이 명하신 유월절 규례에 순종함을 통해 하나님을 경외하고 있는 자임을 증명해야 합니다.

유월절을 통해 우리가 기억해야 할 중요한 사실이 하나 있습니다. 그것은 우리가 믿는 하나님은 전능하신 분이지만 그의 백성들이 감당해야 할 몫을 반드시 남겨주신다는 것입니다. 이것을 신학에서는 신인협력사역이라고 말합니다. 우리가 생각할 때 유월절에 하나님께서 애굽 사람과 히브리 사람들을 구별하셔서 애굽 사람들에게는 심판을 내리시고 히브리 사람들에게는 구원을 내리시면 되지 않을까 하고 생각하기 쉽지만 하나님은 그렇게 하지 않으셨습니다. 왜냐하면 애굽 사람이라고 해서 모두가 심판을 받아야 할 대상이 아니기 때문입니다. 우박 재앙 이야기에서 보는 것처럼 애굽 사람들 중에도 하나님의 말씀을 경청하고 순종하는 자들은 피해를 입지 않았습니다. 이스라엘은 이스라엘 백성 됨의 정체성을 혈통으로 규정하였지만 성경에서 말하는 참된 이스라엘은 하나님께 순종하는 자입니다. 누가 이스라엘 사람입니까. 하나님을 경외하고 순종하는 자가 참 이스라엘입니다.

하나님께서는 모세를 통해 유월절에 장자 죽음의 재앙으로부터 구원받을 수 있는 방법을 미리 알려주셨습니다. 주신 말씀을 마음에 새기고 그대로 행하는 자가 이스라엘 사람입니다. 그렇게 순종한 자들만이 하나님의 구원을 경험할 수 있는 것입니다. 우리는 하나님께서 모든 것들을 다 알아서 해주시기 만을 바랄 때가 많지만 하나님이 원하시는 바는 그것이 아닙니다. 이스라엘 스스로가 자기 발로 출애굽을 해야 하고 이스라엘 스스로가 용기 있게 홍해 바다를 건너야 하고 이스라엘이 힘을 내어 아말렉과 전쟁을 치러야 했습니다. 이때 하나님의 말씀을 믿고 행하는 자들을 하나님은 도우십니다. 하나님은 당신의 백성들이 수동적인 존재가 되기를 원하지 않으셨습니다. 그래서 우리가 평화를 위해 기도

하면 하나님께서는 우리가 바라고 기대하는 평화를 주시기보다는 평화를 만들어 낼 수 있는 용기를 허락해 주십니다. 하나님께 순종하고자 하는 자들에게 순종할 수 있는 지혜와 용기와 의지를 주시는 분이 하나님이십니다. 그런 의미에서 신앙의 최대 적은 모든 것을 하나님께 떠넘기는 비주체성입니다. 그것은 하나님에 대한 믿음이 있는 것처럼 보이지만 사실은 스스로 그 어떤 것도 책임지고자 하지 않는 무책임한 태도입니다. 믿는 자는 용기 있게 말씀에 의지하여 한 걸음을 내딛는 자임을 기억했으면 좋겠습니다.

09 출애굽기 12장 37절을 보면 출애굽의 규모가 엄청나다는 생각이 듭니다. 보행하는 장정만 60만 명이라면 어린 아이들과 여인들, 나이드신 노인들을 모두 합치게 되면 200만 명 이상이 될 것 같은데 이렇게 많은 숫자가 출애굽을 한 것이 사실인가요?

A 출애굽 연대나 출애굽한 사람들의 숫자에 대해서는 보수적인 학자들과 진보적인 학자들 사이에 서로 상이한 주장이 있습니다. 보수적인 학자들은 문자 그대로 받아들여 주전 15세기 중반에 200만 명 가량의 사람들이 출애굽했다고 보고 진보적인 학자들은 성경과 역사적 자료의 종합적 분석을 통해 주전 13세기 중반에 3만 명 이하의 사람들이 출애굽 했다고 봅니다. 출애굽한 숫자가 200만 명인지, 3만 명 이하인지에 대해서 서로 상이한 주장을 하고 있으며 둘 중에 무엇이 맞는지, 아니면 제3의 답이 있는 것은 아닌지에 대해 누구도 답하기 어려운 것도 사실입니다. 성경의 문자 그대로를 우리가 받아들인다고 할 때 한글 성경은 장정만 60만 명으로 말합니다. 그렇다면 여인들과 어린 아이들과 노인

들의 숫자를 더하게 되면 출애굽의 규모는 200만 명 이상이 될 수 있습니다. 문제는 이 숫자가 당시 이집트의 총 인구수보다 더 많다고 주장하는 사람들도 있습니다. 예를 들어 당시 이집트의 총 인구가 150만 명인데 출애굽한 사람들이 200만 명이라고 하면 이상하지 않습니까. 그렇다면 출애굽한 사람들에 대한 숫자의 진실은 과연 무엇일까요.

구약을 공부할 때 가장 어려운 것 가운데 하나가 숫자입니다. 먼저 기억하셔야 할 것은 성경에 기록된 모든 숫자는 아라비아 숫자가 아니라는 것입니다. 성경에 기록된 숫자는 게마트리아로 히브리어 알파벳을 가지고 수를 표시하는 것입니다. 히브리어 알파벳은 총 22개인데, 처음부터 9번째까지는 1에서 9를, 10번째부터 18번째까지는 10부터 90을, 19번째부터 22번째까지는 100에서 400을 말합니다. 출애굽기 12장 37절에서 60만 명이라고 번역된 히브리어 문장을 보면 600이라는 '게마트리아'와 '엘레프'라는 단어가 붙어 있습니다. 여기 '엘레프'는 보통 1,000이라는 뜻으로 해석됩니다. 그래서 600을 뜻하는 게마트리아와 1,000이라는 뜻의 엘레프라는 단어가 붙어 있으니 이것을 곱해서 60만으로 번역한 것입니다. 그런데 장정만 60만 명으로 번역을 하게 되니 출애굽한 사람들의 총수는 200만 명 이상일 가능성이 있고 그렇게 되면 당시 이집트 총 인구와 충돌이 일어나는 문제가 발생하게 됩니다.

그러면 이 문제를 해결할 수 있는 단서는 엘레프라는 단어에 또 다른 의미는 없는가를 찾는 것입니다. 엘레프는 1,000이라는 의미뿐만 아니라 분대라는 의미도 있습니다. 주목해야 하는 것은 장정을 수식하는 단어가 '보행하는 이'라는 것입니다. '보행하는 이'라는 단어는 보병을 가리키고(왕상 20:29), 장정은 젊은 남자를 뜻합니다. 따라서 보행하는 장정은 젊은 보병이라는 의미가 됩니다. 젊은 보병이라는 단어를 통해 엘레프가 군사 조직의 단위로 사용된 것임을 알 수 있습니다. 고대 사회에서는 전쟁을 수행하는 효과적인 수를 12명 내지 15명으로 보았습니다. 만약 12명으로 볼 때는 600 엘레프는 7,200명, 15명으로 볼 때 600 엘레프는 9,000명이 됩니다. 이렇게 되면 젊은 보병 외에 민간인을 포함하는 총 인구수는 3만 명 정도 되지 않았을까 추측할 수 있습니다. 이런 견해를 진보적인 신학자들이 받아들이고 있습니다. 결론적으로 출애굽한 사람들의 총수를 우리가 정확히 알 수 없지만 60만 명에 대한 다른 해석이 가능함을 말씀드렸습니다. 중요한 것은 탈출한 사람의 숫자보다 누가 그들을 어떻게 구원하였는가 하는 것이 중요합니다. 본질을 붙잡을 수 있었으면 좋겠습니다.

10 출애굽을 할 때 이스라엘 백성들만 출애굽했다고 생각했습니다. 그런데 출애굽기 12장 38절에 나오는 "수많은 잡족이 함께 나왔다"는 말씀을 듣고 깜짝 놀랐습니다. 어떻게 수많은 잡족이 함께 출애굽을 하게 되었는지 그리고 이들은 후에 어떻게 되었는지요?

A 바로가 애굽에 있던 야곱의 후손들을 강제 노역에 동원할 때 야곱의 후손 외에도 바로의 압제 가운데 시달리던 많은 사람들이 있었다고 보아야 합니다. 애굽에 의해 압제 당했던 모든 자들이 출애굽을 열망하였고 이들 대부분이 출애굽의 순간에 용기를 내어 애굽을 나왔을 것입니다. 출애굽한 사람들은 크게 두 부류인데, 하나는 야곱의 후손이고, 다른 하나는 수많은 잡족들이었습니다. 이들은 서로 다른 민족적 정체성을 가지고 있었지만 이들을 하나 되게 만들었던 공통분모가 있었는데, 반 애굽, 반 바로였습니다. 출애굽한 사람들 모두는 바로의 통치와 애굽의 압제가 너무나도 싫었던 사람들이었습니다. 반 애굽, 반 바로라는 부정

적 정체성으로 인해 이들은 함께 출애굽하게 되었습니다.

출애굽한 사람들은 시내산에 도착한 이후에 하나님과 언약을 체결하게 됩니다. 이것을 우리는 시내산 언약이라고 부릅니다. 이 언약 사건을 통해 공식적으로 하나님만을 믿고 섬기는 이스라엘 공동체가 탄생하게 된 것입니다. 우리가 흔히 아브라함, 이삭, 야곱을 이스라엘 사람이라고 생각하는데 이들은 사실 메소포타미아 사람들입니다. 이스라엘 사람이라는 것은 출애굽 이후 시내산 언약에서 탄생한 것입니다. 이때 이스라엘의 뜻은 하나님을 섬기는 사람들입니다. 이스라엘은 하나님이 다스린다는 뜻입니다. 누가 이스라엘 백성입니까. 하나님의 다스리심에 순종하는 자들이 이스라엘 백성입니다. 출애굽 당시에는 야곱의 후손들과 수많은 잡족들이 반 애굽, 반 바로라는 정체성으로 하나가 되었지만 시내산에서 이들은 하나님을 믿고 섬기는 한 백성이라는 새로운 정체성을 갖게 되었습니다. 이렇게 탄생한 이스라엘은 열두 지파 연맹 공동체라는 정치 형태를 채택하게 되었습니다. 이때 출애굽에 참여했던 수많은 잡족들은 이스라엘 열두 지파로 편입이 되었습니다. 열두 지파에 편입된 대표적인 사람이 갈렙입니다. 갈렙의 조상은 그나스 사람이지만 출애굽 이후에 갈렙 집안은 유다 지파로 편입되었습니다.

11 십계명이 교파들마다 조금씩 다르다는 이야기를 들었습니다. 어떻게 십계명이 다를 수가 있지요. 교파들마다 십계명이 어떻게 다른가요?

🅐 교파들마다 십계명이 조금씩 다릅니다. 그런데 내용이 다른 것은 아닙니다. 전체의 내용은 동일한데 그 내용을 구분하는 방식이 조금씩 다른 것입니다. 예를 들어 한국의 개신교인들이 일반적으로 알고 있는 십

계명은 1계명은 너는 나 외에는 다른 신들을 두지 말라, 2계명은 우상을 제작하지도 말고 섬기지도 말라, 3계명은 여호와의 이름을 망령되이 일컫지 말라, 4계명은 안식일을 기억하여 거룩하게 지켜라, 5계명은 네 부모를 공경하라, 6계명은 살인하지 말라, 7계명은 간음하지 말라, 8계명은 도둑질하지 말라, 9계명은 네 이웃에 대하여 거짓 증거하지 말라, 10계명은 네 이웃의 집을 탐내지 말라 입니다. 이것이 한국 교회가 일반적으로 받아들이고 있는 십계명의 순서입니다. 한국 교회와 동일하게 십계명을 받아들이는 곳이 성공회와 동방정교회입니다. 그런데 유대교는 십계명 말씀 앞에 나오는 "나는 주 너희 하나님이다"가 1계명이고, 우리가 1, 2계명이라고 하는 것을 하나로 합쳐 2계명으로 분류합니다. 그리고 가톨릭과 루터교는 1, 2계명을 1계명으로 보고, 10번째 계명을 둘로 나누어 "이웃의 아내를 탐하지 말라"를 9계명으로, "이웃의 소유를 탐하지 말라"를 10계명으로 봅니다. 이처럼 교파들마다 십계명의 구분법은 다르지만 그 내용은 동일합니다.

12 출애굽기 20장 5절의 "나를 미워하는 자의 죄를 갚되 아버지로부터 아들에게로 삼사 대까지 이르게 하거니와"라는 말씀 때문에 가계의 저주가 있다는 이야기를 들었습니다. 정말 가계의 저주가 있는 것인가요?

A 출애굽기 20장 5절을 보겠습니다.

그것들에게 절하지 말며 그것들을 섬기지 말라 나 네 하나님 여호와는 질투하는 하나님인즉 나를 미워하는 자의 죄를 갚되 아버지로부터 아들에게로 삼사 대까지 이르게 하거니와.

하나님은 우상을 제작하고 그것들을 섬기는 것을 하나님을 미워하는 행위라고 말씀하십니다. 그리고 그러한 행위를 하는 자의 죄를 아버지로부터 아들에게로 삼사 대까지 이르게 하겠다고 분명히 말씀하십니다. 여기 "아버지로부터 아들에게로 삼사 대"라는 표현 때문에 많은 분들이 가계의 흐르는 저주라는 표현을 쓰는 것 같습니다. 그러나 5절 말씀을 올바로 이해하려면 6절과의 비교 속에서 읽어야 합니다. 6절입니다.

나를 사랑하고 내 계명을 지키는 자에게는 천 대까지 은혜를 베푸느니라.

하나님을 미워하는 자에게는 삼사 대까지 심판하시고 하나님을 사랑하는 자에게는 천 대까지 은혜를 베푸시겠다고 말씀합니다. 은혜는 천 대까지이고 심판은 삼사 대까지로 비교가 되지 않습니다. 무엇을 강조하고 있습니까. 하나님의 비대칭적인 대응을 강조하는 것입니다. 하나님의 주된 관심은 심판에 있지 않고 구원에 있고 은혜 베푸시는 것에 있음을 강조하고 있습니다. 또 기억해야 할 것은 여기에 나오는 삼사 대라는 것은 당시 맥락 속에서 이해해야 합니다. 오늘날에는 핵가족 내지는 1인 가구가 대세이지만 당시에 씨족사회는 일반적으로 삼사 대가 한 집에 모여 살았습니다. 따라서 삼사 대가 심판을 받는다는 것은 대를 이어 계속해서 가계의 저주가 흐른다는 말이 아니라 당대에 우상을 숭배한 모든 세대가 심판을 받는다는 이야기입니다. 성경은 그 어떤 경우에도 부모의 죄로 인해 자녀를 징벌하는 연좌제를 옹호하지 않습니다. 신명기 24장 16절입니다.

아버지는 그 자식들로 말미암아 죽임을 당하지 않을 것이요 자식들은 그 아버지로 말미암아 죽임을 당하지 않을 것이니 각 사람은 자기 죄로 말미암아 죽임을 당할 것이니라.

이것이 성경의 대원칙입니다. 가계의 저주가 흐른다는 식의 주장은 성경의 지지를 받을 수 없는 주장임을 기억하시면 좋겠습니다.

13 출애굽기 23장을 보면 이스라엘의 3대 절기가 나옵니다. 그런데 이스라엘 사람들이 가나안에 입성한 이후에 대부분 농사를 지었는데 어떻게 일주일씩 이러한 절기를 지킬 수 있었는지요?

Ⓐ 이스라엘의 3대 절기는 무교절, 맥추절, 수장절입니다. 무교절과 긴밀하게 연관이 있는 것이 유월절과 초실절입니다. 유월절은 1월 14일이고 그다음날인 1월 15일부터 일주일을 무교절로 지켰습니다. 1월 15일인 무교절의 첫날은 안식일입니다. 사실 유월절과 무교절은 별개의 절기입니다. 그러나 유대인들은 이 두 절기를 합쳐서 유월절 또는 무교절이라고 불렀습니다. 안식 후 첫날인 1월 16일은 초실절입니다. 이날에 첫 보리 수확을 하나님께 바쳤습니다. 맥추절은 다른 말로 칠칠절, 오순절이라고도 부릅니다. 이날은 보리 수확의 초실절로부터 정확하게 7주 후였기 때문에 칠칠절이라고 불렀습니다. 그런데 이날의 다른 명칭이 오순절입니다. 오순절은 50일이라는 의미입니다. 이 용어를 들으면 이런 질문을 할 수 있습니다. 칠칠은 49이고 오순절은 50인데 어떻게 이두 단어가 같은 의미로 사용이 되었을까요. 초실절을 계산에 넣으면 총 50일이 되고, 실제 기간은 49일이 되기 때문에 오순절, 칠칠절이라고 부르는 것입니다. 이때는 밀 수확을 하나님께 바칩니다. 사실 맥추라는

말은 보리 추수를 의미합니다. 그래서 보리를 수확한다고 생각하기가 쉬운데 이때는 밀을 수확하는 때입니다. 출애굽기 34장 22절에 맥추의 초실절이라고 되어 있는데 사실은 밀의 초실절이라고 번역해야 합니다. 초실절은 두 가지인데 첫 번째가 보리의 초실절인 1월 16일이고, 두 번째가 밀의 초실절인 3월 6일입니다.

수장절은 7월 15일부터 22일까지 8일 동안 지키는 절기로 초막절, 장막절이라고도 불렀습니다. 추수한 과일을 저장했기에 수장절로도 불렀습니다. 이날은 우리의 추석인 음력 8월 15일과 같은 날입니다. 이 기간 동안 이스라엘 백성들은 초막에서 생활하면서 이스라엘의 광야생활을 돌보신 하나님의 은혜를 기억했습니다. 가나안 땅에 정착한 이후부터 그들은 대부분 농사를 지었습니다. 농사를 지어본 분들은 아시겠지만 농사는 타이밍이 아주 중요합니다. 씨를 뿌려야 할 때 씨를 뿌려야 하고, 수확해야 할 때 수확을 해야 합니다. 하고 싶을 때 씨를 뿌리거나 하고 싶을 때 수확할 수가 없습니다. 그렇다면 어떻게 일주일씩 진행되는 이 3대 절기를 이스라엘 남자들은 지키게 되었을까요. 손이 필요한 바쁜 시기라면 이 절기를 준수하는 것이 쉽지 않았을 것입니다. 그런데 이스라엘의 3대 절기는 모두 추수 이후에 지키게 됩니다. 무교절은 보리 수확 이후, 맥추절은 밀 수확 이후, 수장절은 과수 수확 이후에 지키는 절기입니다. 3대 절기는 수확 이후에 누리는 안식의 시간이자 풍성한 수확을 허락하신 하나님의 은혜에 감사하는 절기로 이해하면 됩니다.

14 출애굽기에 나오는 성막에 대해서는 아무리 읽어도 그 내용을 파악하는 것이 쉽지가 않습니다. 성막의 전체적인 구조를 이해할 수 있도록 간결하게 설명해 주실 수 있나요?

Ⓐ 매년 많은 신앙인들이 송구영신 예배를 드리면서 성경일독을 다짐합니다. 새해 첫 날에 창세기 1장부터 시작해서 성경을 잘 읽다가도 출애굽기 25장에 오면 큰 장애물을 만나게 됩니다. 출애굽기 25장부터 40장까지가 성막과 제사장 예복에 대한 내용인데 그 본문은 아무리 읽어도 무슨 내용인지 파악하는 것이 정말 쉽지 않습니다. 혹시 지금도 그런 난관에 걸리는 분들이 계시다면 성막 부분은 뛰어 넘고 다음 본문을 읽으실 것을 권합니다. 그런데 바로 그 다음 본문이 레위기입니다. 레위기 1장부터 7장까지는 5대 제사에 대한 내용인데 이곳도 넘기 힘든 거대한 장애물입니다. 출애굽기 25장부터 레위기 7장까지는 첩첩산중과도 같은 느낌입니다. 성경에는 이런 장애물들이 곳곳에 있습니다. 그러나 이것도 하나님께서 우리에게 주신 말씀임을 인정하고 좀 더 집중하여 보게 되면 나름대로 큰 틀의 이해는 하실 수 있다고 생각합니다.

먼저 성막은 하나님의 현존을 암시하는 이동식 성소입니다. 이후에 솔로몬이 건축하게 되는 성전이 고정식 건물인데 반해 성막은 이동식 성소입니다. 이스라엘 백성들이 광야 40년 행진할 때마다 성막도 계속해서 이동을 했다고 생각하면 됩니다. 성막은 항상 백성들이 거주하는 곳 중앙에 설치했습니다. 성막은 그의 백성들과 함께하시는 하나님을 상징하기 때문입니다. 성막은 크게 세 부분으로 구성되어 있는데, 동쪽 문으로 들어오면 마당이 있고, 좀 더 들어오면 성소가 있고, 제일 안쪽에는 지성소가 있습니다. 성막 전체가 하나님의 임재를 상징하는 거룩한 공간이지만 지성소가 제일 거룩하고, 그 다음에는 성소가 거룩하고, 제일 마지막으로는 마당이 거룩합니다. 공간마다 거룩의 등급이 있고 그 곳에 출입할 수 있는 사람들도 구별되어 있습니다. 마당에는 제사를 드리고자 하는 자들과 레위인들이 출입 가능하지만 성소에는 제사장들만 들어갈 수 있습니다. 그리고 가장 거룩한 지성소에는 대제사장만 일 년에 한번 출입이 가능합니다. 그날이 7월 10일인 대속죄일입니다.

성막은 규모가 그리 크지 않았습니다. 가로 길이가 100규빗이고, 세로 길이가 50규빗입니다. 규빗은 팔꿈치부터 가운데 손가락까지 길이로 보통 45에서 50센티미터로 계산합니다. 편리하게 1규빗을 50센티미터로 잡으면 성막의 가로 길이는 50미터, 세로 길이는 25미터가 됩니다. 동쪽 출입문으로 들어오게 되면 제일 먼저 마당이 있는데 마당에는 물두멍과 번제단이 있습니다. 이 번제단에 짐승을 제물로 바칩니다. 성소와 지성소는 덮개로 덮여 있고 높이는 10규빗, 즉 5미터입니다. 성소의 길이는 20규빗 즉 10미터이고 지성소의 길이는 10규빗, 즉 5미터입니다. 성소에는 중앙에 분향단이 있고, 북쪽에 떡상, 남쪽에 메노라라고 불리는 등대가 있습니다. 제사장은 등대가 꺼지지 않도록 감람유를 계속 공급해야 합니다. 가장 거룩한 공간인 지성소에는 법궤와 속죄소와 그룹 천사가 있습니다. 법궤 안에는 십계명의 두 돌판이 있습니다. 속죄소는 정금으로 만든 법궤의 덮개입니다. 그룹 천사는 하나님의 현존을 지키는 것으로서 날개를 서로 잇닿게 하여 마주 쳐다보는 모양으로 서 있습니다. 그리고 성막 전체에는 5규빗 높이의 울타리가 있습니다.

레위기

01

레위기 앞부분에 나오는 5대 제사는 아무리 읽어도 그 내용을 파악하는 것이 어렵습니다. 5대 제사의 핵심적인 내용은 무엇인가요?

Ⓐ 레위기에 나오는 5대 제사는 아무리 읽어도 그 내용을 파악하는 것이 쉽지 않습니다. 상세한 것은 잘 모른다 하더라도 그 핵심적인 내용만 기억하면 좋겠습니다. 먼저 이스라엘 백성들이 하나님께 바칠 수 있는 제사의 종류에는 다섯 가지가 있습니다. 이것을 우리는 5대 제사라고 합니다. 5대 제사는 번제, 소제, 화목제, 속죄제, 속건제입니다. 먼저 번제입니다. 여기서 번은 태울 번입니다. 가죽만 벗기고 제물 전체를 태워 드리는 것입니다. 가죽은 제사를 집례한 것에 대한 사례로 제사장에게 제공합니다. 제사장에게 드리는 가죽을 제외한 몸 전체를 태워드리는 것이 번제입니다. 이는 제물을 바치는 자의 전적인 헌신을 상징하는 것입니다. 하나님께서는 번제로 바쳐지는 제물의 연기를 흠향하신다고 말씀하십니다. 번제는 수컷만을 제물로 바칠 수 있습니다.

둘째는 소제입니다. 소제는 곡식으로 드리는 유일한 제사로 대부분 다른 제사와 동반하여 드리게 됩니다. 중요한 것은 곡식 그 자체를 가져오는 것이 아니라 고운 가루나 화덕에 굽거나(떡, 2:4, 진설병도 일종의 소제), 철판에 부치거나(부침, 2:5), 솥에 삶아서(튀김, 2:7) 제물로 바칩니다. 소제는 제사장의 음식으로 사용되기에 가루에 누룩이나 꿀을 넣으면 안 됩니다. 누룩을 넣게 되면 실제 양보다 더 부풀어져 보이게 되고 꿀을 넣게 되면 가루가 금방 상할 수 있습니다. 누룩과 꿀을 넣어서는 안 되지만 대신 언약적 신실성을 상징하는 소금은 반드시 넣어야 합니다.

셋째는 화목제입니다. 화목제는 암수의 구별 없이 소, 양, 염소 중에서 예배자의 형편에 따라 제물을 고를 수 있습니다. 여기에 비둘기는 제외가 됩니다. 왜 비둘기는 제외가 되었을까요. 화목제는 제사를 드린 이후에 제물을 바친 헌제자가 화목제의 제물을 다른 이들과 함께 나누어 먹는 것이 특징입니다. 따라서 양이 너무 적은 비둘기는 화목제의 제물에서 제외가 되었습니다. 화목제의 가슴과 뒷다리는 제사장이 취합니다(7:30~33). 그 외의 것들은 헌제자가 사람들과 함께 나누어 먹습니다. 이처럼 사람들을 초대하여 더불어 식사 교제를 하는 것이 화목제이고 이것이 초대교회의 공동 식사로 발전하게 되었습니다.

넷째는 속죄제입니다. 속죄제는 자신이 의도하지 않은 가운데 범한 허물에 대해 드리는 제사입니다. 여기서 중요한 것은 고의적인 죄악은 속죄제로 용서받을 수 없다는 것입니다. 반드시 의도하지 않은 가운데 범한 죄에 대해서만 속죄제를 드릴 수 있습니다. 속죄제는 죄를 범한 주체에 따라 제물의 종류가 달라집니다. 사회적인 지위나 책임이 큰 존재일수록 값나가는 제물을 바쳐야 합니다. 흔히 말하는 노블레스 오블리주가 적용되는 제사가 속죄제라고 생각하시면 됩니다.

다섯째는 속건제입니다. 속건제를 다른 말로 보상제라고도 합니다. 속건제는 하나님과 사람의 재산에 대해 입힌 피해에 대해 배상을 하는 제사입니다. 보통 손해를 끼친 것에 대해 20퍼센트를 덧붙여 보상합니다. 하나님의 소유권에 대한 침해로서는 지성물과 관계된 것이 해당되고 이웃의 소유권에 대한 침해로는 임금 착취나 도둑질이 해당됩니다. 진정한 회개가 죄의 열매를 돌려주는 것에서 완성된다는 것을 잘 보여주는 것이 속건제입니다.

02 레위기 3장 17절을 보면 하나님께서 기름과 피를 먹지 말라고 하시며 이것은 너희 대대로 지킬 영원한 규례라는 말씀이 나옵니다. 이 말씀이 영원한 규례라면 오늘 우리도 이 말씀을 지켜야 하는 것 아닌가요. 왜 영원한 규례인데 오늘날 교회에서는 기름과 피를 먹지 말라는 이 말씀에 대해 강조하지 않는가요?

A 레위기를 보면 영원한 규례라는 표현이 12번 정도 나옵니다. 하나님께서 이것은 너희가 지킬 영원한 규례라고 하셨으면 오늘날 하나님의 백성이라고 고백하는 우리들도 당연히 지켜야 하는 것 아닐까요. 그런데 왜 우리는 이것을 지키지 않을까요. 이 말씀에 근거해보면 오늘날 신앙인들은 피가 들어간 선지국이나 순대 등을 먹어서는 안 될 것입니다. 그런데 많은 분들이 선지국이나 순대국을 맛있게 먹고 있지 않습니까. 레위기에서 한글로 '영원'이라고 번역된 단어의 히브리어는 '올람' 입니다. 이 '올람'은 기한부적 연속성을 가리키는 표현입니다. 기한부적 연속성이라는 것은 언제 끝날지는 알 수 없지만 그때까지는 계속 지속되는 것을 가리킵니다. 예를 들어 민수기 10장 8절을 보겠습니다.

그 나팔은 아론의 자손인 제사장들이 불지니 이는 너희 대대에 영원한 율례니라.

민수기 10장을 보면 나팔을 부는 규례가 나오고 8절에 "이는 너희 대대에 영원한 율례니라"고 되어 있습니다. 회중 전체를 소집할 때는 은나팔 두 개를 불고, 천부장만을 소집할 때는 은나팔 하나를 붑니다. 그리고 나팔을 크게 불 때는 동쪽 진영부터 출발합니다. 분명히 8절에 영원한 율례라는 표현이 나오는데 그렇다면 이 영원한 율례를 오늘날 우리도 지켜야 하는 것 아닐까요. 그런데 오늘 우리는 모든 회중을 소집할 때 나팔을 불지 않습니다. 왜 불지 않습니까. 성경이 말하는 영원은 언제 끝날지 알 수 없는 기간 안에서의 연속성을 가리키기 때문입니다. 민수기 10장의 나팔을 부는 규례는 광야 행진 시에만 유효한 법입니다. 그 광야 행진이 언제 끝날지는 알 수 없습니다. 광야 행진이 진행되는 동안에는 이법은 유효한 것입니다. 그러나 광야 행진이 끝난 이후에는 이 법에 우리가 지배를 받을 필요가 없습니다. 이것을 영원한 규례라고 말합니다. 헬레니즘이 말하는 영원은 끝이 없는 무궁한 시간을 말하는 것이라면 성경이 말하는 영원은 언제 끝날지 알 수 없는 시간 안에서의 연속성을 가리키는 표현입니다. 성막 관련 규례들도 성전 건축 이후에는 의미를 상실하게 됩니다. 구약의 제사도 오늘 우리는 지키지 않습니다. 왜냐하면 그리스도의 대속의 제물 됨을 통해 그 모든 것들이 완성되었기 때문입니다. 이처럼 성경이 말하는 영원은 언제 끝날지 알 수 없는 기간 안에서의 연속성을 가리키는 표현임을 기억하시면 좋겠습니다.

03 레위기 11장을 보면 이스라엘 백성들이 먹을 수 있는 정결한 짐승과 먹어서는 안 되는 부정한 짐승이 나옵니다. 그 가운데 현대인들이 좋아하는 돼지는 부정한 동물이라고 되어 있습니다. 신앙인들은 레위기 11장에 순종하기 위해서 돼지고기를 먹지 않아야 하는 것인가요?

🅐 레위기 11장과 신명기 14장을 보면 하나님의 백성들이 먹을 수 있는 정결한 동물과 먹어서는 안 되는 부정한 동물이 분류되어 있습니다. 어떤 근거와 기준 가운데서 먹을 수 있는 동물과 먹어서는 안 되는 동물을 나누었는지를 정확하게 알 수는 없습니다. 많은 학자들이 이 부분에 대해 다양한 설명을 하고 있지만 어느 것 하나도 모든 이들을 만족시킬 만한 설명은 없었습니다. 우리가 알 수 있는 가장 분명한 사실은 하나님의 백성인 이스라엘이 먹을 수 있는 대부분의 동물은 사람들의 관리 감독 가운데 있는 초식동물이라는 것입니다. 예컨대 소, 양, 염소 같은 것입니다. 먹지 못하는 동물은 대부분 다른 짐승을 잡아먹거나 죽은 시체를 뜯어 먹는 짐승들입니다. 돼지도 먹어서는 안 되는 부정한 동물 가운데 하나입니다. 왜 돼지가 여기에 포함되었는지에 대해 다양한 주장이 있지만 정확하게 이것이라고 만족할 만한 답은 없습니다. 우리가 만족스러운 답을 얻기 어려운 이유는 정결한 짐승과 부정한 짐승에 대한 구분법에 대해 성경이 자세한 설명을 하고 있지 않기 때문입니다. 우리는 성경이 가라는 곳까지 가고 성경이 멈추라는 곳에서 멈출 수밖에 없습니다.

정결한 짐승은 사람들이 식용으로도 먹을 수 있고 하나님께 제물로도 바칠 수 있습니다. 부정한 짐승은 식용으로 먹어서도 안 되고 하나님께 제물로도 바칠 수 없습니다. 중요한 것은 동물 자체가 정결하거나 부정한 것은 아닙니다. 창세기 1장이 말하는 것처럼 모든 동물은 하나님이 창조하신 피조물로서 하나님이 보시기에 좋았다는 평가를 받았습니다. 여기 좋았다는 것은 히브리어 '토브'로 윤리적으로 선하고 미학적으로도 아름다운 것을 말합니다. 따라서 돼지도 하나님이 창조하신 하나님의 피조물이고 하나님이 보시기에 좋았다고 평가하신 동물임을 기억해야 합니다. 돼지를 사람들로 하여금 먹지 못하게 하신 것이고 제물로 바치지 못하게 하신 것이지 돼지 자체가 부정한 동물은 아닌 것입니다. 재미있는 사실은 동물의 입장에서는 부정하다고 규정되는 것이 결코 나쁘지는 않다는 것입니다. 정결한 짐승들은 사람들의 먹거리가 되는 반면 부정하다고 규정된 짐승들은 사람들의 탐식으로부터 자유함을 누리게 됩니다. 돼지는 이스라엘 백성들이 아무리 가까이와도 결코 두렵지 않았을 것입니다.

오늘날 신앙인들도 레위기 11장에 근거해서 돼지고기를 먹어서는 안 되는지 질문을 주셨는데 그렇지는 않습니다. 음식 정결법은 기계적으로 고정된 법이 아닙니다. 예수에 의해 새로운 말씀이 주어졌습니다. 그것이 마가복음 7장 19절입니다.

이는 마음으로 들어가지 아니하고 배로 들어가 뒤로 나감이라 이러므로 모든 음식물을 깨끗하다 하시니라.

예수께서는 입으로 들어가는 음식이 우리를 부정하게 하는 것이 아니라 우리 마음속에서 나오는 것들이 온갖 죄악들을 만든다고 말하며 모든 음식물은 깨끗하다고 하셨습니다. 이 말씀은 사도행전 10장의 베드로 환상 사건에서 다시 한 번 강조되었습니다. 14~15절입니다.

베드로가 이르되 주여 그럴 수 없나이다 속되고 깨끗하지 아니한 것을 내가 결코 먹지 아니하였나이다 한대 또 두 번째 소리가 있으되 하나님께서 깨끗하게 하신 것을 네가 속되다 하지 말라 하더라.

베드로는 토라에 나오는 음식 정결법에 근거하여 부정한 동물을 먹지 않으려고 했는데 예수께서는 하나님께서 깨끗하게 하신 것을 네가 속되다 하지 말라고 말씀하셨습니다. 이렇게 구약의 음식 정결법으로부터 하나님께서는 신앙인들을 자유케 하셨습니다.

04 레위기 12장 1~5절을 보면 산모의 부정에 대한 규례가 나옵니다. 아들을 출산하게 되면 7일간 부정하고, 산혈이 깨끗하기까지 33일이 필요하고 그 기간에는 성물을 만질 수도 없고 성소에 들어가지도 못합니다. 그런데 딸을 출산할 경우에는 아들보다 두 배인 총 80일 동안 부정하게 됩니다. 생명을 출산하는 일을 부정하게 보는 이유가 무엇인가요. 그리고 딸을 출산할 경우에 두 배나 부정의 기간이 긴 것은 여성차별적인 말씀은 아닌가요?

A 생명을 출산하는 일을 부정하게 보는 것은 피를 몸 밖으로 흘렸기 때문입니다. 레위기가 말하는 부정에서 중요한 것은 마땅히 있어야 할 곳에 있지 않을 때 그것을 부정하다고 규정합니다. 피는 몸 안에 있어야 합니다. 그럴 때만 피는 유익합니다. 그런데 피가 있어야 할 몸 안에 있지 않고 몸 밖으로 나오게 되면 그것을 부정하다고 보는 것입니다. 있어야 할 곳에 있지 않았기 때문입니다. 그리고 육체의 생명이 피에 있기 때문에(17:11) 피 흘림은 생명의 힘을 상실한다고 이해했습니다. 생명의 힘이 충만한 것이 가장 거룩한 상태라면 생명의 힘을 상실한 것은 가장 부정한 상태입니다. 그래서 생명의 힘을 상실한 시체를 레위기에서는 가장 부정하다고 본 것입니다. 출산을 통해서 많은 피를 흘리고 생명의 힘을 상실하였기에 출산을 부정하다고 보았을 것입니다.

아들을 출산했을 때는 부정의 기간이 총 40일인데 반해 딸을 출산했을 때는 부정의 기간이 총 80일입니다. 정확히 두 배가 더 많습니다. 왜 딸을 출산했을 때는 부정의 기간이 두 배로 길어졌을까요. 많은 분들이 이 본문을 보면서 여성차별적 본문이라고 생각합니다. 그러면서 하나님을 가부장제를 옹호하는 신이라고 비판합니다. 정말 하나님은 가부장제를 옹호하고 남성만을 편드시는 하나님일까요. 이런 본문을 대할 때마다 가져야 할 자세는 우리 하나님은 그런 분이 아니라는 하나님 옹호적 관점입니다. 먼저 산모를 부정하다고 규정함을 통해 산모가 어떤 손해나 피해를 입고 있는지 보시기 바랍니다. 전혀 그 어떠한 손해나 피해도 입지 않습니다. 레위기 11장에서 사람들이 먹을 수 있는 동물과 먹을 수 없는 동물의 분류에서 부정하다고 규정된 돼지는 사람들의 탐식으로부터 보호를 받고, 제물이 될 수 있는 위험으로부터도 보호를 받았습니다. 돼지를 부정하다고 규정함을 통해 돼지가 그 어떤 피해를 받는 것이 없는 것처럼 여인의 출산을 부정하다고 규정함을 통해 여인이 받는 피해는 전혀 없습니다. 단지 부정하다고 규정한 것뿐입니다.

그래도 출산한 여인을 부정하다고 규정한 것 자체가 기분 나쁠 수 있습니다. 그런데 출산한 여인은 부정하다는 이 말씀을 지금 누구에게 하고 있는지 자세하게 볼 필요가 있습니다. 바로 공동체 안의 남성들입니다. 남성들에게 무엇을 말씀하고 있습니까. 산모를 부정하다고 규정함을 통해 산모에게 그 어떤 노동도 시키지 말고 사람과의 어떤 접촉도 하지 못하도록 막으신 것입니다. 이것이 이 말씀의 핵심입니다. 사실 이 법은 출산한 여인을 보호하기 위한 산모보호법입니다. 만약 이런 법이 없었다면 당시 남성들이 출산한 여인에게 어떻게 했겠습니까. 출산 후 며칠이 지나지 않아 노동을 시키거나 잠자리를 갖고자 했을지도 모릅니다. 사실 이 법은 출산한 여인에게 합법적인 산후몸조리 기간을 준 것입니다. 이 기간 동안 여인은 사회생활의 의무와 종교적 의무로부터 모든 것이 면제가 되었습니다. 하나님의 은혜로운 의도로 이 본문을 읽어야 합니다.

05 레위기 15장을 보면 여인의 월경을 부정하다고 규정하고 월경하는 여인과 동침하게 되면 일주일간 부정해진다는 말씀이 있습니다. 월경은 여성 스스로가 선택한 것이 아니라 하나님께서 그렇게 운명지어주신 것인데 월경을 부정하다고 보는 이유가 무엇인가요?

A 이 질문도 앞의 여성의 출산과 비슷한 맥락에서 이해하시면 됩니다. 월경하는 여인을 부정하다고 규정함을 통해 여인이 어떤 피해나 손해를 입고 있는지를 보시기 바랍니다. 그 어떤 손해나 피해도 당하지 않습니다. 이 기간 동안 여인은 집안에 머물러 지내면 됩니다. 더욱 중요한 것은 월경하는 여인은 제물을 바치지도 않고 7일간의 부정한 기간이 지나게 되면 자동으로 정결해집니다. 월경하는 7일의 기간 동안 사람과의 접촉을 금지시킨 것이 이 법의 핵심입니다. 이 법도 누구에게 주신 법입니까. 공동체의 남성들에게 주신 법입니다. 여성들을 불러 모아 놓고 너희들은 월경하는 부정한 존재이다, 부정하니까 사람들과의 접촉을 피하고 성 밖에서 생활하라고 명하신 것이 아닙니다. 공동체 내의 남성들에게 월경하는 여인은 부정하니 월경하는 7일의 기간 동안 그 여인과 접촉하지 말라는 것이고 어떤 노동도 시키지 말라는 것입니다. 이런 법이 없었다면 남성들은 월경하는 기간에도 여인들에게 과도한 노동과 성적인 착취를 했을 가능성이 높습니다. 이런 법이 있었기에 최소한 월경하는 기간만이라도 여인들이 합법적인 쉼의 시간을 누리고 남성의 성적 욕망으로부터 자신을 보호할 수 있었음을 기억해야 합니다.

06 레위기 16장의 속죄일에 대한 말씀을 보면 속죄일 당일에 염소 두 마리를 취하여 한 마리는 여호와를 위하여 바치고, 다른 한 마리는

아사셀을 위하여 바친다는 내용이 있습니다. 여기 아사셀을 위하여 바친다는 것은 무슨 의미인가요?

Ⓐ 레위기 16장 8~10절을 보겠습니다.

> 두 염소를 위하여 제비 뽑되 한 제비는 여호와를 위하고 한 제비는 아사셀을 위하여 할지며 아론은 여호와를 위하여 제비 뽑은 염소를 속죄제로 드리고 아사셀을 위하여 제비 뽑은 염소는 산 채로 여호와 앞에 두었다가 그것으로 속죄하고 아사셀을 위하여 광야로 보낼지니라.

속죄일 당일에 염소 두 마리를 선택하여 한 마리는 여호와를 위한 제물로 사용하고 다른 한 마리는 아사셀을 위한 제물로 광야로 보내게 됩니다. 한글 성경의 번역은 '아사셀을 위하여' 라고 되어 있는데 이는 하나님 외에 다른 신의 존재를 인정하고 그것을 섬기는 제의로 오해할 소지가 있는 번역입니다. 위경인 에녹서에는 아사셀이 귀신 혹은 악령의 이름으로 나타납니다. 그런 귀신과 악령에게 염소 제물을 바치라고 하는 것은 말도 되지 않는 명령입니다.

그렇다면 여기 '아사셀을 위하여' 라는 번역을 어떻게 수정할 수 있을까요. 대부분의 학자들은 '아사셀로서' 광야에 보낸다고 봅니다. 아사셀로서 보낸다는 것은 속죄 염소로서 보낸다는 것입니다. 이날이 7월 10일 속죄일입니다. 속죄일은 1년간 누적된 이스라엘 공동체의 죄악을 말끔히 씻고 정화하는 날입니다. 이날에는 이스라엘 백성들의 모든 죄를 짊어진 한 마리 염소를 광야로 내보내는 의식을 행합니다. 공동체의 죄악을 멀리 보내어 제거한다는 상징적인 행위를 하는 것입니다. 이것이 바로 아사셀로서 광야로 염소를 보내는 이유입니다. 이 행위에 근거하여 세례 요한은 예수에 대해 "세상 죄를 지고 가는 하나님의 어린 양"이라고 했습니다(요 1:29).

07 레위기 21장을 보면 장애가 있는 제사장은 사역을 하지 못하는 것으로 되어 있습니다. 이것은 장애인에 대한 차별 아닌가요?

A 레위기 21장 17~21절을 보겠습니다.

> 아론에게 말하여 이르라 누구든지 너의 자손 중 대대로 육체에 흠이 있는 자는 그 하나님의 음식을 드리려고 가까이 오지 못할 것이니라 누구든지 흠이 있는 자는 가까이 하지 못할지니 곧 맹인이나 다리 저는 자나 코가 불완전한 자나 지체가 더한 자나 발 부러진 자나 손 부러진 자나 등 굽은 자나 키 못 자란 자나 눈에 백막이 있는 자나 습진이나 버짐이 있는 자나 고환 상한 자나 제사장 아론의 자손 중에 흠이 있는 자는 나와 여호와께 화제를 드리지 못할지니 그는 흠이 있은즉 나와서 그의 하나님께 음식을 드리지 못하느니라.

레위기 21장에는 장애를 가진 제사장은 사역을 하지 못하도록 하고 있습니다. 문자 그대로 보면 장애를 가진 제사장이 차별을 받고 있다고 충분히 느낄 수 있습니다. 사역을 하지 못하게 되면 생계가 벼랑 끝으로 몰리는 것 아닌가 생각할 수도 있습니다. 그러나 22절을 보면 이런 말씀이 나옵니다. "그는 그의 하나님의 음식이 지성물이든지 성물이든지 먹을 것이나." 놀랍게도 장애를 가진 제사장들은 사역은 하지 않았지만 제사장으로서의 급료는 받았습니다. 노동은 하지 않았지만 임금은 받는 무노동 유임금의 삶을 살았던 것입니다. 이것을 차별이라고 해야 할까요, 특혜라고 해야 할까요. 중요한 것은 장애인의 사역 불가는 인격적인 판단이 아니라 기능적인 판단이라는 것입니다. 우리는 제사장의 사역과 레위인의 사역에 대해 늘 거룩한 옷을 입고 멋진 말을 선포하며 사람들의 존경을 받는 사역을 했다고 생각하기 쉽지만 실제 제사장과 레위인의 사역은 3D 업종과 비견될 만큼 고된 육체적 노동이었음을 기억해야합니다. 대표적인 것이 제물을 잡는 것입니다. 짐승을 잡는 일은 결코 쉬운 일이 아니었습니다. 성막과 성물을 관리하고 옮기는 일도 엄청난 육체노동입니다. 장애를 가진 사람들이 그런 일을 감당한다는 것이 결코 쉽지 않았을 것입니다. 그래서 그들을 업무에서는 배제시키고 대신 생계를 위한 급료는 지급했던 것입니다.

08 레위기 24장 19~20절을 보면 동해복수법이 나옵니다. '눈에는 눈, 이에는 이' 라고 하는 이런 잔인한 복수법이 성경에 기록되어 있다는 것이 늘 마음에 걸립니다. 사랑과 자비의 하나님께서 이런 법을 허락하신 이유가 무엇인가요?

A 레위기 24장 19~20절을 보겠습니다.

사람이 만일 그의 이웃에게 상해를 입혔으면 그가 행한 대로 그에게 행할 것이니 상처에는 상처로, 눈에는 눈으로, 이에는 이로 갚을지라 남에게 상해를 입힌 그대로 그에게 그렇게 할 것이며.

이것을 동해복수법이라고 합니다. 내가 받은 피해만큼을 그대로 되돌려주는 것입니다. 예수께서 말씀하신 '오른쪽 뺨을 때리거든 왼쪽 뺨도 돌려대라'는 말씀이나 '원수를 사랑하라'는 말씀과 비교하면 이 말씀은 분명 폭력적이고 잔인해 보이는 것도 사실입니다. 그렇다면 하나님께서 이러한 법을 왜 주셨을까요. 그리고 이 법을 주신 궁극적인 목적이 무엇이었을까요. 만약 여러분이 누군가에게 10만큼의 피해를 당하거나 공격을 받게 된다면 여러분은 그 사람에게 어떻게 대응을 하시겠습니까. 피해를 당한 만큼만 그 사람에게 복수하고 싶으신가요. 일반적으로 그런 마음을 먹는 사람은 거의 없다고 봐야 합니다. 누군가가 나의 눈을 상하게 만들었다면 대부분의 사람들은 나에게 가해를 입힌 그 사람을 죽이고 싶어 할 것입니다. 그것이 보통 사람들의 마음입니다. 대부분의 사람들은 자기의 피해를 극대화시키면서 과잉보복을 하고자 합니다. 그런 의미에서 피해를 당한 만큼만 보복하도록 하는 동해복수법은 문자적으로 볼 때에는 폭력적이고 잔인해 보이지만 사실은 과잉복수를 절제시키는 법이라고 할 수 있습니다.

09 오늘날 자본주의 사회에서는 각자 자기 소유의 땅이나 집을 소유할 수 있고 본인이 원할 경우에는 자유롭게 팔기도 하고 사기도 합니다. 그런데 레위기 25장 23절에는 하나님께서 모든 땅의 주인이라는 말씀과 함께 토지를 영구히 팔지 말라는 말씀이 나옵니다. 이 말씀이 정확히 어떤 의미인지 그리고 이 말씀에 근거해서 땅 신학이란 무엇인가요?

Ⓐ 레위기 25장 23절을 보겠습니다.

토지를 영구히 팔지 말 것은 토지는 다 내 것임이니라 너희는 거류민이요 동거하는 자로서 나와 함께 있느니라.

하나님께서는 이 말씀을 통해 땅에 대한 배타적인 소유권을 주장하십니다. 왜 사람들이 발 딛고 살아가는 모든 땅이 하나님의 것입니까. 하나님께서 그 땅을 창조하셨기 때문입니다. 그러므로 어느 누구도 땅을 자신의 것이라고 주장할 수 없습니다. 우리가 이 땅을 만든 것이 아닙니다. 땅을 창조하신 분은 하나님입니다. 그래서 땅의 소유권은 하나님께 있습니다. 우리는 땅의 주인이신 하나님으로부터 허락을 받아 이 땅에 살고 있는 거류민입니다. 이 말씀에 근거하여 나온 신학이 바로 땅 신학입니다. 땅 신학은 다음과 같이 정리할 수 있습니다. 첫째는 땅 신학의 대원칙은 하나님이 모든 땅의 주인이라는 것입니다. 둘째는 땅의 주인이신 하나님께서는 특정 민족과 특정 공동체에게 그 땅에 살 수 있는 기회를 주신다는 것입니다. 셋째는 그 땅에 거주하고 있는 공동체나 민족은 그 땅의 소유주로서가 아니라 임차인으로 그 땅에 거주한다는 것입니다. 넷째는 임차인인 그들이 계속해서 그 땅에 거주하기 위해서는 땅의 주인이신 하나님께 성실하게 임대료를 납부해야 한다는 것입니다. 다섯째는 그 임대료가 미쉬파트와 체데크입니다. 미쉬파트는 사법적 정의가 구현되는 것이고, 체데크는 서로가 서로를 형제로 대하는 것입니다. 그래서 하나님께서 허락하신 땅에서 사법적 정의가 구현되는 사회, 서로가 서로를 형제로 대하는 사회를 건설하게 되면 땅의 주인이신 하나님께서는 임차인들이 계속해서 그 땅에 거주할 수 있도록 기회를 주신다는 것입니다. 여섯째는 반대로 그 땅에 살고 있는 임차인들이 임대료를 체납하게 되면 하나님은 임대료가 체납되었다고 예언자를 통해서 경고하십니다. 마지막으로 예언자의 경고를 듣고도 돌이키지 않을 때,

그리고 임대료를 낼 마음이 제로 상태가 될 때 하나님께서는 땅의 임차인을 교체하신다는 것입니다. 이렇게 땅의 임차인을 교체하신 사건이 바로 여호수아서에 나오는 가나안 정복 전쟁입니다.

10 레위기 25장 25절을 보면 '기업 무를 자'라는 표현이 나옵니다. 여기서 말하는 기업 무를 자는 누구를 말하는 것인가요?

🅐 레위기 25장 25절을 보겠습니다.

> 만일 네 형제가 가난하여 그의 기업 중에서 얼마를 팔았으면 그에게 가까운 기업 무를 자가 와서 그의 형제가 판 것을 무를 것이요.

이 말씀은 가난으로 인해 토지를 팔게 되었을 경우 기업 무를 자가 와서 그가 판 토지를 다시 되사오라는 말씀입니다. 기업 무를 자는 그렇게 해야 할 의무가 있습니다. 여기 기업 무를 자는 누구를 말하는 것일까요. 기업 무를 자를 히브리어로 '고엘'이라고 합니다. '고엘'이라는 단어는 친족 또는 친족으로서의 의무를 한다는 의미가 있습니다. 고엘 제도는 이스라엘 공동체 안에서 친족 중심으로 사회생활이 이루어지던 때 친족들이 서로의 생명과 재산을 보호해 주기 위해 체결한 일종의 상호 보호 제도입니다. 이러한 고엘이 행해야 할 몇 가지 의무가 있습니다.

첫째는 친족 가운데 누군가가 땅을 빼앗기게 될 경우에 고엘들이 모여서 빼앗긴 그 땅을 다시 사 와야 합니다. 이것이 고엘의 의무입니다.

둘째는 친족 가운데 누군가가 종으로 팔려가게 되었을 경우에 친족들이 돈을 모아서 노예로 팔려간 그 사람을 다시 사 와야 합니다.

셋째는 친족 가운데 누군가가 어떤 사람에게 가해를 당해서 죽게 되었을 경우에 고엘은 그의 죽음에 대해 슬퍼만 해서는 안 되고 자기의 친족을 죽인 그 사람을 찾아가 복수해야 합니다. 이것이 고엘의 의무입니다.

넷째는 이것은 처음에는 형제관계 안에서의 의무였지만 나중에는 고엘까지 확장된 것이 있습니다. 만약 친족 가운데 누군가가 결혼을 했는데 자녀를 남기지 못하고 죽게 되었고 여인만 홀로 남게 되었을 경우에 고엘 중에 가장 가까운 사람이 남아 있는 그 여인과 결혼하여 죽은 형제의 가문을 계승하도록 해야 합니다. 이때 출산하게 되는 자녀는 죽은 형제의 권위와 모든 재산을 상속받게 됩니다. 이런 것들이 고엘의 의무였습니다.

민수기

01 민수기는 히브리어 책 제목과 한글 성경의 책 제목이 다르다는 이야기를 들었습니다. 민수기의 책 제목이 만들어지게 된 과정이 어떻게 되나요?

Ⓐ 우리가 읽고 있는 구약성경의 원어는 히브리어입니다. 그런데 히브리어 성경에는 원래 책의 제목도 없었고 장과 절도 없습니다. 파피루스나 양피지에 글을 써서 두루마리로 보관했는데 책의 제목이 없다면 본문들을 서로 구별하는 것이 쉽지 않았습니다. 그래서 히브리어 성경에는 그 책의 첫 단어 또는 앞부분에서 한 단어를 택하여 책 제목으로 삼는 전통이 있었습니다. 민수기는 '베미드바르'라고 불렀는데 이는 민수기 본문에서 네 번째 나오는 단어입니다. 그 뜻은 '광야에서'라는 말입니다. 이것을 민수기의 책 제목으로 불렀습니다. '광야에서'라는 책의 제목을 붙인 이유는 민수기가 시내산에서 여행 준비(1:1~10:10)와 시내산에서 모압 평지까지 가는 여행(10:11~36:13)으로 구성되어 있기 때문입니다. 민수기를 '베미드바르'라고 하는데 이 단어에는 두 가지 의미가 있습니다. 하나는 '광야에서'라는 뜻입니다. 출애굽한 이스라엘 백성들의 광야 여정에 대한 이야기가 민수기 10장 11절부터 전개됩니다.

그래서 민수기를 '광야에서' 라는 뜻의 '베미드바르' 라고 불렀습니다. 이스라엘 백성들이 걸은 광야 여정은 우리의 인생 여정과도 매우 유사합니다. 광야는 하나님의 임재와 부재가 혼재된 현장입니다. 하나님의 임재 경험은 어떤 것입니까. 하나님이 나와 함께하시고 나를 돌보아주시고 나를 사랑해주심을 느낄 수 있는 경험입니다. 이스라엘은 매일 불기둥과 구름기둥으로 함께하시는 하나님의 은혜를 경험하였고 만나라는 하늘의 양식으로 배불리 먹었습니다. 목이 마를 때는 반석에서 물을 내어주시는 하나님의 은혜도 경험하였고 아말렉이 공격할 때는 하나님의 도우심으로 승리하는 놀라운 사건도 경험했습니다.

우리 인생에도 이러한 하나님의 임재 경험들이 많이 있습니다. 하나님이 나를 사랑하고 계심을 고백할 수 있는 사건들, 하나님께서 나를 돌보시고 은혜 베푸셨음을 인정할 수밖에 없는 사건들이 우리에게도 가득합니다. 그러나 광야는 하나님의 임재 경험만 있는 곳이 아닙니다. 광야의 길을 걸을 때 우리는 하나님의 부재도 경험하게 됩니다. 하나님의 부재 경험은 어떤 것입니까. 나를 너무나 사랑하시고 돌보셨던 하나님께서 지금은 나를 떠나신 것 같은 경험입니다. 나에게 그 어떤 관심과 사랑도 주시지 않으시는 것 같은 경험입니다. 하나님이 나와 함께하신다면 어떻게 이런 일이 나에게 일어날 수 있을까 절망하게 되는 순간이 바로 하나님 부재의 순간입니다. 이스라엘은 광야에서 매일 험난한 여정을 통과해야만 했습니다. 자기들이 원하는 안락한 삶과는 거리가 먼 시간을 오랫동안 인내해야만 했습니다. 그래서 이스라엘은 끊임없이 하나님께 불평하고 불만을 표출했습니다. 순종은 전염성이 약한데 반해 불평과 불만은 전염성이 강합니다. 한두 사람에 의해 시작된 불평과 불만은 곧 이스라엘 1세대 전체의 불평과 불만으로 커져 갔습니다. 그 결과 대부분의 출애굽 1세대가 하나님의 약속의 땅인 가나안에 입성하지 못하고 광야에서 하나님을 심판을 받아 죽게 되었습니다. 우리 인생에도 하나님 부재의 경험이 있습니다. 아무리 믿음이 좋은 사람이라 해도 인생의 반은 어두움의 시간을 통과하게 됩니다. 원하는 모든 것들이 좌절되고, 사랑하는 사람이 큰 병에 걸리고, 경제적으로 위축되고, 가까웠던 관계들이 나를 띠나가는 경험들을 하게 됩니다. 이 하나님의 부재의 순간, 하나님이 침묵하시는 것 같은 시간을 어떻게 견디고 이겨낼 수 있을까요.

광야에서를 뜻하는 '베미드바르'에서 '베'는 장소를 의미하는 전치사입니다. '베'를 뺀 나머지 단어가 '미드바르'인데 그 뜻이 '말씀과 함께'입니다. 민수기는 우리에게 험난한 광야 여정을 헤쳐 나가는 유일한 길이 말씀과 함께임을 강조합니다. 말씀과 함께 동행함을 통해서만 우리는 험난한 광야 여정을 때로는 기쁘게 때로는 인내함으로 완주할 수 있습니다. 유대인들은 민수기를 '호메쉬 함페쿠딤' 즉 '인구조사로 이루어진 오경의 오분의 일'이라는 책 제목으로 부르기도 합니다. 우리말 제목인 민수기는 '백성의 수를 센 기록'이라는 뜻입니다. 백성들의 수를 센 기록이라는 제목을 붙인 이유는 민수기 안에 두 번에 걸쳐 시행한 인구조사 이야기가 나오기 때문입니다. 인구조사에 대한 기록은 민수기 1장과 26장에 나옵니다. 시내산에서 1년간 신앙수련회를 가진 이스라엘은 본격적인 가나안 행진을 앞두고 이방 민족들과 싸울 수 있는 병사의 수를 파악했습니다. 민수기 1장에서는 출애굽 1세대들에 대한 인구조사가 나오고, 민수기 26장에서는 출애굽 2세대들에 대한 인구조사가 나옵니다. 그래서 책의 제목을 민수기라고 한 것입니다. 이러한 책의 제목은 헬라어 번역 성경인 70인경에서부터 시작되었습니다. 70인경은 이스라엘 자손의 인구조사를 다루는 말씀으로 이 본문을 '아리스모이'라고 불렀습니다. '아리스모이'는 '숫자들'이라는 뜻입니다. 이 제목은 라틴어 번역 성경인 벌게이트에도 그대로 이어집니다. 벌게이트는 숫자들을 뜻하는 '누메리'(*Numeri*)로 책의 제목을 잡았고, 영어 성경도 숫자들을 뜻하는 Numbers로 책의 제목을 정했습니다. 이것을 한글 성경도 그대로 이어받아 민수기라는 책의 제목이 만들어진 것입니다.

02 민수기 4장 3절을 보면 레위인들의 사역 연령이 30세부터 50세로 나옵니다. 그런데 민수기 8장 24절을 보면 25세로 나와 있습니다. 이 두 구절의 차이를 어떻게 이해해야 할까요. 레위인들의 사역 연령과 레위인들이 감당했던 사역에는 어떤 것이 있었나요?

Ⓐ 성경을 꼼꼼하게 잘 보셨습니다. 민수기 4장 3절을 보겠습니다.

곧 삼십 세 이상으로 오십 세까지 회막의 일을 하기 위하여 그 역사에 참가할 만한 모든 자를 계수하라.

민수기 8장 24~25절입니다.

레위인은 이같이 할지니 곧 이십오 세 이상으로는 회막에 들어가서 복무하고 봉사할 것이요 오십 세부터는 그 일을 쉬어 봉사하지 아니할 것이나.

민수기 4장 3절과 8장 24절은 레위인들의 사역 연령에 대해 서로 다른 주장을 하는 것처럼 보입니다. 레위인들이 25세부터 사역을 시작한 것인지, 30세부터 사역을 시작한 것인지가 분명하지 않습니다. 간단하게 설명하면 25세부터 30세는 수련기간으로 보시면 됩니다. 25세부터는 사역과 관련하여 배우는 인턴의 시간이고, 30세부터 본격적인 사역을 감당하는 것입니다. 예수께서 공생애 사역을 시작하실 때가 30세 즈음이라고 되어 있는데 이는 레위인들이 본격적인 사역을 시작하는 나이입니다. 주목해야 할 것은 레위인들의 은퇴 연령이 50세라는 것입니다. 생각보다 너무 빠른 나이 아닙니까. 레위인들이 이렇게 일찍 은퇴하게 되는 이유는 레위인들이 감당해야 하는 사역이 매우 힘들고 어려운 육체노동이었기 때문입니다. 우리는 보통 레위인이라는 단어를 듣게 되면 멋진 복장을 입고 거룩한 말씀을 선포하는 사람으로 생각하기 쉽지만 일반적으로 레위인이 감당해야 했던 일들은 매일 반복되는 일이고 힘을 많이 써야 하는 일들입니다. 대표적인 것이 짐승을 잡는 일입니다. 소 한 마리를 제물로 바치려고 할 때 얼마나 많은 레위인들이 동참해야 하는지를 생각해 보십시오. 소의 다리를 잡는 사람도 필요했을 것이고, 소의 머리를 내리치는 사람도 필요했을 것입니다. 매일 무수하게 많은 짐승을 제물로 바치면서 늘 피가 튀기는 일을 하는 것이 레위인들의 일이었습니다. 그리고 레위 지파 가운데 고핫 족속들은 성물을 어깨에 메고 직접 운반해야 했습니다. 그 무거운 성물을 매번 어깨에 메고 운반하고 설치하고 철거하는 일에 정말 많은 에너지가 소모되었을 것입니다. 레위인들의 사역은 오늘날로 말하면 3D 업종에 해당한다고 할 수 있습니다. 무엇보다 거룩한 성물을 대하는 일이기에 지극히 자신을 거룩하고 정결하게 하지 않으면 언제든지 죽임당할 수 있는 위험성이 매우 높은 일을 레위인들은 감당했습니다. 그래서 에스라 8장 15절을 보면 바벨론 포로에서 돌아온 귀환세력 중에 레위 사람들이 하나도 없었습니다. 그 힘들고 고된 일을 안 하고 싶었던 것입니다. 에스라 8장 15절입니다.

내가 무리를 아하와로 흐르는 강 가에 모으고 거기서 삼 일 동안 장막에 머물며 백성과 제사장들을 살핀즉 그 중에 레위 자손이 한 사람도 없는지라.

레위 지파는 제사장, 레위인, 느디님으로 구성되어 있습니다. 제사장을 돕는 자가 레위인이라면 레위인을 돕는 자가 느디님입니다. 느디님은 '바쳐진 자'라는 뜻입니다. 느디님의 대표적인 사람들이 여호수아 9장에 나오는 기브온 사람들입니다. 그들은 가나안 원주민이었지만 마치 멀리서 온 것처럼 이스라엘을 속였습니다. 여호수아는 그들에게 선대할 것을 약속했기 때문에 그들이 속인 것을 뒤늦게 알게 되었지만 그들을 죽이지 않았습니다. 대신 그들에게 나무를 패고 물 긷는 일을 시켰습니다. 이것이 느디님이 하는 일이었습니다. 성전과 성막에서 매일 제사가 집행되기 위해서는 땔감으로 사용할 나무와 제물과 피를 씻어내는 물이 필요했습니다. 나무와 물을 공급하는 일을 느디님이 감당했습니다. 그래서 고대 근동의 대부분의 성전은 나무와 물이 있는 곳에 건축했습니다. 솔로몬이 예루살렘에 성전을 지은 이유도 바로 여기에 있었습니다. 예루살렘 성전 동쪽에는 감람산이 있고 성전 주위로 기드론 시내가 흘렀습니다. 나무와 물을 공급받기에 최적의 장소가 예루살렘이었습니다. 그래서 솔로몬은 예루살렘에 성전을 짓게 된 것입니다.

03 민수기 6장을 보면 나실인에 대한 규례가 나옵니다. 나실인으로 살 것을 서약하는 사람에게는 세 가지 사항이 요구되었는데 그 의미에 대해 알고 싶습니다. 그리고 오늘날에도 나실인 규례는 여전히 유효한가요?

Ⓐ 출애굽한 모든 사람들이 시내산에 도착하게 되었습니다. 시내산에서 그들은 하나님의 백성이 되기로 결단하고 열두 지파 연맹 공동체로서의 정치 조직을 갖추게 되었습니다. 이때 레위 지파는 하나님께 거룩하게 성별된 지파로 부름을 받았습니다. 이때 레위 지파가 아닌 사람들은 이중적인 마음이 들었을 것입니다. 레위 지파가 아닌 것에 대해 감사하는 마음과 레위 지파가 아닌 것에 대해 아쉬워하는 마음일 것입니다. 그래서 자신도 레위인처럼 살고 싶은데 레위인이 아니어서 그렇게 살 수 없는 사람들에게 일정 기간 동안 레위인처럼 살 수 있도록 한 것이 바로 나실인 제도입니다. 나실인의 히브리어 원어는 '나지르'입니다. '나지르'는 '헌신한', '바쳐진'이라는 뜻입니다. 즉 하나님께 헌신하고 하나님께 바쳐진 사람이라는 뜻입니다. 삼손, 사무엘, 세례 요한 등이 나실인으로 하나님께 부름을 받았고, 사도행전 18장 18절을 보면 사도 바울도 겐그레아에서 머리를 깎는 이야기가 나옵니다. 바울도 특정한 시간 나실인으로서의 규례를 준수했음을 알 수 있습니다. 나실인 준수 기간은 다양했습니다. 평생을 나실인으로 서약할 수도 있고 특정한 기간을 정해 놓고 구별된 삶을 살기도 했습니다. 보통은 나실인 서원의 기간으로 30일을 정했다고 합니다. 나실인은 세상의 주류 문화와 주류 가치에 속하지 않고 하나님께 속한 사람입니다. 하나님 앞에서 거룩하게 구별된 사람으로서 그들은 세 가지를 준수했습니다. 핵심은 그들이 발 딛고 살아가던 가나안 주류 문화에 동화되지 않고자 애썼다는 것입니다.

첫째는 서원 기간 동안 머리카락을 자르지 않았습니다. 머리카락은 신적 생명력을 상징하기도 하는데 중요한 것은 가나안 사람들은 대부분 단발 문화였습니다. 가나안 주류 문화에 동화되지 않는다는 의미에서 그들은 머리카락을 자르지 않았고 서원 기간이 끝나면 머리카락을 자르고 불에 태웠습니다. 둘째는 서원 기간 중에는 포도와 관련된 어떤 것도 먹거나 마시지 않았습니다. 왜 포도와 관련된 어떤 것도 먹지 않았을까요. 가나안은 농경문화가 주였으며, 가나안 농경문화의 대표 작물이 포도였습니다. 그래서 나실인은 가나안 농경문화에 동화되지 않고자 포도와 관련된 어떤 것도 먹지 않았습니다. 셋째는 시체를 가까이 하지 않았습니다. 가나안 사람들은 사람이 죽고 나면 자기 몸을 자해하는 등의 행위를 통해 과도하게 애도를 표현했습니다. 그러나 성경은 이러한 과도한 장례문화에 대해 비판적입니다. 그래서 대제사장에게는 부모와 가족의 장례식에도 참여하지 말 것을 명령했습니다. 나실인은 시체를 가까이 하지 아니한 제사장과 대제사장의 준수사항까지를 엄수한 것입니다.

앞에서 말한 세 가지를 통해 우리는 나실인들이 가나안 주류 문화에 동화되지 않겠다는 결단으로 얼마나 구별된 삶을 살기 위해 애를 썼는가를 알 수 있습니다. 성경이 말하는 기록이 바로 이것입니다. 거룩은 한 시대를 지배하고 있는 주류 문화와 주류 가치에 동화되지 않는 것입니다. 왜 동화되지 않습니까. 인생의 주인이 다르기 때문입니다. 하나님께 속한 사람, 하나님을 자기 인생의 주인으로 고백하는 사람들은 하나님이 원하시는 바에 순종하는 자입니다. 나실인들은 자신들이 하나님께 속한 자임을 드러내는 상징적 행위로 가나안 주류 문화에 동화되지 않고자 구별된 삶을 살았습니다. 나실인 제도의 특징은 일상생활을 하면서 경건 훈련을 한다는 점입니다. 그런 의미에서 오늘날 성도들의 경건 훈련의 모델로 나실인 제도를 주목하는 것이 필요하다고 생각합니다. 오늘날 한국 교회의 많은 신앙인들도 특정한 기간을 정해 놓고 구별되게 살아가는 삶의 훈련을 합니다. 특별히 사순절 기간에 그러한 훈련들을 집중적으로 합니다. 사순절 기간에 음식도 절제하고, 인터넷도 자제하고, 문화생활도 줄이는 훈련을 하고 있는데 이러한 모습이 나실인 제도의 현대적 적용이라고 할 수 있을 것 같습니다.

04 민수기 12장을 보면 모세에 대해 미리암과 아론이 불평을 제기하는데 심판은 미리암만 받게 됩니다. 왜 아론은 심판을 받지 않고 미리암만 심판을 받게 되었는가요?

Ⓐ 민수기 12장 1절을 보겠습니다.

> 모세가 구스 여자를 취하였더니 그 구스 여자를 취하였으므로 미리암
> 과 아론이 모세를 비방하니라.

1절은 미리암과 아론이 모세를 비방한 것으로 되어 있는데 이후에 심판은 미리암만 받게 됩니다. 왜 그럴까요. 그 이유는 미리암이 불평을 주도했기 때문입니다. 히브리어 원어로 보면 1절에서 그녀의 이름이 항상 먼저 언급되고 있고, 비방하다는 동사가 3인칭 여성 단수입니다. 그리고 야웨의 심판을 미리암만이 받게 된 것입니다. 이것을 통해 우리는 모세를 비방하는 일에 미리암이 주도적인 역할을 감당했음을 알 수 있습니다. 그렇다면 왜 미리암은 모세를 비방하는 일을 주도하게 되었을까요. 인간적으로 미리암은 소외감을 느꼈을 수도 있습니다. 자신의 동생인 아론은 종교 권력을, 모세는 정치 권력을 가지고 있는 것에 비해 자신은 소외되었다고 생각하면서 모세 지도력에 대해 불만을 제기했을 가능성이 있습니다. 출애굽기 15장에서 이스라엘이 홍해를 건넌 이후에 미리암이 여인들을 중심으로 한 찬양을 주도하는 것을 보면 미리암은 출애굽 이후 여성 리더십의 대표로서 역할을 했음을 알 수 있습니다. 그러나 모세의 삼남매 중에 제일 연장자인 자신이 종교 권력과 정치 권력 어떤 것도 소유하지 못한 것에 대한 불만을 가졌을 수 있었을 것입니다. 더욱이 민수기 1장의 인구조사를 통해 이스라엘 공동체는 군대를 조직화

하게 됩니다. 이때부터 이스라엘은 더욱 강력한 남성 중심의 사회가 되었고 상대적으로 여성들의 지위가 더 약화되었다고 볼 수 있습니다. 그런 의미에서 민수기 12장의 미리암의 저항은 이스라엘의 군사 조직화 이후 주변화되는 여성들의 불만을 대변하는 사건으로 볼 수도 있습니다. 미리암은 거룩한 전쟁을 치루어야 하는 이스라엘 공동체의 사명과 과제보다는 자신의 입장에서만 현실을 판단하고 문제를 제기한 것입니다.

오늘날 교회 안에서도 직분을 직위로 이해하면서 자기가 얻지 못한 직분을 가진 자에 대해 불평과 불만을 제기하는 경우들이 있습니다. 우리가 기억해야 할 것은 성경이 말하는 권력은 섬김이요, 자기 낮춤이요, 자기 부인이요, 앞서 순종하는 자리입니다. 지도자이기 때문에 더욱 겸손해야 하고, 더욱 거룩해야 하고, 더욱 진실해야 하고, 더욱 헌신해야 하고, 더욱 철저해야 합니다. 하나님 나라에서는 그 어떠한 자리도 군림하는 자리, 지배하는 자리, 이권을 챙기는 자리가 아닙니다. 그래서 칼 하임은 하나님 나라에서는 쿠데타가 없다고 했습니다. 일반 나라에서의 권력은 군림하는 자리이고 지배하는 자리입니다. 그래서 많은 사람들이 권력을 갖기 위해 혈안이 되어 싸웁니다. 심한 경우에는 쿠데타를 통해서도 권력을 찬탈하고자 합니다. 그러나 하나님 나라에서는 지도자의 자리가 섬기는 자리이고 하나님의 백성다운 삶이 무엇인가를 몸소 삶을 통해 보여주는 모델의 자리입니다. 이것을 우리는 거룩의 위계질서라고 부릅니다. 이스라엘도 다른 나라처럼 위계가 있었습니다. 제일 위에 대제사장이 있고, 그 아래에 제사장, 레위인, 일반 백성, 종과 노예 등의 위계가 있었습니다. 그러나 이스라엘의 위계는 군림하거나 지배하는 위계가 아니었습니다. 위에 있는 자일수록 하나님의 백성다운 정직함이 무엇인지, 진실함이 무엇인지, 거룩함이 무엇인지를 몸소 보여주는 자리였습니다. 더 큰 책임을 부여받는 자리입니다. 이러한 거룩의 위계질서를 여호수아와 갈렙을 통해 볼 수 있습니다.

여호수아는 가나안 땅 정복 이후에 땅 분배의 책임자가 되어 이스라엘 열두 지파에게 땅을 분배했습니다. 이스라엘 열두 지파가 자신의 땅을 다 차지한 다음에 여호수아는 자기의 땅을 취합니다. 그 땅의 이름이 딤낫세라입니다. 딤낫세라는 '가파른 경사지'라는 뜻입니다. 가파른 경사지이므로 결코 좋은 땅이 아니었습니다. 그래서 열두 지파 모두가 그 땅에 대해 눈독을 들이지 않았습니다. 아무도 갖고 싶어 하지 않던 그 땅을 여호수아는 제일 마지막에 차지하게 되었습니다. 일반적으로 자신이 땅 분배 책임자라면 제일 좋은 땅을 먼저 찜해 놓고 나머지 땅을 사람들에게 분배할 수도 있습니다. 그것이 일반적인 죄성에 지배받는 사람들의 모습입니다. 그러나 여호수아는 그렇게 하지 않았습니다. 이것이 바로 거룩의 위계질서 사회인 이스라엘에서 볼 수 있는 지도자의 품격입니다. 갈렙도 마찬가지입니다. 이스라엘이 가나안 원주민들과 치열하게 전쟁을 벌일 때 갈렙은 여호수아에게 "저 산지를 내게 주소서"라고 요청했습니다. 갈렙이 요청한 산지는 헤브론입니다. 이때는 헤브론을 정복하기 이전이었습니다. 따라서 저 산지를 내게 달라는 것은 헤브론 산지에 있는 사람들과 자신이 싸우겠다는 말입니다. 헤브론 산지에 누가 살고 있었습니까. 아낙 자손입니다. 아낙 자손이 누구입니까. 체격이 거인 같아서 이스라엘이 두려워 떨던 바로 그 사람들입니다. 누구도 싸우고 싶어 하지 않는 그 아낙 자손과 자신이 몸소 싸우겠다고 갈렙이 자원을 한 것입니다. 왜 그렇게 했을까요. 갈렙은 하나님께서 가나안 땅을 주실 것을 믿었기 때문입니다. 가나안 땅을 주시겠다는 하나님의 약속은 어떻게 성취가 됩니까. 하나님의 약속을 믿고 용기 있게 싸우는 자들을 통해 성취가 됩니다. 대부분의 이스라엘 백성들은 가나안 땅을 차지할 수 있을까 없을까를 고민하고 있을 때 갈렙은 하나님께서 가나안 땅을 주실 것을 믿고 용기 있게 가장 강력한 적과 싸우겠다고 나선 것입니다. 이것이 바로 믿음을 가진 자가 보여주어야 하는 거룩의 위계질서입니다. 오늘날 교회 공동체 안에서 누가 가장 정직하고 진실하고 거룩해야 합니까. 목사를 비롯한 중직자들입니다. 그들의 정직하고 진실하고 거룩한 삶을 교인들이 보고 모방할 수 있어야 합니다. 이것이 바로 하나님이 기대하시는 거룩의 위계질서의 모습입니다. 교회에서의 모든 직분은 섬김의 자리이고 자기 낮춤의 자리이지 결코 군림하는 자리, 지시하고 명령하는 자리가 아님을 기억해야 합니다.

05 민수기 20장의 므리바 물 사건은 출애굽기 17장에도 기록되어 있습니다. 두 사건을 같은 사건으로 봐야 하는지요. 동일한 사건이라면 출애굽기와 민수기에 두 번 반복해서 기록한 이유는 무엇인가요?

Ⓐ 일반적으로 민수기 20장의 므리바 물 사건을 출애굽기 17장의 사건과 동일하게 보기도 합니다. 먼저 성경에서 그 본문에 쓰인 소제목과 인용 구절을 보십시오. 출애굽기 17장에는 소제목으로 "반석에서 물이 나오다"라고 한 다음에 가로 열고 "민수기 20장 1~13절"이라고 되어 있습니다. 일반적으로 소제목이 나오고 가로 열고 본문이 나오면 거기에 쓰인 본문의 내용이 소제목 아래에 나오는 내용과 동일하다고 생각하게 됩니다. 즉 출애굽기 17장에서는 소제목 아래의 내용이 민수기 20장 1~13절의 내용과 동일하다고 말하고 있는 것입니다. 다음으로 민수기 20장을 보면 소제목이 "가데스의 다툼과 므리바 물"이라고 되어 있고 가로 열고 "출애굽기 17장 1~7절"이라고 되어 있습니다. 이러한 표현으로 인해 소제목 아래의 내용이 출애굽기 17장의 내용과 동일하다

고 생각할 수 있습니다. 그러나 출애굽기 17장의 사건과 민수기 20장의 사건은 두 가지 측면에서 전혀 다른 사건입니다. 첫째는 사건이 일어난 시점이 전혀 다릅니다. 출애굽기 17장에서의 신 광야에서의 므리바 사건은 출애굽 이후 시내산에 도착하기 이전에 발생한 사건이고, 민수기 20장의 사건은 출애굽 40년에 발생한 사건입니다. 민수기 20장 1절입니다.

> 첫째 달에 이스라엘 자손 곧 온 회중이 신 광야에 이르러 백성이 가데스에 이르더니 미리암이 거기서 죽으매 거기에 장사되니라.

여기 첫째 달은 출애굽 40년의 첫째 달을 가리킵니다. 이때 미리암이 죽습니다. 출애굽기 17장이 출애굽 이후 시내산으로 이동하는 중에 일어난 사건이라면 민수기 20장은 출애굽 이후 40년에 일어난 사건으로 시점이 전혀 다름을 알 수 있습니다.

둘째는 사건이 일어난 장소가 전혀 다릅니다. 한글 성경에는 둘 다 신 광야라고 되어 있습니다. 출애굽기 17장 1절입니다.

> 이스라엘 자손의 온 회중이 여호와의 명령대로 신 광야에서 떠나 그 노정대로 행하여 르비딤에 장막을 쳤으나 백성이 마실 물이 없는지라.

여기 사건이 일어난 장소를 신 광야라고 말합니다. 민수기 20장 1절에도 신 광야가 나옵니다. 두 사건 모두가 신 광야에서 일어난 것이기에 한글 성경에는 출애굽기 17장과 민수기 20장을 동일한 사건으로 이해한 것입니다. 그러나 히브리어 원어나 영어 성경만 봐도 두 곳의 장소가 다른 곳임을 알 수 있습니다. 출애굽기 17장에서 사건이 일어난 곳은 신

(Sin) 광야이고, 민수기 20장에서 사건이 일어난 곳은 친(Zin) 광야입니다. 성경을 한글로 번역하면서 둘 다 음역을 신 광야로 하는 바람에 오해하게 된 것입니다. 정리하면 출애굽기 17장과 민수기 20장의 사건은 형태는 비슷하지만 사건이 일어난 시점과 사건이 발생한 장소가 전혀 다른 별개의 사건임을 알 수 있습니다.

06 민수기 27장과 36장을 보면 슬로브핫의 딸들의 이야기가 나옵니다. 두 장에 걸쳐 이 이야기가 나오는 것을 보면 매우 중요한 의미가 있을 것 같은데 슬로브핫의 딸들의 이야기에서 우리가 주목해야 할 바가 무엇인가요?

🅐 민수기 27장과 36장은 매우 중요한 의미가 있는 본문입니다. 신앙인들은 보통 하나님의 말씀은 영원하다고 생각하면서 한번 선포된 말씀은 시공간을 초월하여 늘 적용되어야 한다는 생각을 많이 합니다. 그러나 어떠한 하나님의 말씀은 새로운 상황 속에서 새롭게 주어지기도 합니다. 이것을 계시의 발전이라고 합니다. 슬로브핫의 딸들의 이야기는 하나님의 말씀이 새로운 상황 속에서 새롭게 주어진 계시의 발전을 잘 보여주는 본문이라고 할 수 있습니다. 먼저 민수기 27장은 슬로브핫의 딸들의 정당한 분투가 나옵니다. 슬로브핫의 딸들은 가부장 지배 문화를 당연하게 받아들이지 않고 문제 제기를 했습니다. 하나님이 주신 최초의 말씀은 아버지가 죽었을 경우 그 유산을 아들들이 물려받는 것이었습니다. 그런데 문제가 발생했습니다. 므낫세 지파 사람 슬로브핫이 죽었는데 그에게는 아들이 없고 딸만 있었기 때문입니다. 아버지가 죽은 이후에 아들만이 상속을 받을 수 있는 상황에서 슬로브핫의 딸들은

아들이 없을 경우에는 딸이 아버지의 유산을 상속받게 해 달라는 청원을 하게 된 것입니다. 땅을 상속받음을 통해 아버지의 이름을 계승하고자 한 것입니다. 이러한 문제 제기를 수용한 모세는 하나님께 이 문제에 대해 묻게 됩니다. 이때 하나님께서는 슬로브핫의 딸들의 문제 제기를 옳다 인정하시며 유산 상속에 대한 새로운 말씀을 주셨습니다. 아버지가 죽은 이후에 땅 상속권의 순서가 아들, 딸, 형제, 아버지의 형제, 친족 순으로 결정된 것입니다. 아들이 없는 경우에는 딸이 아버지의 땅을 상속할 수 있도록 하는 새로운 법이 주어졌습니다. 새로운 상황과 문제 제기 속에서 새로운 하나님의 말씀이 주어진 것입니다.

민수기 36장에는 므낫세 지파 남성들의 문제 제기가 나옵니다. 딸들이 아버지의 기업을 물려받을 수 있는 상황에서 발생할 수 있는 문제에 대해 그들이 문제를 제기합니다. 아버지의 땅을 물려받은 딸이 다른 지파의 남자와 결혼하게 되면 므낫세 지파의 땅이 다른 지파로 넘어가게 됩니다. 하나님께서 지파별, 가문별, 가족별로 땅을 주시면서 "지계석을 옮기지 말라"고 명하셨는데 그 말씀과 충돌이 일어날 수 있는 상황에 대해 므낫세 지파 남성들이 문제 제기를 하게 된 것입니다. 이때 므낫세 지파 남성들의 문제 제기를 모세가 수용하고 하나님께 물은 결과 하나님께서는 아버지의 기업을 물려받은 딸은 같은 지파의 남자와 결혼할 수 있다는 새로운 말씀이 주어졌습니다. 한 지파의 재산이 다른 지파에게 넘어가지 않도록 땅을 상속받은 딸의 경우에는 동일 지파 안에서만 결혼하라는 것입니다. 한 지파의 땅이 다른 지파로 넘어감을 통해 지파 간의 균형이 깨어지는 것을 방지하는 새로운 규례가 주어진 것입니다. 민수기 27장에서는 아들이 없는 경우에는 딸의 상속권을 인정하는 새로운 법이, 민수기 36장에서는 땅을 상속 받은 딸은 땅이 지파의 경계를 넘지 못하도록 동일 지파의 남성과 결혼하라는 새로운 법이 주어진 것입니다. 이처럼 구약시대 율법은 시공간을 초월하여 적용되는 고정화된 말씀이 아니었습니다. 새로운 상황 속에서 발생하는 문제에 대한 응답으로 매번 새롭게 주어진 것임을 주목해야 합니다. 하나님이 주신 말씀이기에 무조건적인 순종보다는 새로운 상황 속에서 정당한 문제 제기가 가능함을 본문은 우리에게 알려줍니다. 새로운 상황에서 제기되는 문제에 대해 하나님은 새로운 상황에 걸맞은 말씀을 주시는 정말 유연하신 분임을 여기에서 볼 수 있습니다.

신명기

01 신명기를 신의 명령을 기록한 책으로 알고 있었는데 그렇지 않다는 이야기를 들었습니다. 신명기의 뜻이 무엇인가요?

Ⓐ 신명기의 히브리어 책 제목은 '하 드바림'으로 '이것들은 말씀들이다'라는 의미입니다. 신명기는 모세가 하나님의 부르심을 받기 전 모압 평지에서 출애굽 2세대들에게 행한 설교체 양식의 말씀들입니다. 한글 제목 신명기를 많은 분들이 신의 명령을 기록한 책으로 이해하시는데 그렇지 않습니다. 신명기에서 '신'은 귀신 신 자가 아니라 납신 자입니다. 납신 자는 '되풀이한다'는 의미가 있습니다. 즉 신명기(申命記)는 '되풀이하여 가르쳐준 율법'이라는 뜻입니다. 이러한 제목은 라틴어 성경의 제목인 '듀테로노미움'에서 연유했습니다. '듀테로노미움'에서 '듀테로'는 '두 번째'라는 뜻이고, '노미움'은 '율법'이라는 의미입니다. 즉 '듀테로노미움'은 '제2의 율법', '율법의 반복'이라는 의미로서 신명기가 하나님의 말씀을 되풀이(申)하여 기록한 책임을 알려주고 있습니다. 신명기를 읽다 보면 출애굽기, 레위기, 민수기에 나온 내용들이 다시 한 번 반복되는 듯한 느낌을 받게 됩니다. 예를 들어 출애굽기 20장에 나오는 십계명이 신명기 5장에 그대로 다시 한 번 나옵니다. 율법

의 반복으로서의 신명기의 특징을 발견할 수 있습니다.

그렇다면 왜 똑같은 율법을 반복했을까요. 가장 중요한 이유는 설교를 듣는 대상이 출애굽 2세대로 달라졌기 때문입니다. 출애굽기부터 민수기가 출애굽 1세대들을 대상으로 한 것이라면 신명기는 출애굽 2세대를 대상으로 선포된 말씀입니다. 출애굽 1세대는 하나님의 은혜로 출애굽 했지만 하나님의 약속의 땅인 가나안을 향해 힘 있게 걸어가지 못했습니다. 그들은 광야 여정 가운데 어려운 순간들에 직면하게 되면 자신들이 탈출한 애굽으로 다시 돌아가고자 했습니다. 가나안을 향해 힘 있게 걸어가야 할 사람들이 애굽으로 다시 돌아가고자 한 것입니다. 그러면서 끊임없이 하나님께 불평과 불만을 쏟아냈습니다. 그 결과 출애굽 1세대들은 광야에서 대부분 하나님의 심판을 받았습니다. 모세는 하나님의 **부르심**을 받기 전에 출애굽 2세대들에게 마지막 유언과 같은 말씀을 선포했습니다. 그것이 신명기입니다. 신명기의 주제는 조상들의 실패를 되풀이하지 말라는 것입니다. 모세는 출애굽 2세대가 1세대의 비극을 반복하지 않기를 바랐습니다. 그러나 신명기의 분위기는 매우 어둡습니다. 모세는 조상들의 실패를 되풀이하지 말라고 계속해서 요청하고 있는데 본문의 분위기는 출애굽 2세대가 1세대의 잘못된 행위를 반복할 것 같은 느낌입니다. 그럴 수밖에 없는 것이 출애굽 2세대는 어린 시절부터 1세대들과 함께 지냈습니다. 1세대들의 문화, 1세대들의 불평, 1세대들의 믿음 없음을 보고 자랐던 2세대가 1세대의 한계를 뛰어 넘기는 결코 쉽지 않았을 것입니다. 그런 의미에서 오늘날 기성세대가 다음 세대에게 어떠한 믿음의 유산을 물려줄 것인가를 깊이 묵상하고 아름다운 신앙의 유산을 물려주기 위해 더욱 애썼으면 좋겠습니다.

02 신명기 5장 3절을 보면 모세가 시내산 언약은 하나님께서 조상들과 세운 것이 아니라 여기 살아 있는 출애굽 2세대들과 세운 것이라고 말합니다. 시내산 언약은 출애굽 1세대들과 맺은 것이 아닌가요. 이 말의 의미가 무엇인가요?

Ⓐ 시내산 언약은 하나님께서 출애굽 1세대와 맺으신 것이 맞습니다. 출애굽한 이후에 시내산에 도착한 1세대들은 하나님과 언약을 맺습니다. 이것을 우리는 시내산 언약이라고 합니다. 언약은 생명을 담보로 맺는 약속입니다. 하나님은 이스라엘의 왕이 되어주실 것을 약속하셨고, 이스라엘은 하나님만을 섬길 것을 약속했습니다. 그런데 신명기 5장 3절에서 모세는 이렇게 말합니다.

> 이 언약은 여호와께서 우리 조상들과 세우신 것이 아니요 오늘 여기 살아 있는 우리 곧 우리와 세우신 것이라.

모세는 시내산 언약을 과거에 체결된 언약이 아닌 지금 여기에 있는 우리가 체결해야 할 언약이라고 강조합니다. 이것을 역사의 현재화, 언약의 동시대화라고 합니다. 누가 시내산 언약의 당사자입니까. 하나님만을 믿고 섬기는 하나님의 백성이 되고자 하는 자가 시내산 언약의 당사자입니다. 시내산 언약이 체결되던 그 현장에 비록 내가 있지 않았다 하더라도 오늘 하나님의 말씀이 나의 순종을 기대하시면서 나에게 주신 말씀으로 믿고 하나님의 말씀에 온 존재를 다해 순종하고자 한다면 그가 바로 하나님과 시내산 언약을 체결한 자가 되는 것입니다. 하나님께 순종하고자 하는 질적 공유가 엄청난 물리적 시간을 극복하는 것입니다. 그런 의미에서 이스라엘 백성이 된다는 것은 시내산 언약의 멍에를 스스로 짊어지겠다는 결단에 동참하는 것을 의미합니다. 오늘 여기에 있는 우리들도 하나님의 말씀에 대한 경외와 순종하고자 하는 마음이 있다면 그가 바로 하나님과 시내산 언약을 체결한 자가 되는 것입니다. 이것이 바로 언약의 동시대화, 역사의 현재화입니다.

03 신명기 18장 15절을 보면 하나님께서 모세와 같은 선지자 하나를 일으키신다는 말씀이 나옵니다. 여기서 모세와 같은 선지자는 어떤 존재를 말하는 것인가요?

Ⓐ 모세의 인생은 세 시기로 구분할 수 있습니다. 모세는 120년을 향유했는데 내이니서 40세까지는 애굽 궁전에서 생활하였고, 40세부터 80세까지는 미디안 광야에서 유목을 하였습니다. 그리고 80세에 출애굽의 지도자로 부름을 받은 이후에 이스라엘 백성들의 지도자로 40년을 공생애를 하였습니다. 모세가 이스라엘 백성들의 지도자로 일했던 40년의 기간 동안 그는 하나님과 이스라엘 백성 사이의 중간 매개자로서의 역할을 감당했습니다. 모세가 행했던 사역을 잘 보여주는 것이 신명기 5장 5절입니다.

그 때에 너희가 불을 두려워하여 산에 오르지 못하므로 내가 여호와와 너희 중간에 서서 여호와의 말씀을 너희에게 전하였노라.

모세는 하나님과 이스라엘 백성 중간에 서서 하나님과 이스라엘이 소통할 수 있도록 중간 매개자로서의 역할을 감당했습니다. 하나님께서 이스라엘 백성에게 주시는 말씀을 받아 이스라엘 백성에게 전달하였고 이스라엘 백성들의 간청과 질문을 받아 하나님께 전하기도 하였습니다. 그런데 모세가 나이가 든 것입니다. 모세의 누이인 미리암은 출애굽 40년 1월에 하나님의 부르심을 받았고, 모세의 형인 아론도 출애굽 40년 5월에 하나님의 부르심을 받았습니다. 신명기 말씀은 출애굽 40년 11월에 선포된 것입니다. 모세도 곧 하나님의 부르심을 받게 될 것인데 모세가 역사 속으로 사라지게 되면 이제 이스라엘 백성들은 하나님과 어떻게 소통해야 할까요. 이스라엘이 이런 고민을 하고 있던 차에 모세가 하나님을 대신하여 이스라엘 백성들에게 선포한 말씀이 신명기 18장 15절입니다.

> 네 하나님 여호와께서 너희 가운데 네 형제 중에서 너를 위하여 나와 같은 선지자 하나를 일으키시리니 너희는 그의 말을 들을지니라.

하나님께서 각 시대마다 모세와 같은 선지자 하나를 세우시겠다는 것입니다. 여기서 말하는 모세는 보통명사화된 모세입니다. 누가 보통명사화된 모세입니까. 신명기 5장 5절이 말하는 하나님과 이스라엘 백성 사이에서 중간 매개자로서 역할을 감당했던 모세의 그 사역을 계승하는 자가 보통명사화된 모세입니다. 그런 의미에서 이스라엘 역사에 제2의 모세, 제3의 모세가 등장했다고 말할 수 있습니다. 모세를 이어 그 역할을 감당한 이가 여호수아입니다. 주전 11세기에 하나님과 이스라엘 백성 사이에 중간 매개자로서 사역을 감당했던 이가 사무엘입니다. 주전 9세기에는 엘리야와 엘리사가, 주전 8세기에는 아모스, 호세아, 이사야, 미가가 그 사역을 감당했습니다. 이렇게 보통명사화된 모세에게 주신 말씀의 총합이 모세오경입니다. 모세오경을 모세가 썼다고 할 때 이때 모세는 보통명사화된 모세입니다. 실제로 모세오경 안에는 고유명사로서 모세 시대에 해당되지 않는 법의 내용들이 많이 있습니다. 예를 들어 가옥법이나 노예법 같은 것은 광야 여정에서는 전혀 의미 없는 말씀들입니다. 그런데 모세오경 안에 그러한 것들이 기술되어 있습니다. 이러한 법이 꼭 필요했을 때 하나님께서 그 시대의 보통명사화된 모세를 통해 이러한 법을 주셨을 것입니다. 그렇지 않고 고유명사로서 모세가 이 모든 법을 다 받아 기술한 것이라면 질문이 하나 생깁니다. 고유명사로서 모세만이 하나님과 이스라엘 백성 사이의 중간 매개자입니까. 모세 사후에는 그러한 중간 매개자로서 역할을 감당했던 사람이 없었던 것입니까. 단언컨대 그렇지 않습니다. 하나님께서는 각 시대마다 모세와 같은 중간 매개자들을 세우셨고 그들을 통해 이스라엘 백성들과 소통하셨습니다.

신명기도 보통명사화된 모세의 기록으로 봐야 합니다. 첫 시간에 모세오경을 고유명사인 모세가 쓰기는 어려웠을 것이라고 하면서 히브리어라는 언어의 탄생 시점이 고유명사로서 모세가 살았던 시기와 맞지 않음을 설명 드렸는데 여기서는 신명기 안에 나오는 표현을 통해 신명기가 고유명사로서 모세가 아닌 보통명사화된 모세의 기록임을 설명해 보겠습니다. 신명기 1장 1절입니다.

이는 모세가 요단 저쪽 숩 맞은편의 아라바 광야 곧 바란과 도벨과 라반과 하세롯과 디사합 사이에서 이스라엘 무리에게 선포한 말씀이니라.

신명기 저자는 신명기 말씀이 선포된 장소를 아라바 광야라고 말합니다. 그리고 아라바 광야를 어떻게 소개하고 있습니까. 요단 저쪽 숩 맞은편의 아라바 광야라고 말합니다. 아라바 광야를 요단 저쪽이라고 말하는 것을 보면 신명기를 쓰고 있는 사람은 요단 이쪽에 있음을 알 수 있습니다. 아라바 광야는 요단 동편에 있는 지명입니다. 요단 동편을 요단 저쪽이라고 말하는 것을 통해 우리는 신명기 저자가 요단 이쪽, 즉 요단 서쪽에 있다는 것을 알 수 있습니다. 우리가 알고 있는 것처럼 모세는 요단강을 건너지 못했습니다. 따라서 고유명사로서 모세가 신명기 1장 1절 같은 표현을 쓰기는 어려웠을 것입니다. 정리하면 모세오경은 각 시대마다 하나님께서 세우신 보통명사화된 모세들에게 주신 말씀의 총합으로 이해하시면 좋겠습니다.

04 신명기 23장 1절을 보면 자손을 낳을 수 없는 자들은 여호와의 총회에 들어올 수 없다고 말합니다. 그렇다면 바벨론 포로기에 환관이 된 다니엘과 세 친구는 믿음이 좋아도 여호와의 총회에 들어올 수 없는 것인가요?

A 정통 유대교에서는 하나님께서 그의 백성된 자들에게 613개의 계명을 주셨다고 봅니다. 이는 창세기부터 신명기까지의 오경 안에 있는 하나님의 말씀을 세분화한 것입니다. 이 613개의 계명 가운데 첫 번째 계명이 창세기 1장 28절에 나오는 "생육하고 번성하라"는 것입니다. 613개의 계명 모두가 중요하지만 무엇보다 최초의 계명은 더욱 중요합니다. 첫 계명부터 지키지 않는 자가 나머지 계명을 잘 지킨다는 것은 있을 수 없는 일입니다. 따라서 생육하고 번성할 수 없는 자들, 생육하고 번성해야 하는데 결혼을 하지 않는 자들을 유대교에서는 용납할 수 없었습니다. 신명기 23장을 보면 소제목이 "총회에 들어오지 못하는 사람들"입니다. 총회에 들어오지 못한다는 말은 하나님의 백성이 될 수 없는 사람들을 가리킵니다. 그렇다면 어떤 사람들이 하나님의 백성들의 모임인 총회에 들어오지 못할까요. 신명기 23장 1절을 보겠습니다.

고환이 상한 자나 음경이 잘린 자는 여호와의 총회에 들어오지 못하리라.

왜 고환이 상한 자나 음경이 잘린 자는 여호와의 총회에 들어오지 못할까요. 이들은 생육하고 번성하라는 하나님의 말씀에 순종할 수 없는 자들이기 때문입니다. 하나님께 순종하지 않는 자가 하나님의 백성이 될 수는 없습니다. 그런데 바벨론 포로기 때 중요한 사건이 벌어졌습니다. 남유다의 엘리트들이 바벨론에 강제로 포로로 끌려갔는데 그들 중에서 왕궁에서 일하는 자로 선택된 자들이 있었습니다. 이들은 자신들의 의지와 무관하게 환관이 되었습니다. 그 대표적인 인물이 다니엘과 세 친구, 느헤미야, 모르드개 같은 사람들입니다. 이들은 자신들의 의지와 무관하게 왕궁에서 일을 하게 되면서 환관이 되었습니다. 생육하고 번성하지 못하는 사람이 된 것입니다. 신명기 23장 1절의 말씀에 근거해보면 이제 이들은 여호와의 총회에 들어올 수가 없게 된 것입니다. 이들이 하나님에 대한 신앙을 저버린 것도 아니고 신앙의 배교를 한 것도 아닌데 자신들의 의지와 무관하게 강제로 환관이 된 것인데 신명기 23장 1절의 말씀에 근거할 때 이들은 하나님의 백성 공동체의 지체가 될 수 없는 것입니다. 이 얼마나 안타까운 일입니까.

그래서 포로기 이후에 새로운 말씀이 주어진 것입니다. 이사야 56장 4~5절을 보겠습니다.

여호와께서 이와 같이 말씀하시기를 나의 안식일을 지키며 내가 기뻐하는 일을 선택하며 나의 언약을 굳게 잡는 고자들에게는 내가 내 집에서, 내 성 안에서 아들이나 딸보다 나은 기념물과 이름을 그들에게 주며 영원한 이름을 주어 끊어지지 아니하게 할 것이며.

생육하고 번성할 수 없는 고자라 하더라도 여호와를 경외하고 여호와의 말씀에 순종한다면 그는 하나님의 백성이 될 수 있는 새로운 길이 열린 것입니다. 이때 하나님께 순종하는 가장 중요한 핵심은 안식일을 지키는 것입니다. 누가 하나님의 백성입니까. 안식일을 신실하게 지키는 자가 하나님의 백성입니다. 누가 하나님의 백성입니까. 일상에서 미쉬파트와 체데크를 구현하는 삶을 살아내는 자가 하나님의 백성입니다. 비록 고자라 할지라도 하나님의 백성 됨의 핵심을 지켜내고 있다면 그는 하나님의 백성이 되는 것입니다. 우리가 민수기 27장의 슬로브핫의 딸들의 이야기에서 본 것처럼 하나님의 말씀은 기계적으로 고정되지 않고 새로운 상황 속에서 새로운 말씀이 주어지는 것임을 여기서도 볼 수 있습니다.

05 신명기 28장을 근거로 신명기 신학이 탄생했다는 이야기를 들었습니다. 신명기 신학은 무엇이며 왜 중요한 것인지요?

A 신명기 신학은 구약 이스라엘 백성들이 가지고 있던 대표적인 신학적 사고입니다. 그 핵심적인 내용은 하나님께 순종하면 복을 받고, 하나님께 불순종하면 저주를 받는다는 것입니다. 우리가 하나님께 무엇을 뿌렸느냐에 따라 뿌린 그대로를 거둔다고 보는 것이 신명기 신학입니다. 만약 순종의 씨앗을 뿌렸다면 복이라는 열매를 거두는 것이고 불순종의 씨앗을 뿌렸다면 심판과 저주라는 열매를 거둔다는 것입니다. 뿌린 대로 거두는 것이기에 이것을 다른 말로 인과응보 신학이라고도 합니다. 신명기 신학은 이스라엘 백성들이 세상에서 일어나는 일들을 이해하는 보편적 세계관이었습니다. 이스라엘 백성들은 일상에서 일어나

는 많은 일들을 신명기 신학에 근거하여 사고하고 해석했습니다. 이러한 신명기 신학을 중심으로 이스라엘 역사를 기록한 것을 신명기 역사서라고 합니다. 여호수아, 사사기, 사무엘서, 열왕기서가 신명기 신학에 근거하여 이스라엘 역사를 기술한 신명기 역사서입니다.

뿌린 대로 거둔다는 신명기 신학적 사고는 인간의 삶을 해석하는데 매우 용이한 해석의 틀입니다. 하지만 인간의 삶은 신명기 신학으로만 100% 해석되지 않는 빈틈이 있음을 기억해야 합니다. 예를 들어 오늘날 우리는 하나님께 순종하는 정직한 자들, 진실한 자들, 거룩한 자들이 세상적으로 성공하고 승리하는 것을 목격하고 있습니까. 많은 경우에는 자기밖에 모르는 이기적인 사람들이 세상의 권력을 장악하고 휘두르면서 의로운 사람들을 핍박하는 경우들도 더 많이 목격하게 됩니다. 특별히 믿는 사람들끼리 교세하는 관계 안에서와 믿지 않는 자들과 함께하는 관계 속에서 신명기 신학의 적용 유무는 달라지게 됩니다. 이스라엘 역사에서도 이스라엘 백성들끼리만 살아갈 때는 나름대로 신명기 신학이 현실에서 적용되는 것을 많이 경험했습니다. 그러나 하나님의 존재를 부인하고 대적하는 자들이 세상의 권력을 장악한 현실 속에서는 하나님께 순종하는 자들이 핍박을 당하기도 하고 심지어 죽임을 당하기도 합니다. 대표적으로 다니엘의 세 친구를 생각해 보십시오. 느부갓네살 왕이 금 신상을 만들어 놓고 거기에 절하라고 명령했을 때 다니엘의 세 친구는 하나님께만 순종하기 위해 그 명령에 불복종했습니다. 하나님께 온전한 순종을 바치고자 한 것입니다.

신명기 신학에 근거해 보면 하나님께 순종한 자는 복을 받아야 하는데 다니엘의 세 친구를 기다리고 있던 것은 복이 아니었습니다. 하나님께 순종한 결과 풀무불에 던져짐을 당하는 고난을 그들은 경험했습니다. 요셉도 마찬가지입니다. 요셉은 하나님의 시선을 의식함으로 보디발의 아내의 유혹을 뿌리쳤습니다. 하나님께 온전히 순종한 것입니다. 그런데 무엇이 요셉을 기다리고 있었습니까. 요셉은 억울하게도 성폭행범이라는 누명을 쓰고 감옥에 갇히게 되었습니다. 신명기 신학에 근거할 때 하나님께 순종했으면 복을 받아야 하는데 요셉은 고난의 시간 속으로 내던져짐을 당하게 된 것입니다. 이처럼 불의한 자들이 권력을 장악한 현실에서는 의롭고 정직한 자들이 핍박을 당하기도 합니다. 하나님께 순종한 결과 십자가의 고난을 짊어지기도 하는 것입니다. 그래서 신명기 신학적 사고를 아무 상황에나 함부로 적용해서는 안 됩니다. 모든 상황 속에서 신명기 신학적 사고를 하게 되면 결국 현실에서 성공하고 승리한 자가 하나님께 복 받은 자라는 결론에 도달할 수도 있습니다. 상황과 맥락에 대한 이해 속에서 신명기 신학적 사고를 잘 적용하는 것이 중요합니다.

06 신명기 31장을 보면 모세의 뒤를 이어 여호수아가 이스라엘의 지도자가 됩니다. 많고 많은 사람 가운데 여호수아가 모세를 이어 이스라엘의 지도자로 선출된 이유가 무엇인가요?

Ⓐ 모세에게는 두 아들이 있었습니다. 미디안에서 십보라와 결혼을 통해 낳은 게르솜과 엘리에셀입니다. 모세는 노년에 자신의 아들에게 정치 지도력을 세습하지 않았습니다. 하나님이 명하신 대로 여호수아에게 지도력을 이양했습니다. 여호수아는 모세의 비서실장으로 오랜 기간 충실하게 맡겨진 일을 감당했던 인물입니다. 출애굽기 백문백답에서 살펴본 것처럼 모세가 출애굽 1세대의 지도자가 될 수 있었던 이유는 크게 네 가지입니다. 첫째로 모세는 40세에 출애굽을 해본 경험이 있었습니

다. 출애굽의 경험을 해 본 사람으로 이스라엘의 출애굽을 누구보다 잘 도와줄 수 있는 인물이 모세였습니다. 둘째로 모세는 미디안 광야에서 40년간 양을 치면서 고집 세고 완악한 이스라엘 백성들을 인도할 수 있는 성품적 훈련을 했습니다. 고집 센 양을 40년간 돌보면서 모세는 지상에서 가장 온유한 사람으로 변화되었고 그 40년의 훈련 후에 이스라엘 백성들을 40년간 이끄는 지도자로 부름을 받은 것입니다. 40년간의 훈련이 있었기에 40년간의 지도자로서 사역도 가능했습니다. 여기서 우리는 하나님께서는 준비된 자를 사용하신다는 것을 보게 됩니다. 셋째로 모세는 광야 길에 대해 누구보다 해박한 이해를 갖고 있는 사람이었습니다. 모세는 40년간 양을 치면서 미디안 광야 길을 계속해서 왔다 갔다 했습니다. 출애굽 이후 가나안 땅까지의 경로를 가장 잘 알고 있던 모세가 출애굽의 지도자로 가장 적임사임을 알 수 있습니다. 마지막으로 모세는 바로의 압제 가운데 시달리는 히브리인들의 해방을 간절히 원했던 사람이었습니다. 그의 간절한 소망을 알고 계신 하나님께서 모세가 가장 잘 훈련되어 있던 시점에 출애굽의 지도자로 모세를 부르신 것입니다.

이제 40년간의 광야 여정을 마무리하고 출애굽 2세대는 요단강을 건너 가나안 땅에 들어가야 했습니다. 그리고 가나안 일곱 부족과 치열한 전쟁을 치루어야 했습니다. 모세와 함께 애굽을 탈출했던 출애굽 1세대는 광야 여정 가운데서 대부분 죽음을 맞았습니다. 출애굽 1세대의 지도자였던 모세도 자신의 사명을 완수하고 바통을 여호수아에게 위임하게 되었습니다. 출애굽의 경험과 광야 길을 밟아 본 경험이 있는 모세가 출애굽 1세대의 지도자가 되었던 것처럼 아말렉과의 전쟁 경험과 가나안 땅을 밟아 본 경험이 있는 여호수아가 출애굽 2세대의 지도자로 세움 받게 되었습니다. 출애굽 2세대는 요단강을 건너 가나안 땅에 들어가게 되는데 지금 이스라엘 공동체에서 가나안 땅을 밟아 본 사람은 여호수아와 갈렙 밖에 없었습니다. 그리고 오랜 시간 이스라엘 군대의 지도자로 활약했던 인물이 여호수아였습니다. 여호수아는 오랜 시간 모세의 비서실장으로 모세의 리더십을 가장 가까이에서 보고 배웠던 인물입니다. 그런 여호수아를 하나님께서 모세를 이어 이스라엘의 지도자로 세우신 것입니다.

백문백답
역사서

여호수아

01 대부분의 신앙인들은 여호수아서를 역사서로 알고 있는데 유대인
들은 여호수아서를 전기 예언서로 분류한다고 들었습니다. 왜 역사
서인 여호수아서를 유대인들은 전기 예언서로 분류하나요?

A 유대인들은 히브리어 성경을 세 개 장르로 구분했습니다. 율법서,
예언서, 성문서입니다. 유대인들은 율법서를 토라, 예언서를 느비임, 성
문서를 케투빔으로 불렀습니다. 여기서 제일 앞에 나오는 자음을 주목
해 보십시오. 토라에서 티읕, 느비임에서 니은, 케투빔에서 키읔을 모아
거기에 모음 아를 붙이면 타나크가 됩니다. 유대인들은 성경을 타나크
로 불렀습니다. 성경을 타나크로 부르는 이유가 성경이 토라와 느비임
과 케투빔으로 구성되어 있기 때문입니다. 그러다 주전 3세기부터 히브
리어 성경을 헬라어로 번역한 성경이 등장하게 되었습니다. 그것이 70
인경입니다. 70인경으로 성경을 번역하면서 원래 히브리어 성경에 없
던 두 가지 수정이 일어났습니다. 첫째는 책의 제목이 만들어진 것입니
다. 원래 히브리어 성경에는 오늘날과 같은 책의 제목이 없었습니다. 유
대인들은 성경을 두루마리로 엮은 다음에 본문에 나오는 첫 단어 또는
앞부분에 있는 단어 가운데 중요한 단어를 그 두루마리에 제목으로 붙

였습니다. 그러다 70인경으로 성경이 번역되면서 번역자들은 두루마리에 있는 내용 중에서 가장 중요한 키워드를 뽑아 그것을 책의 제목으로 삼았습니다. 오늘날 창세기, 출애굽기, 레위기라는 책의 제목이 만들어지게 된 것이 70인경 때부터입니다.

둘째는 책의 배치를 새롭게 한 것입니다. 유대인들은 성경 전체가 하나님의 말씀이지만 세 개의 장르 가운데 토라를 가장 귀한 말씀으로, 다음으로는 예언서를, 마지막으로 성문서 순으로 인식했기에 가장 귀한 말씀들을 앞부분에 배치했습니다. 유대인들이 가지고 있는 성경은 토라가 제일 앞에 배치되어 있고, 다음에 예언서, 마지막에 성문서가 배치되었습니다. 본문으로는 창세기가 제일 앞에 배치되어 있고 제일 마지막 본문은 역대기입니다. 그리고 70인경으로 성경을 번역하면서 태초의 창조부터 시작하여 시간 순서에 따라 성경을 재배치했습니다. 그 결과 창세기부터 말라기까지 책의 배치가 만들어진 것입니다. 그러면서 70인경 때부터 성경을 네 개의 장르로 구분했습니다. 창세기부터 신명기까지는 토라, 여호수아부터 에스더까지는 역사서, 욥기부터 아가까지는 시가서, 이사야부터 말라기까지는 예언서로 구분했습니다.

이때부터 여호수아서는 역사서로 인식이 되었습니다. 그러나 유대인들은 여호수아, 사사기, 사무엘상하, 열왕기상하를 예언서로 분류했습니다. 그 이유는 이스라엘 역사에 대한 기록이지만 예언자의 관점으로 기술된 이스라엘 역사이기 때문입니다. 이처럼 성경의 역사서는 예언자의 관점으로 기술되었습니다. 이스라엘 역사에 등장했던 지도자들을 평가할 때도 예언자의 관점으로 평가했습니다. 일반 역사가들이 왕들을 평가할 때 중요하게 보는 정치, 경제, 군사적인 업적보다 그가 얼마나 하나님만을 경외했는지, 이방의 우상을 타파했는지, 하나님이 원하시는 미쉬파트와 체데크의 삶을 구현했는지를 중요시했습니다. 여호수아서가 역사서이지만 예언자의 관점으로 기술된 역사서이기에 유대인들은 여호수아서를 전기 예언서로 분류했다는 것을 기억하시면 좋겠습니다.

02 성경의 역사서가 두 개 존재한다는 이야기를 들었습니다. 이스라엘의 역사는 하나인데 왜 두 개의 역사서가 존재하게 되었는지 그리고 각 역사서마다 강조점은 무엇인가요?

🅐 구약에서 역사서는 크게 두 개로 나뉩니다. 하나는 신명기 역사서이고, 다른 하나는 역대기 역사서입니다. 신명기 역사서는 네 권으로 여호수아, 사사기, 사무엘상하, 열왕기상하가 있습니다. 역대기 역사서는 세 권으로 역대상하, 에스라, 느헤미야입니다. 동일한 이스라엘 역사를 다루고 있지만 역사서가 두 개로 나뉜 이유는 역사를 기술한 시점과 목적이 다르기 때문입니다. 신명기 역사서는 이스라엘이 바벨론 포로기 때 '왜 자신들이 하나님의 심판을 받을 수밖에 없었는지'에 대해 반성적 입장에서 기록한 것입니다. 그래서 신명기 역사서에는 이스라엘이 하나님의 심판을 받을 수밖에 없었던 온갖 죄악들과 얼룩들이 숨김없이 기록되어 있습니다. 예를 들어 다윗이 밧세바를 범하고 그 죄를 은폐하기 위해 우리아를 죽인 것과 솔로몬이 이방의 공주를 아내로 맞이하면서 이방의 우상들을 모시는 신전을 지어주고 그 신전에 나아가 참배했던 내용들이 모두 기록되어 있습니다. 신명기 역사서의 핵심은 과거 반성입니다. 다음으로 역대기 역사서는 포로에서 귀환하여 가나안으로 돌아온 이후 '새로운 이스라엘을 어떻게 건설할 것인가'를 고민하면서 기술한 것입니다. 하나님의 은혜로 새로운 기회를 얻게 된 이스라엘이 어떤 삶을 살아야 하는지를 미래 건설적인 입장에서 기술한 것이 역대기 역

사서입니다. 역대기 역사서는 성전 건축을 준비하고 실행한 다윗과 솔로몬을 이상 왕으로 묘사합니다. 그래서 그들의 죄 된 기록들은 대부분 생략하고 그들에게서 본받을 만한 내용들을 중심으로 이스라엘 역사를 기술했습니다. 요약하면 신명기 역사서가 과거 반성에 목적이 있었다면 역대기 역사서는 미래 건설에 목적이 있었습니다.

03 가나안 땅 정복 사건을 자녀들에게 어떻게 설명해야 하는지 고민이 있습니다. 사랑과 자비의 하나님께서 이스라엘 백성들을 가나안 땅에 거주하도록 하기 위해 가나안 사람들을 죽이고 내쫓는 장면이 부담스럽게 다가옵니다. 가나안 정복 사건에 대해 어떻게 설명하는 것이 좋을까요?

Ⓐ 여호수아서는 가나안 땅 정복 사건의 신학적 근거를 제공하는 본문입니다. 가나안 정복 전쟁은 땅 신학의 맥락에서 이해해야 합니다. 레위기 25장 23절에서 말하는 것처럼 사람들이 발 딛고 살아가는 모든 땅의 주인은 하나님입니다. 하나님께서 이 땅을 창조하셨기 때문입니다. 땅의 주인이신 하나님께서는 특정 민족과 공동체에게 그 땅에 거주할 수 있는 기회를 주셨습니다. 그 땅에 살게 된 사람들은 그 땅의 주인이 아닌 임차인으로 그 땅에 거주하게 된 것입니다. 임차인인 그들이 그 땅에 계속 거주하기 위해서는 땅의 주인이신 하나님께 성실하게 임대료를 납부해야 합니다. 그들이 바쳐야 할 임대료는 사법적인 정의가 구현되는 미쉬파트와 서로가 서로를 형제로 대하는 체데크의 삶이었습니다. 하나님께서는 먼저 가나안 일곱 부족에게 가나안 땅에 거주할 수 있는 기회를 주셨습니다. 그러나 그들은 땅의 주인이신 하나님께 성실하게 임대료를 납부하지 않았습니다. 미쉬파트와 체데크가 구현되는 공동체를 건설

하지 못한 것입니다. 그러나 인자와 자비가 많으시고 오래 참으시는 하나님께서는 임대료를 체납한 가나안 일곱 부족을 바로 내쫓지 않으시고 그들이 정신을 차리고 임대료를 납부할 수 있도록 여러 번 기회를 주셨습니다. 그럼에도 그들은 그 모든 기회를 저버리게 되었습니다. 그리고 임대료를 납부할 마음이 제로 상태가 되었을 때 하나님께서는 기존의 임차인인 가나안 일곱 부족을 몰아내시고 새로운 임차인으로 이스라엘 백성들을 가나안에 거주하도록 하신 것입니다. 이것이 가나안 정복 전쟁입니다.

가나안 정복 전쟁은 종교적 심판의 성격을 갖고 있습니다. 오랜 기간 임대료를 납부하지 않은 가나안 원주민을 내어 쫓으시고 새로운 임차인으로 이스라엘을 살게 하신 것입니다. 여기서 중요한 것은 이스라엘도 동일한 조건에서 가나안 땅에 들어오게 되었다는 것입니다. 이스라엘도 동일한 조건에서 임차인으로 가나안 땅에 거주하게 된 것입니다. 이스라엘의 가나안 땅 정착은 구원의 완성이 아닌 구원의 시작을 의미합니다. 이스라엘이 계속해서 약속의 땅을 차지하기 위해서는 땅의 주인이신 하나님께 성실하게 임대료를 납부해야만 합니다. 미쉬파트와 체데크가 구현되는 아름다운 공동체를 건설할 때만 이스라엘은 가나안 땅에 계속 거주할 수 있게 되는 것입니다. 그렇지 못할 경우에는 이스라엘도 가나안 일곱 부족과 동일하게 약속의 땅을 상실하게 되는 것입니다. 안타깝게도 이스라엘은 가나안 땅에 거주한 이후에 땅의 주인이신 하나님께 성실하게 임대료를 납부하지 않았습니다. 미쉬파트와 체데크가 넘치는 공동체가 아닌 강자가 약자를 지배하고 억압하는 사회를 만들었습니다. 이때 죄악으로 충만한 왜곡된 삶을 지속하게 된다면 가나안 땅으로부터 내어 쫓김을 당할 수 있다고 지속적으로 이스라엘 백성들을 향해 경고한 자들이 있었습니다. 그들이 바로 예언자들이었습니다. 그러나 이스라엘은 예언자들의 경고에 귀 기울이지 않았습니다. 그 결과 주전 722년에 북이스라엘은 앗수르에, 주전 586년에 남유다는 바벨론에 의해 가나안 땅으로부터 내어 쫓김을 당하게 되었습니다.

오늘날 신앙인들에게 있어서 여호수아서를 읽는 것은 어떤 의미가 있을까요. 오늘 우리가 하나님께 성실하게 임대료를 납부하고 있는지를 살펴보고 일차적으로 우리 안에 있는 이기심과 탐욕, 불순종의 자세를 정복하고자 하는 마음으로 여호수아서를 읽어야 합니다. 가나안 땅은 언제든지 상실될 수 있는 조건적 구원을 상징합니다. 구약은 은총으로 받은 구원을 어떻게 지킬 것인가에 관심이 있습니다. 마태복음 18장에서 일만 달란트 탕감 받은 자의 취소 이야기가 바로 그것을 보여줍니다. 하나님의 은혜로 하나님의 백성이 되었지만 하나님께 순종하지 않고 자기 의지와 욕망대로 살아가게 될 때 하나님의 통치 바깥으로 얼마든지 내어던져질 수 있음을 기억해야 합니다. 두렵고 떨림으로 구원을 이루어야 함을 기억하며 오늘도 하나님의 백성으로 신실하게 살아가야 합니다.

04 여호수아 2장 4~6절을 보면 라합은 정탐꾼을 보호하기 위해 거짓말을 합니다. 신앙인은 어떤 경우에도 정직해야 하는 것 아닌가요. 라합의 거짓말은 과연 정당한 것인가요. 라합 이야기에서 우리가 특별히 주목해야 할 것은 무엇인가요?

A 성경을 보면 믿음의 사람들이 했던 거짓말에 대한 이야기들이 몇 차례 등장합니다. 먼저 창세기 12장과 20장을 보면 아브라함이 자기 아내 사라를 누이라고 거짓말하는 장면이 나옵니다. 창세기 26장에는 아브라함의 아들 이삭도 자기 아내 리브가를 누이라고 거짓말합니다. 아버

지의 거짓말 DNA를 그대로 물려받았다고 할 수 있습니다. 그런데 우리가 주목해야 할 것은 하나님께서는 거짓말을 한 아브라함과 이삭을 책망하지 않으시고 이집트의 왕인 바로와 그랄 왕인 아비멜렉을 책망하신다는 것입니다. 왜 그렇게 하셨을까요. 아브라함과 이삭은 어떤 이익을 기대하면서 거짓말을 한 것이 아닙니다. 단지 자신의 생명을 보존하기 위해 거짓말을 한 것입니다. 연약한 소시민이 자신의 목숨을 보존하기 위해서 거짓말을 할 수밖에 없는 상황을 만든 불의한 권력자인 바로와 아비멜렉에게 하나님께서 책망하신 것입니다. 출애굽기 1장 15절 이하에는 산파의 거짓말이 나옵니다. 남자 아이가 태어나면 죽이고 여자 아이가 태어나면 살리라는 바로의 비밀 지령에 대해 산파는 거짓말을 하면서까지 남자 아이를 살립니다. 개인적인 이익을 목적으로 하지 않고 하나님을 두려워힘으로 불의한 권력에 대해 거짓말을 한 것입니다. 성경은 이에 대해 우호적으로 해석합니다.

우리는 윤리적으로 거짓말은 죄이고 어떠한 상황에서도 거짓말을 해서는 안 된다고 배웠습니다. 옳은 말입니다. 그러나 기억해야 할 것은 인간의 삶이 매우 복잡다단하다는 것입니다. 인간은 무수한 관계망 속에서 행동하게 됩니다. A라는 존재에게 정직하게 말을 한 것이 B라는 존재를 죽음으로 몰아갈 수도 있음을 기억해야 합니다. 예를 들어 전쟁의 상황에서 적군이 아버지를 찾아 죽이고자 혈안이 되어 있고 아버지는 장롱 깊숙이 숨어 있다고 생각해 보십시오. 이때 적군이 여러분에게 아버지가 어디에 있냐고 물으면 어떻게 하시겠습니까. 정직하게 아버지께서 장롱에 숨어 있다고 말씀하시겠습니까. 총을 들고 있는 적군과의 관계에서 내가 저지를 수 있는 최고의 잘못이 거짓말이라고 한다면 장롱에 숨어 있는 아버지와의 관계에서 내가 저지를 수 있는 최고의 잘못은 그분의 생명을 빼앗는 것입니다. 이처럼 우리의 삶은 최악과 차악 가운데 하나를 선택해야 할 때도 있습니다. 이런 복잡다단한 인간의 현실을 주목하지 않고 어떤 경우에도 신앙인은 늘 정직해야 한다, 진실만을 말해야 한다고 하는 것은 너무 단순한 주장이 아닐 수 없습니다. 여호수아 2장에서 라합은 정탐꾼들을 보호하기 위해 거짓말을 했습니다. 그의 거짓말은 자기 이익을 목적으로 한 것이 아닙니다. 누군가의 생명을 보호하기 위해 자신의 생명을 걸었던 용기 있는 행동이었습니다.

라합 이야기에서 우리가 특별히 주목해야 할 것이 있습니다. 그것은 하나님의 심판을 받아 멸망당하는 여리고 성 안에도 하나님 나라의 도래를 꿈꾸고 소망하는 라합 같은 여인이 있었다는 것입니다. 여호수아가 파송한 정탐꾼들이 여리고에 와서 가장 잘한 일은 여리고 성 안에서 라합을 만난 일입니다. 여리고성은 하나님을 대적하는 성이었고 그래서 하나님의 심판을 받게 되지만 그 여리고 성 안에도 시대와 공동체와 신앙을 고민하는 라합 같은 진실한 사람들이 있었습니다. 우리가 어디에 있든지 우리가 있는 모든 곳에서 라합 같은 신앙의 동역자를 만나기 위해 노력해야 합니다. 라합 같은 존재를 볼 수 있는 눈과 만나고자 하는 열심, 관계 맺고자 하는 의지가 필요합니다. 그것이 하나님 나라 운동의 핵심입니다. 소위 의로운 사람들이 빠지기 쉬운 것 가운데 하나가 엘리야 콤플렉스입니다. 엘리야는 다른 모든 사람들은 하나님을 버렸고 나만 홀로 하나님을 위해 분투하고 있다고 생각했습니다. 그렇게 엘리야가 불평하고 있을 때 하나님께서는 바알에게 무릎 꿇지 아니한 7천 명이 있음을 엘리야에게 알려주셨습니다. 우리도 이것을 믿어야 합니다. 지금 내 눈에 당장 보이지 않더라도 신앙의 분투를 하는 이들이 곳곳에 있습니다. 타락하고 부패한 여리고 같은 곳에서도 하나님의 통치를 갈망하는 라합 같은 존재가 있음을 기억하며 그들을 만나기 위해 더욱 노력해야 할 것입니다.

05 여호수아서에 나오는 가나안 정복 전쟁을 보면 하나님께서는 그 어떠한 전리품도 취하지 말고 온전히 바치라고 명령하셨습니다. 한마디로 성 안에 있는 모든 것들을 전멸하라고 명령하셨습니다. 전멸이라는 말 자체만으로도 너무 잔인해 보이는데 하나님께서 명령하신 이러한 말씀들을 어떻게 이해해야 할까요?

Ⓐ 사람들이 자기희생을 감수하면서까지 전쟁을 수행하는 이유는 내가 입을 수 있는 피해보다 더 많은 이익을 얻을 수 있다고 생각하기 때문입니다. 즉 전리품을 기대하며 전쟁을 수행하는 것입니다. 그 전리품 안에는 영토도 있고, 포로들도 있고, 여러 보물들과 물건이 있을 수 있습니다. 하나님께서 이스라엘 백성들에게 가나안 정복 전쟁을 명하셨을 때 이 전쟁은 전리품을 목적으로 하는 일반적인 전쟁과는 차원이 다른 것이었습니다. 땅 신학에 근거해 볼 때 임대료를 체납하고 임대료를 낼 마음이 제로 상태가 된 임차인들을 내쫓는 하나님의 심판에 이스라엘은 하나님의 도구가 되어 가나안 일곱 부족과 전쟁을 하게 된 것입니다. 가나안 정복 전쟁 자체가 종교 심판적 성격이 있기에 하나님께서는 그 어떤 전리품도 취하지 못하게 하셨습니다. 이것이 바로 헤렘 전쟁입니다. 전멸을 뜻하는 '헤렘'은 이스라엘의 신앙 순수성을 지키기 위해 이교적인 모든 것들을 제거하는 것을 의미합니다. 전쟁을 통해 얻게 된 모든 것들을 온전히 하나님께 바치는 것입니다. 그래서 그 어떤 전리품도 취하지 않는 것입니다. 왜냐하면 이스라엘은 하나님의 심판을 대행하고 있기 때문입니다.

하나님께서는 가나안 정복 전쟁의 첫 관문인 여리고성 전투에서 '헤렘'을 명하셨습니다. 모든 것은 하나님께 온전히 바쳐진 것이기에 전쟁을 수행한 그 누구도 어떤 전리품도 취하지 못하게 하셨습니다. 그런데 아간이 욕심을 내게 된 것입니다. 자기 목숨을 걸고 싸우는데 그 어떠한 이익도 누릴 수 없는 것에 대해 아간을 비롯한 많은 사람들이 불만을 제기했습니다. 그래서 아이성 전투에서부터는 새로운 말씀이 주어졌습니다. 여호수아 8장 2절입니다.

> 너는 여리고와 그 왕에게 행한 것 같이 아이와 그 왕에게 행하되 오직
> 거기서 탈취할 물건과 가축은 스스로 가지라.

아간의 범죄와 처벌 이후에 도시와 성 주민은 진멸하되 물건과 가축은 전리품으로 취할 수 있다는 완화된 명령이 주어졌습니다. 이것을 신학에서는 하나님의 자기 낮추심이라고 말합니다. 하나님의 본 뜻이 100이라 하더라도 인간의 수준이 10에 머물러 있다면 하나님은 자기를 낮추어 인간을 만나 주십니다. 이와 같이 하나님의 법은 인간의 연약함을 고려하고 배려하는 법임을 알 수 있습니다. 또 하나 기억해야 할 것은 여호수아서에 나오는 가나안 백성들은 하나님께 저항하는 죄 된 세력을 상징합니다. 이러한 가나안 백성들을 진멸하는 것이 왜 중요했을까요. 결과적으로 이스라엘은 가나안을 진멸하지 못했습니다. 그 결과 이스라엘은 가나안 백성들과 동거하게 되었고 그들이 만든 가나안 문화에 쉽게 동화되어 버렸습니다. 이스라엘이 가나안 일곱 부족을 진멸하는 것이 중요한 이유는 가나안 백성들을 진멸하지 않고서 그들과 동거할 경우 이스라엘은 그들에게 동화될 가능성이 높았기 때문입니다. 이스라엘은 출애굽 이후 이제 막 탄생한 신생 공동체로 확고한 자기 문화가 없었습니다. 이런 이스라엘이 가나안 부족들과 공존하게 되면 오랜 세월 동안 형성된 가나안 문화와 종교에 동화될 가능성이 높습니다. 현재 이스라엘은 신앙에 있어서 어린아이 단계였습니다. 어린아이 단계에서는 자

기 신앙 하나 지키는 것에도 많은 힘이 필요합니다. 가나안 일곱 부족과 동거하게 될 경우 이스라엘이 자기 신앙을 지켜내는 일은 결코 쉽지 않은 일이 될 것입니다. 그래서 하나님은 죄 된 문화를 단호하게 끊어내는 진멸을 명하셨는데 이스라엘은 온전히 순종하지 못했습니다. 그 결과 이스라엘은 가나안 문화에 동화되어 버리는 비극적 결말을 맞이하게 되었습니다.

06 여호수아 5장에서 여호수아가 하나님의 군대 장관과 대면하는 장면이 나옵니다. 이때 여호수아의 질문에 대해 여호와의 군대 장관은 자신이 이스라엘의 편이 아니라 하나님의 편이라고 대답했습니다. 왜 이스라엘의 편이라고 말하지 않았을까요?

Ⓐ 여호수아 5장 13~14절을 보겠습니다.

여호수아가 여리고에 가까이 이르렀을 때에 눈을 들어 본즉 한 사람이 칼을 빼어 손에 들고 마주 서 있는지라 여호수아가 나아가서 그에게 묻되 너는 우리를 위하느냐 우리의 적들을 위하느냐 하니 그가 이르되 아니라 나는 여호와의 군대 대장으로 지금 왔느니라 하는지라 여호수아가 얼굴을 땅에 대고 엎드려 절하고 그에게 이르되 내 주여 종에게 무슨 말씀을 하려 하시나이까.

여호수아는 하나님의 군대 대장과 대면했습니다. 하나님의 사자가 자기의 길을 가로막고 있음을 알지 못했던 민수기의 발람과 달리 여호수아는 깨어 자기 앞에 서 있는 존재를 인식하였습니다. 여호수아는 자기 앞에 서 있는 자에게 당신이 우리를 위하는 자인지, 우리의 적들을 위하는 자인지를 물었습니다. 이때 여호수아 앞에 서 있던 자는 자신이 여호와의 군대 대장이라고 말합니다. 이 말은 자신이 이스라엘 편도 아니고 이방인 편도 아니고 오직 하나님 편이라고 주장하는 것입니다. 여호와의 군대 대장의 이 말은 어떤 의미가 있는 것일까요. 우리가 생각할 때 하나님 편이면 당연히 이스라엘 편이 되어야 할 것 같은데 꼭 그렇지는 않습니다. 여호와 하나님은 이스라엘을 위해 봉사하는 신이 아닙니다. 이스라엘만을 무조건 편드시고 도우시는 이스라엘을 위한 민족 신이 아닙니다. 여호와의 뜻을 이루기 위해 이스라엘은 선택된 것입니다. 선택된 목적 그대로 이스라엘은 여호와의 뜻을 이루기 위해 최선을 다해야 합니다. 그러나 현실 속에서 이스라엘은 하나님의 뜻과 상관없이 자기 행보를 하기도 했습니다. 그때 하나님께서는 이스라엘을 책망하시는 자로 등장합니다. 이스라엘이 불순종하게 되면 이스라엘도 하나님의 심판을 받게 됩니다. 이것이 바로 임마누엘의 이중적 의미입니다. 우리가 알고 있는 것처럼 임마누엘은 '하나님이 우리와 함께하신다'는 뜻입니다. 우리는 임마누엘이라는 단어만 들어도 우리를 도우시고 우리와 함께하시는 하나님의 은혜를 상상합니다. 그러나 임마누엘은 때로는 무서운 말로 우리에게 다가오기도 합니다. 거룩하신 하나님과 함께하는 우리의 상태에 따라 임마누엘은 우리에게 은혜가 되기도 하고 두려움이 되기도 합니다. 거룩하신 하나님을 닮아 우리가 거룩한 삶을 살아낼 때 임마누엘은 우리에게 기쁨이 되고 은혜가 되기도 합니다. 그러나 죄악으로 충만한 자가 거룩하신 하나님과 함께하는 순간 죄악으로 충만한 자는 거룩한 하나님의 심판을 받게 됩니다. 하나님이 우리와 함께하심이 참된 기쁨과 은혜가 되기 위해서라도 우리의 존재가 하나님이 원하시는 거룩한 모습을 지니는 것이 중요합니다. 삶의 모든 순간에 우리가 하나님의 편에 서야 하는 것입니다. 하나님의 편에 서고자 하는 마음은 없으면서 하나님이 항상 우리의 편이 되실 것이라고 믿는 것은 믿음이 좋은 것이 아니라 큰 착각일 뿐입니다.

07 여호수아 6장부터 12장까지 가나안 땅 정복 전쟁에 대한 이야기인데 내용을 파악하는 것이 쉽지 않습니다. 이스라엘의 가나안 땅 정복이 어떻게 진행되었는지에 대해 설명해주세요?

Ⓐ 이스라엘의 가나안 땅 정복은 중부, 남부, 북부 순서로 진행되었습니다. 요단강을 건넌 이후 이스라엘이 가장 먼저 싸운 사람들은 중부 지방에 있는 여리고성 사람들과 아이성 사람들입니다. 이스라엘이 중부 지방을 정복한 것을 본 후에 남부와 북부 지역의 도시국가들은 연합군을 형성하여 이스라엘과 맞서게 됩니다. 먼저 아도니세덱을 중심으로 한 남부 연합군이 이스라엘과 맞서 싸우지만 이스라엘에게 격파당합니다. 그리고 하솔 왕 야빈을 중심으로 한 북부 연합군도 이스라엘과 맞서 싸우지만 이스라엘에게 격파를 당합니다. 여호수아 9장 2~15절을 보면 당시 이스라엘의 진군에 대해 가나안 백성들의 반응은 크게 두 가지로 나뉩니다. 하나는 적대적인 저항이고, 다른 하나는 투항을 통한 동맹 체결입니다. 예를 들어 아이성 사람들이 이스라엘과의 전쟁에서 1차 승리하는 것을 보고 남부 도시국가들은 힘을 모아 이스라엘과 전쟁을 벌이고자 했습니다. 자신들이 힘을 모으면 충분히 이스라엘을 이길 수 있다고 판단한 것입니다. 이것이 바로 적대적인 저항의 모습입니다. 그러나 기브온 백성은 백기를 들고 이스라엘에게 투항했습니다. 자신들이 전쟁을 통해 이스라엘을 이길 수는 없다고 그들은 판단한 것입니다. 가

나안 정복 전쟁은 임대료를 체납한 임차인을 교체하는 거룩한 전쟁입니다. 땅의 주인으로서 자신의 땅을 되찾으시려는 하나님의 거룩한 전쟁이지 인종 대 인종 간의 전쟁이 결코 아닙니다. 땅 신학의 맥락에서 하나님 대 하나님의 땅을 더럽힌 죄인 사이의 전쟁이 여호수아서가 말하는 가나안 정복 전쟁의 핵심입니다. 이후 이스라엘 역사를 통해서 우리가 보게 되겠지만 가나안 백성들이 심판받은 동일한 이유로 이스라엘도 하나님의 심판을 받게 됩니다.

08 성경은 연좌제를 금지한다고 배웠습니다. 그런데 왜 아간의 범죄에 대해 아간의 가족들도 심판을 받게 되었는지요?

Ⓐ 여호수아 7장 22절을 보겠습니다.

이에 여호수아가 사자들을 보내매 그의 장막에 달려가 본즉 물건이 그의 장막 안에 감추어져 있는데 은은 그 밑에 있는지라.

아간은 여리고성 전투에서 자신이 훔친 물건을 자신의 장막 안에 숨겨놓았습니다. 장막 안에 숨겨 놓았기에 아간의 가족들도 아간의 범죄에 대해 알고 있었다고 보아야 합니다. 말씀하신 것처럼 성경은 원칙적으로 연좌제를 금지합니다. 신명기 24장 16절을 보겠습니다.

아버지는 그 자식들로 말미암아 죽임을 당하지 않을 것이요 자식들은 그 아버지로 말미암아 죽임을 당하지 않을 것이니 각 사람은 자기 죄로 말미암아 죽임을 당할 것이니라.

자식의 죄로 인해 아버지가 죽임을 당하지 않고 부모의 죄로 인해 자녀들이 죽임을 당하지 않는다는 것이 하나님께서 심판을 시행하실 때 대원칙입니다. 그런데 아간의 범죄가 들통 난 이후에 아간의 가족들도 함께 처벌을 받습니다. 하나님의 말씀에 대해 불순종한 사람은 아간인데 왜 아간의 가족들도 함께 처벌을 받게 되었을까요. 아간의 가족이라는 이유만으로 그들이 처벌을 받은 것이라면 이것은 연좌제의 적용이라고 할 수 있습니다. 그렇다면 이것은 신명기 24장 16절 말씀과 배치되는 것입니다. 아간의 가족들은 아간의 가족이라는 이유만으로 처벌을 받은 것이 아닙니다. 그들이 아간의 범죄에 대해 함께 처벌을 받는 것을 보면 아간의 가족들도 범죄의 공모자였다는 것을 알 수 있습니다. 그것을 어떻게 알 수 있습니까. 아간은 자신이 훔친 물건을 장막 안에 감추어 두었습니다. 장막 안에서 같이 생활하는 가족들이 그것을 몰랐을 가능성은 거의 없다고 봐야 합니다. 안타깝게도 아간의 가족들은 아간이 훔친 물건에 대한 공동의 수혜자가 되고자 했습니다. 아간의 잘못된 행동에 대해 분명하게 반대하며 돕는 배필이 되지 못한 것입니다. 부모들은 대부분 자녀들에게 "나쁜 일은 하지 마라, 정직하게 살아라"고 훈계합니다. 그러나 장성한 자녀가 부정한 돈으로 자신을 봉양할 때 따끔하게 훈계하는 부모는 그리 많지 않습니다. 자신도 모르는 사이에 부정한 이익의 수혜자로 함께 살아가는 것입니다. 부정한 이익의 수혜자로 살아가게 될 때 그 또한 하나님 앞에서 올바른 삶의 모습이 아님을 기억해야 합니다. 정리하면 라합의 가족이 라합의 믿음에 동참하여 구원을 받은 것처럼 아간의 가족도 아간의 범죄에 공모하여 심판을 받은 것입니다.

Ⓐ 이스라엘의 가나안 정복 사건이 언제쯤 일어난 일인지에 대해서는 크게 두 가지 주장이 있습니다. 하나는 주전 15세기로 보는 것이고, 다른 하나는 주전 13세기로 보는 것입니다. 핵심은 이스라엘이 출애굽한 시점이 언제인가에 대한 설명에서 이 차이가 발생하게 됩니다. 출애굽의 시점과 관련해서는 이른 출애굽과 늦은 출애굽의 두 가지 주장이 있습니다. 이른 출애굽은 열왕기상 6장 1절을 근거로 주전 1446년에 이스라엘이 출애굽 했다고 보는 것입니다. 열왕기상 6장 1절을 보겠습니다.

> 이스라엘 자손이 애굽 땅에서 나온 지 사백팔십 년이요 솔로몬이 이스라엘 왕이 된 지 사 년 시브월 곧 둘째 달에 솔로몬이 여호와를 위하여 성전 건축하기를 시작하였더라.

솔로몬이 왕으로 등극한 시점이 주전 970년입니다. 솔로몬 통치 4년에 성전 건축을 시작하였으니 이때가 주전 966년이었습니다. 그리고 출애굽한지 사백팔십 년이라고 말합니다. 따라서 966년에 480년을 더하게 되면 이스라엘의 출애굽 연대는 주전 1446년이 됩니다. 이것을 이른 출애굽이라고 말합니다. 주전 15세기에 출애굽이 일어났다고 보는 이른 출애굽의 주장은 성경을 문자 그대로 수용하는 보수적인 그룹에서 선호하는 입장입니다. 이 주장을 지지해 주는 고고학적 유물이 있습니다. 바로 주전 15세기경 아마르나 서신입니다. 이 서신은 가나안 도시국가의 왕들이 이집트의 파라오에게 보낸 것으로 당시 '하비루'들이 가나안 도시국가를 혼란에 빠트리고 있으니 자신들을 도와달라고 파라오에게 도움을 요청하는 내용입니다. 주전 15세기 이른 출애굽을 주장하는 사람들은 아마르나 서신에 나오는 하비루들이 출애굽한 이스라엘 백성들을 가리키는 것이고 이들로 인해 가나안 도시 국가가 혼란에 빠진 것을 가나안 정복 전쟁과 연관이 있다고 해석합니다. 그 반대의 주장이 늦은 출애굽입니다. 늦은 출애굽은 출애굽의 시점을 주전 1250년대 건축가로 유명한 람세스 2세(1290~1224) 때로 봅니다. 람세스 2세때 비돔과 라암셋이라는 국고성을 건축하였고 람세스 2세의 맏아들이 일찍 죽습니다. 맏아들이 일찍 죽은 사건을 열 번째 재앙과 연결시켜 해석하는 것입니다. 이스라엘은 출애굽 이후 40년간 광야에서 방황하다가 요단강을 건너 가나안 정복 전쟁을 치르게 됩니다. 따라서 출애굽을 언제 했냐고 보는지에 따라 기니안 정복 전쟁의 시점도 결정이 되는 것입니다. 좀 더 보수적인 그룹에서는 출애굽 시점을 주전 15세기로 보고 좀 더 진보적인 그룹에서는 출애굽 시점을 주전 13세기로 봅니다. 확실한 것은 이집트의 메르넵타 비문을 보면 주전 1213년 경에 이집트의 파라오가 가나안 땅을 정복하는 이야기가 나오는데 그 정복한 나라 중에 이스라엘을 정복했다는 기록이 나옵니다. 이 기록에 근거해서 볼 때 최소한 주전 1213년 이전에 가나안 땅에 이스라엘이라는 공동체가 세워진 것은 확실하다고 볼 수 있습니다.

10 여호수아 9장을 보면 기브온 사람들이 이스라엘을 속여 생명을 보존하게 됩니다. 그런데 분명히 기브온 사람들이 이스라엘을 속였고 이후에 그들의 거짓말이 들통 났음에도 불구하고 왜 이스라엘은 기브온 사람들을 진멸하지 않았나요?

Ⓐ 하나님께서 가나안 정복 전쟁을 명하시면서 주신 대원칙이 있습니다. 가나안 땅에 살고 있는 원주민들은 진멸하지만 먼 지역에 사는 족속과는 먼저 화평을 시도하라고 하셨습니다. 이러한 내용이 신명기 20장에 나옵니다. 기브온 사람들은 신명기 20장의 말씀을 잘 알고 있었습니다. 그래서 자신들이 마치 먼 곳에서 온 사람들인 것처럼 위장하여 이스라엘과 평화의 언약을 맺게 됩니다. 고대 사회에서 맹세로 비준된 계약은 신성불가침의 권위가 부여되었습니다. 여호수아 9장 19절을 보겠습니다.

모든 족장이 온 회중에게 이르되 우리가 이스라엘의 하나님 여호와로 그들에게 맹세하였은즉 이제 그들을 건드리지 못하리라.

본문의 말씀은 맹세가 얼마나 엄중한 무게를 가지고 있는지를 보여줍니다. 기브온 사람들이 먼 곳에서 온 사람들인 것처럼 위장하여 이스라엘을 속였지만 결과적으로 이스라엘은 그들을 진멸하지 않겠다고 그들과 언약을 체결했습니다. 언약은 생명을 담보로 맺는 약속입니다. 함부로 언약의 내용을 위반할 수 없는 것입니다. 그래서 이스라엘은 이후에 기브온 사람들이 자신들에게 거짓말을 했다는 것을 알았음에도 불구하고 그들과 체결한 언약에 근거하여 기브온 사람들을 진멸하지 않았습니다. 대신 기브온 사람들을 나무를 패고 물 긷는 자로 부려먹게 됩니다. 그런 의미에서 여호수아 9장은 하나님과 맹세를 수시로 위반하는 이스라엘 백성들에 대한 훈계적 내용이라고 할 수 있습니다. 맹세가 이렇게나 준엄한 것인데 하나님과 언약을 체결하고 하나님께만 순종하겠다고 맹세한 이스라엘 백성들은 너무나 맹세를 가볍게 여겼습니다. 하나님과의 약속을 너무나 쉽게 위반했습니다. 또한 본문은 오늘 우리에게도 우리가 하나님과의 약속에 대해 얼마나 신실한가를 돌아보도록 만듭니다. 하나님만을 인생의 주인으로 삼고 하나님만을 믿고 하나님께만 순종하겠다는 마음으로 우리는 세례를 받았는데 세례 받았을 때 그 약속을 얼마나 신실하게 지켜내고 있는지에 대해 우리는 진중한 성찰을 해야 합니다. 인간 상호간에 맺은 언약도 너무 중요하며 함부로 위반할 수가 없는 것인데 하물며 하나님과 체결한 언약은 얼마나 중요하겠습니까.

11 여호수아 12장 24절을 보면 이스라엘 군대가 가나안 땅의 서른 한 명의 왕을 죽였다는 말이 나옵니다. 이 수치만을 놓고 보면 가나안 땅에 있는 대부분의 왕을 죽인 것 같다는 느낌이 드는데 이스라엘은 실제 가나안 땅을 어느 정도 정복한 것인가요?

A 여호수아 10장 42절을 보겠습니다.

> 이스라엘의 하나님 여호와께서 이스라엘을 위하여 싸우셨으므로 여호수아가 이 모든 왕들과 그들의 땅을 단번에 빼앗으니라.

여기 '단번에' 취했다는 말을 통해 우리는 이스라엘의 가나안 땅 정복이 단번에 완성된 것처럼 생각하기 쉽습니다. 그러나 여기에 '단번에' 취했다는 것은 정복한 지역과 관련된 진술입니다. 여호수아 13장 1절을 보겠습니다.

> 여호수아가 나이가 많아 늙으매 여호와께서 그에게 이르시되 너는 나이가 많아 늙었고 얻을 땅이 매우 많이 남아 있도다.

이처럼 여호수아서 안에 가나안 땅 정복과 관련하여 혼재된 기록들이 있습니다. 어디에서는 이스라엘이 모든 땅을 정복한 것처럼 말하고, 어디에서는 이스라엘이 차지하지 못한 땅이 아직 많이 남아 있는 것처럼 말합니다. 정리하면 이스라엘이 정복한 땅은 속전속결로 취한 것이 맞습니다. 그러나 전체적으로는 가나안 땅을 정복하는 일은 지지부진했습니다. 이스라엘은 가나안 땅을 주시겠다고 하신 하나님의 약속을 온전히 믿는 일에 게을렀고 용기 있게 가나안 일곱 부족들과 싸우지 못했습니다. 그 결과 가나안 원주민들과 대부분 동거하게 되었고 동거의 결과 가나안 문화에 금방 동화되어 버렸습니다. 이런 상황에 대한 이해를 가지고 여호수아 12장 24절을 보겠습니다.

하나는 디르사 왕이라 모두 서른한 왕이었더라.

여기서 이스라엘 군대가 정복한 왕들이 총 서른한 명이라고 말합니다. 여기 왕들은 당시 가나안 땅에 있던 도시국가의 왕들입니다. 서른한 명의 왕을 정복했다는 본문의 말씀을 보면서 어떤 느낌이 드나요. 많은 수의 왕을 정복한 것 같습니까 아니면 적은 수의 왕을 정복한 것 같습니까. 사실 우리가 이것을 정확하게 아는 것은 쉽지가 않습니다. 그 이유는 가나안 정복 사건과 관련하여 성경은 정복한 왕의 숫자는 말해주고 있지만 당시 가나안에 몇 개의 도시국가가 있었는지에 대해서는 침묵하고 있기 때문입니다. 예를 들어 당시 가나안 땅에 50개의 도시국가가 있었다면 서른한 명의 왕을 정복한 것은 많은 도시국가를 정복한 것이 맞습니다. 하지만 당시 가나안 땅에 300개의 도시국가가 있었다고 한다면 서른한 명의 왕을 정복한 것은 대부분의 도시국가를 정복하지 못했다는 말이 됩니다. 당시 가나안 땅에 몇 개의 도시국가가 있었는지를 정확히 알 수 없기에 여호수아 12장 24절의 서른한 명의 왕이라는 표현만을 가지고 어느 정도를 정복했는지를 정확히 알 수가 없습니다.

또 하나 주목해야 하는 것이 여기서 '정복했다'는 말이 정확히 어떤 의미인지를 보아야 한다는 것입니다. 확실한 것은 여기 정복했다는 말은 도시국가의 왕을 제거했다는 말입니다. 당시 가나안 도시국가의 기득권 세력을 진멸한 것입니다. 그러나 성 밖에 거주하던 주민들은 대부분 생존했을 가능성이 높습니다. 예루살렘을 그 예로 들어 설명해 보겠습니다. 여호수아 12장 10절입니다.

하나는 예루살렘 왕이요 하나는 헤브론 왕이요 하나는 야르뭇 왕이요.

분명이 여호수아 12장 10절에서 이스라엘 군대가 예루살렘 왕을 정복했다고 말합니다. 그러나 다윗 시대까지 예루살렘에서 이스라엘 백성들은 주도권을 갖지 못했습니다. 그때까지 예루살렘을 지배했던 사람들은 여부스 사람들입니다. 예루살렘을 완전히 정복한 사람은 다윗입니다. 이를 통해 우리는 여호수아 12장 24절에 이스라엘 군대가 서른한 명의 왕을 정복했다고 할 때 당시 이스라엘이 가나안 도시국가의 왕들을 정복한 것이지 실제 그 성에 대한 주도권을 완전히 장악한 것은 아닐 수도 있음을 보게 됩니다. 실제 이스라엘은 가나안 땅 대부분을 정복하지 못했습니다. 그 결과 가나안 사람들과 동거하며 그들의 문화에 쉽게 동화되어 버렸습니다. 그 동화의 결과를 잘 보여주는 것이 바로 사사기입니다.

12 여호수아 14장 14절을 보면 갈렙을 그니스 사람으로 소개하고 있습니다. 그니스 사람이었던 이방인 갈렙이 어떻게 유다 지파의 대표가 될 수 있었는지요?

🅐 여호수아 14장 14절을 보겠습니다.

> 헤브론이 그니스 사람 여분네의 아들 갈렙의 기업이 되어 오늘까지 이르렀으니 이는 그가 이스라엘의 하나님 여호와를 온전히 좇았음이라.

본문이 말하고 있는 것처럼 갈렙은 그니스 사람 여분네의 아들이었습니다. 그니스는 창세기에서 가나안 원주민으로 언급되거나(창 15:19) 에서의 후손으로 표현됩니다(창 36:11, 15). 갈렙은 이민족의 후손이었지만 이스라엘을 대표하는 인물이 되었습니다. 우리가 기억해야 할 것은 출애굽 공동체는 단일 혈통이 아닌 다양한 인종으로 구성된 신앙 중심의 공동체였습니다. 출애굽기 12장 37~38절을 보면 출애굽 당시 야곱의 후손들과 함께 무수한 종족의 사람들이 함께했습니다.

> 이스라엘 자손이 라암셋을 떠나서 숙곳에 이르니 유아 외에 보행하는 장정이 육십만 가량이요 수많은 잡족과 양과 소와 심히 많은 가축이 그들과 함께 하였으며.

그들은 출애굽 이후 시내산에서 하나님의 백성이 되기를 결단하는 시내산 언약을 체결했습니다. 이때부터 엄밀한 의미에서 하나님만을 섬기는 이스라엘 공동체가 탄생한 것입니다. 이스라엘은 처음부터 다민족 다인종 신앙공동체였습니다. 그들의 태생적 뿌리보다 중요한 것은 현재의 믿음의 태도입니다. 하나님만을 믿고 섬기겠다는 결단 가운데서 그들은 이스라엘이 된 것입니다. 갈렙의 이야기를 통해 이방인들도 하나님 나라 백성 공동체의 주도적 인물이 될 수 있음을 성경은 강조하고 있습니다.

13 창세기 1장 1절의 "하나님께서 천지를 창조하시니라"에서 사용된 동사가 '빠라'라고 알고 있습니다. 그리고 '빠라'는 무에서 유를 창조하는 데 사용되는 동사로서 하나님만을 주어로 하는 것이라고 배웠는데 맞는가요?

A 히브리어에는 무엇인가를 만든다는 것을 뜻하는 동사가 몇 개 있는데 그중에 '빠라'라는 동사는 하나님만을 주어로 하는 것이라는 주장이 오랜 기간 한국 교회 안에서 강조되어 왔습니다. 그러나 꼭 그렇지 않음을 여호수아 17장 15절을 통해서 알 수 있습니다. 여호수아 17장 15절을 보겠습니다.

여호수아가 그들에게 이르되 네가 큰 민족이 되므로 에브라임 산지가 네게 너무 좁을진대 브리스 족속과 르바임 족속의 땅 삼림에 올라가서 스스로 개척하라 하니라.

여기 '개척하라'에 사용된 동사가 '빠라' 입니다. 산림을 개척하는 주체는 누구입니까. 요셉 지파의 후손들입니다. 여호수아 17장 15절 말씀은 레위 지파가 받아야 할 몫을 요셉 지파가 하나 더 취하는 내용입니다. 땅을 더 요구하는 요셉 자손에게 여호수아는 산림을 개척하라고 명령합니다. 여기 개척하라는 동사가 창세기 1장 1절에 나오는 '빠라' 입니다.

우리는 그동안 '빠라'라는 동사를 무에서 유를 창조하는 것을 의미하는 것으로만 배웠는데 그렇지 않음을 보게 됩니다. 도리어 여호수아 17장 15절이 말하고 있는 것처럼 '빠라'는 무가치한 것을 가치 있는 것으로 전환시켜내는 질적 전환을 의미할 때 사용하는 동사입니다. 사람이 살 수 없는 산림을 사람이 실 수 있는 곳으로 변화시켜내는 것이 '빠라'입니다. 지금 하늘공원으로 많은 분들의 사랑을 받는 곳이 30년 전에는 쓰레기로 가득했던 난지도였습니다. 쓰레기로 가득했던 산이 지금은 너무 멋지고 아름다운 공원으로 바뀌었습니다. 이런 것이 '빠라'입니다. 자기밖에 모르고 이웃에게 함부로 행동하던 망나니 같은 사람이 새 존재로 변화되는 것이 '빠라'입니다. 정리하면 '빠라'는 무에서 유를 창조하는 것이 아니라 무가치한 것을 가치 있는 것으로 변화시켜 낼 때 사용하는 동사입니다.

14 여호수아 19장 47절은 영어 성경과 한글 성경의 번역이 다르게 되어 있습니다. 단 지파가 영토를 확장한 것이 맞는가요?

Ⓐ 여호수아 18장 2~10절을 보면 가나안 땅 정복에 소극적인 일곱 지파를 위해 여호수아는 실로 성소에 모여 제비뽑기를 통해 가나안 땅을 분배해 주는 이야기가 나옵니다. 여기에서 조심해야 할 것은 땅 분배는 정복한 땅에 대한 분배가 아니라 각 지파가 차지해야 할 땅에 대한 분배라는 것입니다. 실로 성소에서 이루어진 지파들의 땅 분배는 지도상에서 실현된 것으로 땅을 지도상으로 분배받은 각 지파는 자신들이 할당받은 땅을 용기 있게 차지해야 할 과제를 떠안게 되는 것입니다. 이때 지도상으로 땅을 분배 받은 일곱 지파 중 하나가 단 지파였습니다. 단 지파

도 지도상으로 땅을 분배받았습니다. 단 지파가 분배받은 땅은 요단 서편의 중부 지방이었습니다. 그런데 단 지파가 그곳에 가서 보니 자신들이 지도상으로 분배받은 땅 바로 옆에 블레셋 사람들이 거주하고 있었습니다. 블레셋은 이스라엘과 비슷한 시기에 가나안 땅으로 이주해 온 해양민족으로 그들은 철기 문명을 사용했습니다. 당시 청동기 문명을 사용하던 이스라엘에게 블레셋은 너무나도 위협적인 존재였습니다. 결국 단 지파는 블레셋에 대한 두려움으로 인해 자신들이 지도상으로 분배받은 땅을 포기하고 위쪽 지방으로 이동하게 되었습니다. 그런데 여호수아 19장 47절에는 단 지파의 이동에 대해 "단 자손의 경계는 더욱 확장되었다"고 말하는데 이는 명백한 오역입니다. 여호수아 19장 47절을 보겠습니다.

> 그런데 단 자손의 경계는 더욱 확장되었으니 이는 단 자손이 올라가서 레셈과 싸워 그것을 점령하여 칼날로 치고 그것을 차지하여 거기 거주하였음이라 그들의 조상 단의 이름을 따라서 레셈을 단이라 하였더라.

본문만 보면 단 자손의 경계가 더욱 확장된 것 같은 느낌을 받습니다. 그러나 단 자손의 경계가 확장된 것이 아닙니다. 그들은 지도상으로 분배받은 땅을 포기하고 위쪽 지방으로 북상하여 다른 지역에 정착을 한 것입니다. 히브리어 영어 타낙 성경은 "그러나 단 지파의 영토는 그들의 손아귀를 벗어났다"라고 번역했고, 영어 성경 NIV는 "그러나 그들이 그들의 영토를 차지하는데 어려움을 겪었다"고 번역했습니다. 이것이 올바른 번역입니다. 단 지파는 블레셋 지역과 인접한 가나안 중부 지방을 할당받았으나 자신들에게 할당된 영토에 정착하는데 실패하여 북상한 것입니다. 단 지파가 북상하다가 발생한 사건이 사사기 17~18장에 나옵니다. 에브라임 산지 미가의 집에서 제사장 사역을 하던 자를 단 지파는 강제로 빼앗아 그를 데리고 위로 올라갑니다. 그리고 라이스라는 지방을 빼앗아 그곳을 단이라 명명하며 정착한 것입니다. 사사기 18장 29절을 보겠습니다.

이스라엘에게서 태어난 그들의 조상 단의 이름을 따라 그 성읍을 단이라 하니라 그 성읍의 본 이름은 라이스였더라.

결국 단 지파는 이스라엘 열두 지파 중에 가장 북쪽에 자리잡게 되었습니다. 이스라엘의 영토를 가리키는 전형적인 표현이 '단에서 브엘세바까지' 또는 '브엘세바에서 단까지' 입니다. 제일 남단이 브엘세바이고 제일 북단이 단입니다. 원래 단 지파가 지도상으로 분배받은 땅은 가나안 중부 지방의 땅이었지만 단 지파는 그 땅을 포기하고 집단적으로 이주해서 이스라엘 영토의 최북단을 차지하게 된 것입니다.

15 이스라엘이 가나안 땅에 들어간 이후 예루살렘 성전이 건축되기 전까지 이스라엘 백성들은 어디에서 하나님께 제사를 드렸나요?

Ⓐ 여호수아 21장을 보면 레위인에게 48개 성읍이 주어졌습니다. 레위인들은 농사를 지을 수 있는 경작지는 제공받지 못했지만 대신 거주지와 목초지를 제공받았습니다. 레위인들이 거주하는 성읍에는 레위인이 거주하는 주택과 성벽에서 천 규빗 거리에 있는 목초지가 있었습니다. 레위 지파는 가축과 목초지를 제공받아 제물로 바쳐질 가축을 공급하

는 전문 위탁 낙농업을 담당하는 한편 성전과 지방 성소들의 성직 사무를 담당했습니다. 레위인에게 할당된 성읍 48개는 상징적인 숫자입니다. 48을 분해하면 12x4가 됩니다. 12는 이스라엘 12지파를 상징하고, 4는 동서남북을 상징합니다. 즉 레위인들은 열두 지파가 흩어져 살아가는 각 지역에서 평균적으로 한 지파에 4곳의 장소를 분배받은 것입니다. 이스라엘이 하나님의 거룩한 백성으로 살아갈 수 있도록 각 지파가 거주하는 곳에서 그들을 말씀으로 교육시키는 사명과 각 지파의 사람들이 하나님께 제사드릴 수 있도록 성소에서 그들의 제사 사역을 돕는 일을 레위인들이 행하였습니다. 48개의 성읍 중 제사장 아론의 자손들이 13개 성읍, 고핫 자손들이 10개 성읍, 게르손 자손들이 13개 성읍, 므라리 자손들이 12개 성읍을 분배받았습니다.

레위인들이 거주하는 48개 성읍에는 하나님께 제사를 지낼 수 있는 성소가 있었다고 봐야 합니다. 만약 이스라엘이 가나안 땅에 정착한 이후에 하나님께 제사를 드릴 수 있는 장소가 한 곳에만 있었다고 생각해 보십시오. 그 성소로부터 먼 곳에 거주하는 백성들의 경우에는 제사를 드리는 일이 얼마나 힘들고 어려운 일이 되었겠습니까. 그래서 하나님께서는 레위 지파를 열두 지파 모든 지역으로 분산시키시고 각 지파 안에서도 동서남북 4곳에 레위인들을 거주하도록 하셨습니다. 그것이 바로 레위인들이 거주했던 48개 성읍의 의미입니다. 하나님은 레위 사람들을 모든 지파들의 땅에 거주하도록 하심을 통해 예배드림에 있어 각 지파에게 기회의 균등성을 보장해 주셨습니다. 따라서 레위인들이 거주했던 48개 성읍에 하나씩 성소가 있었다고 한다면 최소한 48개 성소가 가나안 땅에 있었다고 봐야 합니다. 그 가운데 하나를 중앙 성소로 부르고 나머지를 지방 성소로 불렀습니다. 중앙 성소에는 모세 때 만든 성막이 설치되어 있었으며 지성소 안에는 언약궤가 보관되어 있었습니다.

이스라엘이 가나안 땅에 정착한 이후에 솔로몬의 예루살렘 성전이 중앙 성소가 되기 전까지는 실로가 중앙 성소의 역할을 담당했습니다. 중요한 것은 지방 성소에서도 제사가 진행되었다는 것입니다. 성막은 크게 세 부분으로 구성되어 있습니다. 동쪽 문으로 들어오게 되면 마당이 있고, 좀 더 들어가면 성소가 있고, 제일 안쪽에는 지성소가 있습니다. 제사는 마당이 있으면 가능합니다. 마당에 있는 놋제단과 물두멍만 있으면 동물 제사를 드릴 수 있습니다. 중앙 성소에는 마당과 성소와 지성소가 다 갖추어져 있었을 것이고 지방 성소에는 제사를 드릴 수 있는 마당을 중심으로 구성되었을 것입니다. 솔로몬이 일천번제를 드린 기브온 산당이 대표적인 지방 성소였습니다. 이스라엘 역사에서 지방 성소는 시간이 지날수록 우상 숭배의 소굴로 전락하게 되었습니다. 그리고 지방 성소라는 명칭도 부정적인 의미에서 산당으로 불리게 되었습니다.

사사기

01 사사가 누구였는지 알고 싶습니다. 그리고 사사시대 기간과 시대적 특징은 무엇인가요?

Ⓐ 사사는 이브리어로 '쇼페트'인데 '편단하다', '재판하다'를 뜻하는 히브리어 '샤파트'의 분사형으로 '다스리는 자', '지도자'라는 뜻입니다. 사사는 일상의 삶에서는 백성들의 지도자로서 재판을 담당하고 전쟁의 순간에는 카리스마를 가진 군사령관으로서 역할을 담당했습니다. 그런데 중요한 것은 모세나 여호수아처럼 이스라엘 전체로부터 지도력을 인정받지는 못했습니다. 사사기에 나오는 사사는 한 지파 또는 몇 지파의 지도자로서 사역을 감당했습니다. 이처럼 지도력이 축소된 것이 사사시대의 중요한 특징입니다. 지도력만 축소된 것이 아니라 이전 시대의 지도자였던 모세와 여호수아에게서 볼 수 있는 하나님에 대한 일편단심의 신앙을 사사들에게서 찾아보기 어렵습니다. 대부분의 사사들은 신앙적 미숙함과 영적 일탈을 그대로 드러냈습니다. 사사시대는 여호수아 사후부터 왕정이 세워지기까지 약 300년 동안 지속되었습니다. 여호수아는 죽기 전에 자신의 리더십을 이어갈 사람을 세우지 않았습니다. 그래서 여호수아 사후에는 이스라엘 전체를 다스리는 지도자는 사

라지고 특정 지파로부터 리더십을 인정받는 사람들이 등장하게 되었습니다. 이들을 사사라고 부릅니다.

사사시대의 중요한 특징은 이스라엘 공동체의 하나 됨이 붕괴되었다는 것입니다. 사사기가 보여주는 것처럼 사사시대는 극복되어야 할 어둠의 시대였습니다. 이스라엘은 가나안의 질서를 무너뜨리지 못하고 가나안 백성들과 동거하게 되면서 결국 그들에게 동화되어 버렸습니다. 그리고 하나 되어야 할 지파들 간의 끊임없는 분열과 다툼 심지어 전쟁까지 일어나게 되었습니다. 믿고 따를 만한 지도자도 보이지 않고 말씀으로 이스라엘을 인도해야 할 레위인들이 방황과 방탕한 생활을 했습니다. 돈이 있는 사람들은 제사장을 사유화하기도 했습니다. 이스라엘의 지도자가 되어야 할 사사들이 신학적인 혼란을 겪으면서 이방의 왕들과 똑같이 권력을 향유했습니다. 이런 사사시대의 부정적인 모습을 한 문장으로 요약한 것이 사사기 21장 25절입니다.

그 때에 이스라엘에 왕이 없으므로 사람이 각기 자기의 소견에 옳은 대로 행하였더라.

사사시대는 이스라엘에 왕이 없는 시대였습니다. 여기서 왕은 이중적인 의미가 있습니다. 하나는 눈에 보이는 왕입니다. 사사기는 왕정 시대에 쓰여진 본문입니다. 왕이 있는 왕정 시대가 왕이 없는 사사시대보다 정치적으로 더 안정적인 체제임을 강조하는 것이 주요 목적 중 하나였습니다. 그러나 이 말씀보다 더 중요한 의미가 있습니다. 이스라엘은 출애굽 이후에 하나님만을 왕으로 모시는 공동체가 되겠다고 맹세했습니다. 그러나 사사시대에 이스라엘에 왕이 없었다는 말은 하나님을 왕으로 인정하지 않았다는 말이기도 합니다. 하나님을 왕으로 인정하지 않은 시대가 얼마나 혼탁한지를 보여주는 것이 사사기입니다. 사사시대는 반복되는 악순환을 보여줍니다. 이스라엘 백성들의 우상 숭배 몰두, 하나님의 심판으로서 이방의 압제, 이스라엘 백성들의 울부짖음과 회개, 하나님께서 사사를 보내셔서 해방을 맞이하게 하신 역사가 계속해서 되풀이됩니다. 역사가 계속 반복된다는 것은 이전의 실패한 역사로부터 후세대가 전혀 배우지 못했다는 것을 의미합니다. 악순환의 반복, 이것이 후세대의 비극이라고 할 수 있습니다. 악순환의 반복인 듯 보이는 사사시대는 나선형 하강을 하면서 세대를 거듭할수록 하향 평준화되어 더 악화되는 모습을 보여주고 있습니다.

02 사사기에는 총 몇 명의 사사가 등장하나요?

🅐 사사기에는 총 12명의 사사가 등장합니다. 이 12명의 사사를 대사사와 소사사로 구분합니다. 대사사가 6명이고, 소사사가 6명입니다. 여기서 대와 소의 구분은 분량의 차이입니다. 대사사에 대한 이야기는 분량이 많기에 우리에게 보다 친숙합니다. 한 번씩 이름을 들어봤을 법한데, 옷니엘, 에훗, 드보라, 기드온, 입다, 삼손 여섯 명입니다. 소사사는 성경을 읽어도 늘 헷갈리는 이름인데, 삼갈, 돌라, 야일, 입산, 엘론, 압돈 여섯 명입니다. 특별히 소사사에 대한 기록에는 몇 가지 특징이 있습니다. 먼저 통치 기간에 대한 기록이 나온다는 것, 자녀들에 대한 언급이 있다는 것, 소사사의 죽음과 장사에 대한 기록이 있다는 것, 이스라엘을 구원하는 군사적 행동이 없다는 것이 특징입니다. 대부분의 소사사들은 정치적 안정을 위해 이방인과 통혼하고 권력과 부를 향유한 사람들입니

다. 대사사들도 시간이 지남에 따라 하향 조정되었습니다. 초기에 활동한 옷니엘과 에훗에게서는 특별한 흠을 발견하기 어려운데 기드온은 하나님에 대한 전적인 믿음을 드러내지 못하고 표징을 구하다가 마지막에는 우상을 제작했고, 입다는 하나님이 가장 가증하게 여기시는 인신제사를 하나님께 바쳤고, 마지막으로 삼손에게서는 어떤 신앙적인 모범도 발견할 수가 없습니다. 시간이 지남에 따라 사사들의 수준이 하향 평준화되고 있음을 볼 수 있습니다.

03 사사기 1장 27절 이하를 보면 이스라엘이 쫓아내지 못한 가나안 사람들이 열거되어 있습니다. 이스라엘은 그들을 쫓아내지 못한 것인가요 아니면 쫓아내지 않은 것인가요?

Ⓐ 사사기 1장 27~36절에 보면 이스라엘이 쫓아내지 못한 가나안 사람들이 열거되어 있습니다. 이스라엘이 가나안 땅을 주시겠다는 하나님의 약속을 온전히 신뢰하지 못하고 충성되게 반응하지 못했음을 보여줍니다. 이스라엘은 가나안 원주민들과 싸우고자 하기보다는 그들과의 동거를 선택했습니다. 가나안 백성들과의 동거로 인해 이스라엘은 가나안 종교 문화에 금방 동화되었습니다. 왜 이스라엘은 가나안 사람들을 쫓아내지 못했을까요. 여기에는 두 가지 이유가 있는데, 하나는 그들이 너무 강해서 겁을 먹은 것이고, 다른 하나는 그들이 너무 약해서 부려 먹으려고 한 것입니다. 사사기 1장 28절을 보겠습니다.

> 이스라엘이 강성한 후에야 가나안 족속에게 노역을 시켰고 다 쫓아내지 아니하였더라.

이스라엘은 강성한 후에도 가나안 사람들에게 노역을 시키면서 그들을 부려 먹었습니다. 진멸해야 할 존재들을 이용하여 이익을 얻고자 한 것입니다. 그 결과 당장의 이익을 제공해 줄 것이라 생각한 가나안 사람들에게 이스라엘은 동화되어 버렸습니다. 그것이 결국 이스라엘의 생존을 위협하는 요소가 되었습니다. 세상과의 타협은 일시적인 안락함을 제공해 줄지는 모르지만 궁극적으로는 우리의 삶을 무너뜨리는 가시와 올무가 됨을 본문에서 배울 수 있습니다.

04 사사기 2장 10절에 이스라엘 백성들이 하나님을 알지 못했다는 말이 이해되지 않습니다. 이스라엘은 하나님에 대해 잘 알고 있지 않았나요?

🅐 사사기 2장 10절을 보겠습니다.

그 세대의 사람도 다 그 조상들에게로 돌아갔고 그 후에 일어난 다른 세대는 여호와를 알지 못하며 여호와께서 이스라엘을 위하여 행하신 일도 알지 못하였더라.

여기서 안다는 것은 체험적 깨달음을 말합니다. 알지 못했다는 기억하지 않았고 경외하지 않았다는 것입니다. 후세대가 여호와를 알지 못했다는 말씀을 통해 우리는 당시 이스라엘 신앙교육이 총체적으로 실패했음을 알 수 있습니다. 헬레니즘이 말하는 앎과 헤브라이즘이 말하는 앎은 다릅니다. 헬레니즘은 인지적으로 동의하고 수용하는 것을 안다고 말합니다. "귀신은 하나님이 어떤 분이신지를 알까요" 라고 질문할 때 헬레니즘에서는 당연히 귀신은 하나님을 안다고 대답합니다. 야고보서 2장 19절처럼 귀신은 하나님이 한 분이신 것을 잘 알고 있습니다. 인지적으로 하나님이 어떤 분이신지에 대한 올바른 이해를 갖고 있는 것입니다. 그러나 헤브라이즘이 말하는 앎은 하나님을 경외하며 그분의 말씀에 순종하는 것입니다. 그것이 하나님에 대한 참된 앎입니다. 이스라엘은 인지적으로는 하나님이 어떤 분이신지에 대해 알고 있었지만 하나님에 대한 경외는 없었습니다. 이에 대해 성경은 사사시대에 이스라엘 백성들이 여호와를 알지 못했다고 말합니다.

05 사사기 3장 10절을 보면 성령이 임하므로 옷니엘이 사사가 됩니다. 오순절 날 최초의 성령 강림 사건이 임한 것으로 알고 있는데 구약 시대에도 성령께서 역사하셨나요?

Ⓐ 네, 그렇습니다. 성령 하나님께서는 태초부터 성부 하나님과 성자 하나님과 함께하시면서 그분의 사역을 행하셨습니다. 다만 구약 시대에는 성령의 역사가 개인적, 부분적으로 임하였고 초대교회 오순절 사건에서는 성령의 역사가 집단적으로 임한 차이가 있습니다. 사사기 3장 10절을 보겠습니다.

여호와의 영이 그에게 임하셨으므로 그가 이스라엘의 사사가 되어 나가서 싸울 때에 여호와께서 메소보다미아 왕 구산 리사다임을 그의 손에 넘겨 주시매 옷니엘의 손이 구산 리사다임을 이기니라.

옷니엘이 사사가 되는 과정에서 핵심은 여호와의 영이 그에게 임하였다는 것입니다. 여호와의 영을 받음으로 옷니엘은 사사가 되었습니다. 그리고 자신에게 임한 여호와의 영을 통해 그는 하나님의 일을 행하게 되었습니다. 사사 개인의 능력은 보잘 것 없었지만 하나님께서 사사 개인에게 영으로 임하시고 능력을 부어주심으로 인해 사사는 놀라운 사역을 감당할 수 있었던 것입니다. 이것이 사사기에서 계속해서 보여주고 있는 모습입니다. 사사시대와 마찬가지로 오늘날에도 하나님의 영으로 충만한 자들이 하나님의 일을 행해야 합니다. 그럴 때만 하늘에는 영광이요 땅에는 평화의 사역이 가능하게 됩니다.

06 사사기 11장에 보면 입다의 이야기가 나옵니다. 입다는 결국 자신의 서원을 지키기 위해 자기의 딸을 하나님께 제물로 바쳤는데, 이 사건을 어떻게 해석해야 할까요?

🅐 사사기 11장 31절을 보면 입다의 서원이 나옵니다.

> 내가 암몬 자손에게서 평안히 돌아올 때에 누구든지 내 집 문에서 나와서 나를 영접하는 그는 여호와께 돌릴 것이니 내가 그를 번제물로 드리겠나이다 하니라.

입다는 암몬과의 전쟁을 앞두고 하나님께 서원합니다. 서원의 내용은 자신이 암몬과의 전쟁에서 승리하게 된다면 자신이 승리하고 돌아온 후에 가장 먼저 영접하는 자를 하나님께 번제물로 바치겠다는 것입니다. 문제는 입다의 서원 자체가 하나님의 뜻과는 거리가 먼 서원이라는 것입니다. 하나님께서는 율법의 말씀을 통해 사람을 인신제물로 바치는 것을 가증하게 여김을 여러 번 말씀하셨습니다(레 18:21; 신 12:31).
레위기 18장 21절을 보겠습니다.

> 너는 결단코 자녀를 몰렉에게 주어 불로 통과하게 함으로 네 하나님
> 의 이름을 욕되게 하지 말라 나는 여호와이니라.

그런데 입다는 하나님이 가장 가증이 여기시는 것을 하나님의 이름
으로 서원합니다. 입다가 얼마나 하나님의 뜻에 대해 무지했으며 이방
풍속을 추종하는 자인지를 본문은 잘 보여주고 있습니다. 입다는 하나
님의 이름으로 하나님께서 가장 가증이 여기시는 일을 행하고자 하였습
니다. 아마도 입다는 이방의 인신제사 풍습을 그대로 따르고자 했을 것
입니다. 문제는 입다의 잘못된 서원에 대해 입다의 딸이나 공동체 사람
들이 문제를 제기하며 적극적으로 막아내지 못했다는 것입니다. 입다의
딸이나 공동체 사람들은 입다의 서원이 얼마나 잘못된 것인지를 입다에
게 깨우쳐 줌으로 입다가 스스로 자신의 서원을 철회하도록 도왔어야
합니다. 이것이 바로 인간관계에서 하나님께서 기대하시는 돕는 배필
의 역할입니다. 그러나 그들은 돕는 배필의 역할을 제대로 하지 못했습
니다. 입다의 이야기를 통해 우리는 사사시대가 얼마나 신학적으로 혼
란스러운 시대였는지를 알 수 있습니다. 이스라엘의 지도자라는 사사가
가진 신학적 수준을 보면서 당시 일반 백성들의 수준은 어떠했을지 짐
작할 수 있습니다. 그리스도교 역사에서도 하나님의 이름으로 하나님이
가장 가증이 여기시는 일들이 벌어졌던 경우들을 볼 수 있습니다. 나치
시대에 히틀러를 지지했던 독일 국가 교회의 모습이나 일제시대 신사참
배에 적극 동조했던 한국 교회의 모습이 바로 그러합니다. 이 모든 일들
이 하나님의 이름으로 자행된 것입니다. 오늘날 하나님과 맘몬을 겸하

여 섬기는 왜곡된 기복주의 중심의 개신교 신앙도 우리가 극복해야 할 신학적 혼란 가운데 하나라고 할 수 있습니다.

07 사사시대의 특징을 잘 보여주는 말씀이 "그때에 사람들이 자기 소견에 옳은대로 행하였다"는 것입니다. 이 말씀의 의미는 무엇인가요?

🅐 사사기는 계속해서 "그때에 왕이 없으므로 사람들이 자기 소견에 옳은대로 행하였다"는 말씀이 반복됩니다. 여기서 사람들은 엄밀한 의미에서는 남자들을 가리킵니다. 정확하게는 그때에 '왕'이 없으므로 남자들이 자기 소견에 옳은 대로 행하였다는 말입니다. 이러한 표현은 사사시내와 비견되는 왕정시대의 질서 잡힘을 강조하는 표현임과 동시에 하나님을 왕으로 모시지 않는 시대가 어떤 비극을 잉태해 내는지를 알려주는 표현입니다. 모범적인 지도자의 부재, 지파 간의 전쟁, 이스라엘 공동체 안에서 소돔 시대의 죄악이 재연됨, 레위인이 첩을 두고, 레위인이 한 가정을 위한 생계형 제사장이 되고, 사사가 하나님이 원하시지 않는 바를 서원하여 지키는 등, 사사시대는 종교적 영적으로 혼탁하고 어두운 시대였습니다. 이 모든 어두움은 결국 하나님을 왕으로 모시지 않는 일에서 발생한 것입니다. 하나님을 왕으로 모시지 않게 되면 결국 사람들은 자기 인생에 자기가 주인이 됩니다. 그것을 잘 보여주는 말씀이 창세기 3장 22절입니다.

여호와 하나님이 이르시되 보라 이 사람이 선악을 아는 일에 우리 중 하나 같이 되었으니 그가 그의 손을 들어 생명 나무 열매도 따먹고 영생할까 하노라 하시고.

선악을 아는 일에 우리 중 하나 같이 되었다는 말은 인간 스스로가 선악의 판단자가 되었다는 말입니다. 원래 인간은 하나님을 통하여 선과 악에 대해 배워야 하는 존재입니다. 그러나 선악과를 따 먹은 이후에 인간은 자기가 자기 인생의 왕이 됨으로써 스스로 선과 악에 대한 판단을 내리는 존재가 되었습니다. 이러한 인간의 왜곡된 모습이 가장 극단적으로 드러난 시대가 사사시대였습니다. 자기가 자기 인생의 주인이 되고 자기가 자기에게 왕이 된 시대가 사사시대였습니다. 인간이 만들어 낸 최고의 우상이 자기 숭배인데 그러한 자기 숭배 문화가 극단적으로 횡행했던 시기가 바로 사사시대였던 것입니다.

08 사사기 19장에 보면 행음한 첩을 데리고 오는 레위인의 이야기가 나옵니다. 행음한 첩은 심판을 받아야 하는 것이 아닌가요. 그런데 어떻게 행음한 첩이 자기 아버지 집에 갈 수 있었는지요?

Ⓐ 사사기 19장 2절을 보겠습니다.

그 첩이 행음하고 남편을 떠나 유다 베들레헴 그의 아버지의 집에 돌아가서 거기서 넉 달 동안을 지내매.

음행한 여인은 친정 아버지의 집에 머물 수가 없습니다. 신명기 22장 21절을 보겠습니다.

그 처녀를 그의 아버지 집 문에서 끌어내고 그 성읍 사람들이 그를 돌로 쳐죽일지니 이는 그가 그의 아버지 집에서 창기의 행동을 하여 이스라엘 중에서 악을 행하였음이라 너는 이와 같이 하여 너희 가운데서 악을 제할지니라.

　신명기 법에서 말하는 것처럼 음행한 여인은 돌로 쳐 죽임을 당했습니다. 그런데 어떻게 사사기 19장에서는 음행한 첩이 아버지의 집에 갈 수 있었을까요. 그리고 레위인은 그 첩을 돌로 쳐 죽이지 아니하고 도리어 다시 데리고 오고자 한 것일까요. 사사기 19장 2절에서 "그 첩이 행음하고"에서 행음하다에 해당하는 히브리어 동사는 '자나'입니다. '자나'가 행음하다로 번역될 경우 전치사 '알' 뒤에 행음한 상대가 나오는데 재미있는 것은 본문에서 행음한 상대로 나오는 존재가 레위인이라는 것입니다. 레위인은 남편인데 그 남편과 행음을 했다는 것은 말이 되지 않습니다. 여기서는 행음하다가 아닌 레위인에게 '화가 났다'로 번역을 해야 합니다. 즉 레위인의 첩은 레위인에게 화가 난 것입니다. 영어 성경 RSV는 본문을 "because she was angry with him"으로 올바로 번역했습니다. 이렇게 해석해야 레위인이 행음한 첩을 데리러 처가에 간 것이 이해가 됩니다. 레위인은 자기에 대해서 화가 나 친정집으로 돌아간 첩에게 용서를 구하고 그녀를 다시 데려오고자 한 것입니다.

룻기

01 룻기의 말씀은 보통 어버이주일 때 단골 본문으로 인용이 됩니다.
오늘날 그리스도인들에게 룻기가 가진 중요성은 무엇인가요?

Ⓐ 룻기의 히브리어 명칭은 '세페르 룻'으로 '룻의 책'입니다. 구약성
경에서 에스더서와 함께 여성이 주인공인 유일한 본문입니다. 룻기는
메길롯 가운데 하나입니다. 메길롯은 이스라엘 공동체 안에서 중요하게
지켜지는 다섯 절기 때 낭독되는 본문을 가리키는데 룻기는 오순절(칠
칠절)에 낭독이 되었습니다. 왜 오순절에 룻기를 낭독했을까요. 그 답이
룻기 1장 22절에 있습니다.

나오미가 모압 지방에서 그의 며느리 모압 여인 룻과 함께 돌아왔는
데 그들이 보리 추수 시작할 때에 베들레헴에 이르렀더라.

나오미와 룻이 모압에서 베들레헴으로 돌아온 시점이 보리 추수를
시작할 때입니다. 이때가 칠칠절, 오순절, 맥추절이라고 불리는 때입니
다. 그래서 룻기를 오순절에 낭송했습니다. 룻기는 구약 본문 가운데 가
장 이방인 친화적인 본문입니다. 현재 우리나라에도 200만 명이 넘는

외국인들이 거주하고 있는데 이 땅을 찾아온 다양한 민족과 우리가 어떻게 어울려 한 공동체로 살아갈 수 있을지를 고민해야 하는 상황에서 다문화 사회에 가장 적합한 책이 룻기입니다. 또한 룻기는 여성들의 동역의 아름다움을 보여주는 책입니다. 남성 동역의 대표가 다윗과 요나단이라면 여성 동역의 대표는 나오미와 룻입니다. 개인주의화된 시대 속에서 동역의 가치와 중요성을 룻기를 통해 우리는 배울 수 있습니다. 무엇보다 룻기가 중요한 이유는 갈라디아서 3장 28절이 말하고 있는 그리스도교 신앙의 특징을 가장 잘 보여주고 있는 본문이기 때문입니다. 갈라디아서 3장 28절을 보겠습니다.

너희는 유대인이나 헬라인이나 종이나 자유인이나 남자나 여자나 다 그리스도 예수 안에서 하나이니라.

세상은 사람과 사람 사이에 무수한 장벽을 세우고 비슷한 사람들과만 유유상종합니다. 그러나 예수께서는 세상이 만들어 놓은 모든 담들을 허무시고 사람들을 하나 되게 하셨습니다. 남자와 여자, 유대인과 이방인, 주인과 종이 그리스도 안에서 하나 되는 것이 그리스도교 신앙의 열매인데 그 모습을 가장 잘 보여주는 본문이 룻기입니다. 남자인 보아스와 여자인 룻, 유대인인 보아스와 이방인인 룻, 주인인 보아스와 종인 룻이 하나님 안에서 하나 됨을 누리는 이야기가 룻기입니다. 룻기를 통해 세상의 담들이 그리스도교 신앙 안에서 어떻게 허물어졌는지를 주목하며 오늘 우리들의 삶 속에서도 예수로 인해 세상의 담들이 허물어지는 기적 같은 사건들을 충만하게 누릴 수 있어야 합니다.

02
룻기 3장 11절에 보아스는 룻에게 현숙한 여인이라는 말을 합니다. 여기서 말하는 현숙한 여인이란 어떤 뜻인가요?

Ⓐ 룻기 3장 11절을 보겠습니다.

> 그리고 이제 내 딸아 두려워하지 말라 내가 네 말대로 네게 다 행하리라 네가 현숙한 여자인 줄을 나의 성읍 백성이 다 아느니라.

여기 현숙한 여자라는 말은 히브리어로 '에쉐트 하일'로 정확하게 말하면 '능력 있는 여인'이라는 뜻입니다. 일을 꼼꼼하게 잘 처리하는 능력 있는 여인이 바로 '에쉐트 하일'입니다. 중요한 것은 룻기 3장 11절이 잠언 31장 10절의 질문에 대한 대답이라는 사실입니다. 잠언 31장 10절을 보겠습니다.

> 누가 현숙한 여인을 찾아 얻겠느냐 그의 값은 진주보다 더 하니라.

여기서 현숙한 여인도 히브리어로 '에쉐트 하일'입니다. 능력 있는 여인이라는 뜻입니다. 잠언의 편집자는 이 질문을 하면서 잠언을 마무리했습니다. "누가 능력 있는 여인을 아내로 맞이할 수 있을까. 그런 여인을 아내로 맞이하는 것은 진주를 소유하는 것보다 더 귀한 일인데." 그리고 이 질문에 대답이 바로 룻기 3장 11절입니다. 룻과 같은 여인이 능력 있는 여인이고, 보아스와 같은 남자가 그런 여인을 아내로 맞이할 수 있다고 대답한 것입니다. 이처럼 잠언은 질문하고 룻기는 대답하는 구조를 가지고 있습니다. 그래서 히브리 성경은 룻기가 잠언 다음에 배치되었습니다. 잠언 31장 10절의 질문에 대한 답이 룻기이기 때문입니다.

03 룻기의 마지막에 다윗 집안의 족보가 나오는데 특별한 이유가 있는 것인가요?

A 룻기 4장 18~22절을 보겠습니다.

> 베레스의 계보는 이러하니라 베레스는 헤스론을 낳고 헤스론은 람을 낳았고 람은 암미나답을 낳았고 암미나답은 나손을 낳았고 나손은 살몬을 낳았고 살몬은 보아스를 낳았고 보아스는 오벳을 낳았고 오벳은 이새를 낳고 이새는 다윗을 낳았더라.

본문은 베레스부터 다윗 왕까지 10대의 족보를 기술하고 있습니다. 고대 근동에서 왕실의 족보는 일반적으로 10대의 틀을 갖추고 있습니다. 10대의 틀에서 7번째 인물이 중심이며, 10번째는 특별한 존경을 받는 인물을 배치합니다. 룻기 4장의 족보에서 7번째 인물은 보아스이고, 10번째는 다윗입니다. 마태복음 1장 5절에 따르면 보아스는 살몬과 라합 사이에서 출생했습니다. 여기에 나오는 살몬을 여호수아가 여리고성에 파송한 두 정탐꾼 중 한 명으로 보기도 합니다. 살몬과 여리고 여인 라합을 통해 보아스가 태어났고, 보아스와 모압 여인 룻을 통해 오벳이 태어났습니다. 그리고 오벳이 이새를, 이새가 다윗을 낳았습니다. 이스라엘이 가장 존경하는 다윗 왕의 몸 안에 여리고 여인 라합의 피와 모압 여인 룻의 피가 포함되어 있음을 족보는 강조하고 있습니다. 룻기가 기록된 시점을 에스라, 느헤미야의 종교 개혁 운동으로 인해 이방 여인들과 자녀들을 본국으로 돌려보냈을 때로 보기도 합니다. 에스라, 느헤미야의 종교 개혁 운동 당시 순수 신앙을 위해서는 순수 혈통을 보존해야 한다는 이데올로기가 강조되었습니다. 그러나 룻기는 이러한 주장에 대해 반대합니다. 이스라엘 백성들이 최고의 왕으로 추앙하는 다윗이 순수 혈통의 후손이기 때문에 순수 신앙을 가지고 있었던 것인가요? 결코 그렇지 않습니다. 다윗 왕의 몸 안에는 여리고 기생이었던 라합의 피와 모압 여인 룻의 피가 포함되어 있습니다. 룻은 다윗 왕의 증조할머니입니다. 룻기는 이방 여인 중에서도 하나님에 대한 온전한 믿음과 사람에 대한 신실함을 드러내는 인물이 있음을 보여줍니다. 이를 통해 혈통적인 선민사상을 극복할 것을 요청하고 있는 것이 바로 룻기입니다.

백 문 백 답

사무엘상하

01 사무엘상하에는 여러 인물들이 등장하는데 그 가운데 우리가 특별히 주목해야 할 인물들은 누구인가요?

Ⓐ 사무엘상하는 사무엘의 출생부터 다윗의 통치 말기까지 약 150년간의 이스라엘 역사를 기록하고 있습니다. 사무엘상하는 이 150년간의 역사에 대해 크게 세 시기로 구분하고 있습니다. 사무엘상 1~12장까지는 사무엘 시대이며 사무엘상 13~31장까지는 사울 시대이며, 사무엘하 전체가 다윗의 40년 통치 시대입니다. 이 세 명의 인물 가운데 책의 제목을 사무엘상하라고 한 것은 사무엘이 사울과 다윗 같은 왕을 세운 킹메이커이기 때문입니다. 사무엘은 이스라엘의 초대 왕이었던 사울에게 기름을 부었습니다. 그리고 이후에 사울에게 폐위 선언을 합니다. 그리고 새로운 왕으로 다윗에게 기름을 부은 사람도 사무엘입니다. 사무엘상하의 주제는 이스라엘의 왕 되신 하나님을 인정하면서 인간 왕을 어떻게 섬길 수 있는가 하는 것입니다. 하나님의 마음과 눈으로 백성들을 돌보는 하나님의 지상대리자로서 왕을 대망하는 것이 사무엘상하입니다.

02 사무엘 시대 이스라엘 백성들이 왕을 구하게 된 이유가 무엇인가요. 그리고 왕을 구하는 것 자체가 잘못된 것인가요?

Ⓐ 사무엘은 사사시대와 왕정시대 과도기를 살았던 인물입니다. 그래서 사무엘을 마지막 사사로 보기도 합니다. 우리가 사사기를 통해 알 수 있는 것처럼 사사시대는 이스라엘의 하나 됨이 붕괴된 시대였습니다. 이스라엘은 출애굽 이후에 하나님만을 믿고 섬기는 하나님의 백성 공동체가 되기로 결단하면서 열두 지파 연맹 공동체라는 정치 체제를 취하게 되었습니다. 평소에는 지파별 자치를 하다가 전쟁과 같은 공동체 전체의 위기 상황에서는 공동체 전체가 한 마음 한 뜻으로 힘을 모아 이방과 전쟁을 했습니다. 하지만 안타깝게도 사사시대에 열두 지파 연맹 공동체가 붕괴됩니다. 그 결과 이스라엘은 계속하여 이방 민족들에게 패배를 당하고 지배를 받게 됩니다. 이스라엘이 이방 민족들에게 계속하여 패배하고 식민 지배를 당하는 상황 속에서 사무엘과 이스라엘 백성들은 현실에 대한 인식은 공유했지만 그러한 현실을 만들어 내게 된 원인 분석은 달랐습니다. 원인 분석이 다르다보니 자연스럽게 해결책도 달라지게 되었습니다.

이스라엘 백성들과 사무엘 모두 현재 이스라엘 공동체가 심각한 문제 가운데 있다는 현실에 대한 인식은 동일했습니다. 그러나 무엇이 이런 문제를 만들어 냈는가에 대한 원인 분석과 대안 제시에 있어서 사무엘과 이스라엘 백성들은 전혀 다른 해법을 제시했습니다. 먼저 이스라엘 백성들은 자신들이 이방 민족들에게 전쟁에서 패배하고 지배를 받게 된 원인을 군사적으로 이스라엘을 이끌 왕의 부재 때문이라고 생각했습니다. 왕의 부재로 인해 이 모든 문제가 발생했다고 보고 왕을 세우게 되면 이 모든 문제가 해결될 것이라고 생각했습니다. 백성들은 현실에 대한 왜곡된 원인 분석으로 인해 잘못된 대안을 제시하게 된 것입니다. 그러나 사무엘의 생각은 달랐습니다. 사무엘은 이스라엘이 경험하고 있는 모든 부정적인 현실에 대한 원인을 이스라엘이 하나님을 떠난 것에 있다고 보았습니다. 이스라엘이 하나님만을 믿지 못하고 하나님과 이방의 신들을 겸하여 섬기는 우상 숭배를 하였고, 하나님의 백성으로서의 정체성을 지켜내지 못하고 가나안 문화에 동화되어버린 이스라엘의 세속화가 모든 문제의 출발이라고 보았습니다. 그리고 이 문제를 해결하는 길은 하나님과 이방의 우상을 겸하여 섬기는 죄 된 삶을 청산하고 하나님만을 왕으로 모시는 이스라엘의 정체성을 회복하는데 있다고 생각했습니다. 그래서 강력한 회개 운동을 전개했습니다. 그러나 이스라엘 백성들은 고집스럽게 왕을 세워줄 것을 요청하였고 결국 하나님은 사무엘로 하여금 왕을 세우라고 명하시게 된 것입니다.

질문하신 것처럼 왕을 요구하는 것 자체는 문제가 없습니다. 하나님이 원하신 왕의 모습이 신명기 17장 14~17절에 기록되어 있기 때문입니다.

네가 네 하나님 여호와께서 네게 주시는 땅에 이르러 그 땅을 차지하고 거주할 때에 만일 우리도 우리 주위의 모든 민족들 같이 우리 위에 왕을 세워야겠다는 생각이 나거든 반드시 네 하나님 여호와께서 택하신 자를 네 위에 왕으로 세울 것이며 네 위에 왕을 세우려면 네 형제 중에서 한 사람을 할 것이요 네 형제 아닌 타국인을 네 위에 세우지 말 것이며 그는 병마를 많이 두지 말 것이요 병마를 많이 얻으려고 그 백성을 애굽으로 돌아가게 하지 말 것이니 이는 여호와께서 너희에게 이르시기를 너희가 이후에는 그 길로 다시 돌아가지 말 것이라 하셨음이며 그에게 아내를 많이 두어 그의 마음이 미혹되게 하지 말 것이며 자기를 위하여 은금을 많이 쌓지 말 것이니라.

여기서 특별히 주목해야 할 것이 왕을 형제 중에서 한 사람으로 하라는 것입니다. 고대 근동 국가들에서 왕국은 신적인 기원을 가진 제도로 이해했습니다. 수메르 왕들의 이름이 적힌 목록의 첫 문장은 "왕국이 하늘로부터 내려왔을 때"로 시작하고 있습니다. 바벨론에서는 통치자가 불사의 인간으로, 이집트에서는 신의 대리자 또는 신 자신으로, 헷 제국에서는 사후 신이 되는 존재로 생각했습니다. 보통의 인간과는 질적으로 다른 존재로 왕을 이해한 것입니다. 그러나 이스라엘은 왕국이 하늘로부터 내려온 존재로 인식하지 않았습니다. 이스라엘 예언자들은 지속적으로 왕과 왕국의 죄악을 질타했고 왕국의 멸망 원인도 왕들의 죄악에서 찾았습니다. 한마디로 왕국을 비신화화시킨 것입니다. 왕은 하나님의 지상대리자이자 백성들의 형제라고 보는 것이 성경에서 말하는 왕에 대한 정의입니다. 그래서 왕은 백성 위에 군림하거나 백성을 억압하거나 착취해서는 안 됩니다. 이유가 무엇입니까. 백성들이 자신과 동일한 형제이기 때문입니다. 무엇보다 왕 스스로가 하나님께 순종해야 할 책임이 있음을 성경은 지속적으로 강조하고 있습니다.

03 사무엘상 1장 1절을 보면 사무엘의 아버지 엘가나를 에브라임 사람이라고 소개하고 있습니다. 그런데 역대상 6장을 보면 엘가나가 레위인의 족보에 이름이 올라가 있습니다. 에브라임 사람인 엘가나가 어떻게 레위인의 족보에 이름이 올라가게 되었나요?

A 사무엘상 1장 1절을 보겠습니다.

에브라임 산지 라마다임소빔에 에브라임 사람 엘가나라 하는 사람이 있었으니 그는 여로함의 아들이요 엘리후의 손자요 도후의 증손이요 숩의 현손이더라.

여기서 볼 수 있는 것처럼 사무엘의 아버지인 엘가나는 에브라임 지파 사람입니다. 그런데 그의 아들 사무엘이 어린 시절 엘리 집안에 입양이 되었고 엘리와 그의 아들들이 죽은 이후에는 이스라엘 공동체에서 가장 중요한 종교 지도자가 됩니다. 엘리 집안에 입양된 사무엘이 레위인의 역할을 담당한 것입니다. 이후에 역대상 6장의 족보를 보면 사무엘뿐만 아니라 사무엘의 모든 조상들도 레위인의 족보에 그 이름이 기록되어 있습니다. 사무엘이 엘리 집안에 입양되어 레위인이 된 이후에 그의 조상들도 레위 지파로 편입된 것으로 해석할 수 있습니다. 정리하면 사무엘은 혈통적으로는 에브라임 지파의 후손이었지만 사역적으로는 레위인의 역할을 감당했습니다. 이것을 우리는 이중 지파라고 말합니다. 구약 성경을 자세히 보면 이중 지파인 사람과 집단을 볼 수 있습니다. 대표적으로 이중 지파의 사람이 사무엘과 그의 조상들입니다. 혈통적으로는 에브라임 지파이지만 사역적으로는 레위인의 일을 하였기에 레위 지파 족보에 그 이름을 올려놓게 되었습니다. 또 기브온 사람들로 이들이 살고 있는 지역과 관련해서는 베냐민 지파에 속하였는데 사역적으로는 느디님의 일을 함으로 레위 지파로 분류 되었습니다. 그래서 어떤 학자들은 레위가 처음에는 직업적 타이틀이었을 것이라고 주장합니다. 오늘날 목사나 전도사처럼 각 지파 안에 있는 성소에서 사역했던 사람들을 레위라고 불렀다고 보는 것입니다. 그러다 후에 열두 지파 중 한 지파가 궐석이 되거나 사라지게 되었을 때 레위인들이 하나의 지파 개념으로 발전했다고 봅니다.

04 사무엘상 2장 12절에 엘리의 두 아들이 여호와를 알지 못했다는 말은 어떤 의미인가요?

A 사무엘상 2장 12절을 보겠습니다.

엘리의 아들들은 행실이 나빠 여호와를 알지 못하더라.

엘리의 아들인 홉니와 비느하스는 제사장이었습니다. 그런데 어떻게 제사장인 그들이 여호와를 알지 못할 수 있었을까요. 여기 여호와를 알지 못했다는 말은 여호와를 경외하지 않았다는 말입니다. 다시 말해 여호와의 말씀을 배척하고 무시했다는 것입니다. 엘리의 두 아들인 홉니와 비느하스는 하나님을 두려워하는 마음이 부재했습니다. 그들은 하나님의 이름을 브랜드로 사용하여 자기 이권을 챙긴 종교 사업가였습니다. 그들은 거룩한 회막문에서 수종드는 여인과 동침했고 사람들의 제물을 임의로 강탈했습니다. 그리고 자신들의 비행을 훈계하는 아버지의 말도 듣지 않았습니다. 레위인에게 기대할 수 있는 거룩의 모습을 이들에게서는 도저히 찾아볼 수가 없었습니다. 이 모든 이유는 그들이 여호와를 알지 못했기 때문입니다. 즉 하나님을 경외하는 마음이 전혀 없었기 때문입니다. 결국 홉니와 비느하스의 악행은 이스라엘로 하여금 하나님을 떠나게 하는 원인이 되었습니다. 사무엘상 2장 24절을 보겠습니다.

내 아들들아 그리하지 말라 내게 들리는 소문이 좋지 아니하니라 너희가 여호와의 백성으로 범죄하게 하는도다.

가장 거룩하고 진실하고 정직해야 할 제사장들이 하나님을 경외하지 않고 종교 사업가로 타락했을 때 하나님의 백성 이스라엘도 하나님을 떠나 죄 된 삶을 살아가게 됩니다. 이러한 모습이 그리스도교 역사에서도 반복적으로 일어난 일입니다. 교회가 타락하게 되고 종교 지도자가 타락하게 되었을 때 무수한 무신론자들이 탄생하게 됩니다. 무신론자들이 창궐하고 있는 현실만을 탄식할 것이 아니라 그들이 왜 하나님을 떠나게 되었는지, 오늘날 교회가 회개하고 돌이켜야 할 부분은 무엇인지를 진중하게 성찰해야 합니다. 감사한 것은 엘리의 두 아들과 함께 살아가면서도 사무엘은 그들에게 아무런 영향을 받지 않고 자신의 거룩함을 지켜냈다는 것입니다.

05 사무엘상 3장 1절에 하나님의 말씀이 희귀하다는 것은 무엇을 말하나요?

Ⓐ 하나님의 말씀이 희귀하다는 것은 하나님의 말씀을 듣지 못한다는 것입니다. 하나님의 말씀을 듣지 못하게 되면 하나님과 불통 상태가 됩니다. 즉 하나님과의 관계가 단절되는 것입니다. 이렇게 하나님의 말씀을 듣지 못하게 되는 것은 크게 두 가지 경우로 인해서 발생합니다. 첫째는 하나님께서 말씀을 송신하지 않으시면 우리는 하나님의 말씀을 들을 수 없습니다. 둘째는 하나님께서는 말씀을 송신하시지만 우리가 그 말씀을 수신하지 않을 경우에도 우리는 하나님의 말씀을 들을 수 없습니다. 왜 하나님께서는 말씀을 송신하시는데 우리가 그 말씀을 수신하지 않을까요. 자기들이 원하는 말씀이 아니기 때문에 듣고자 하지 않는 것입니다. 사무엘상 28장 6절을 보겠습니다.

사울이 여호와께 묻자오되 여호와께서 꿈으로도, 우림으로도, 선지자로도 그에게 대답하지 아니하시므로.

이 말씀은 사울에게 하나님의 계시가 없었다는 것인지 아니면 하나님의 계시가 있었지만 그것을 하나님의 말씀으로 수납하지 못했다는 것인지는 불분명합니다. 중요한 것은 사울은 이미 하나님과의 관계가 단절되어 있었다는 것이고 관계가 단절되었다는 것은 이미 그가 하나님의 심판을 받고 있었다는 것을 의미합니다. 하나님의 말씀은 순종하고자 하는 자들에게 명확하게 전달됩니다. 우리가 하나님의 말씀에 순종하고자 하는 마음이 없다면 그 어떠한 말씀도 우리에게 전달되지 않습니다. 오랜 시간 하나님의 말씀을 듣지 못하게 되면 말씀의 기근에 시달리게 됩니다. 성경을 보면 불순종을 누적하는 세대를 향해서 하나님께서는 말씀의 기근을 보내셨습니다(삼상 28:6; 시 74; 사 29:9~14; 암 8:11; 말 3:6~7).

하나님의 말씀을 듣지 못하는 말씀의 기근에 시달리게 되면 사람들은 영적 분별력을 상실하게 됩니다. 이것이 성령이 역사인지 악령의 역사인지도 구분하지 못하고 하나님의 뜻과 사탄의 뜻도 분별하지 못합니다. 이것을 영적 분별력을 상실했다고 말합니다. 영적 분별력을 상실하게 되면 결국에는 자신이 원하고 바라는 대로 하나님의 뜻을 규정하게 됩니다. 자기가 원하는 것들을 중심으로 하나님의 뜻을 만들어 내고 결국에는 자기가 원하는 자기 하나님을 만들어 내게 됩니다. 그리고 자기가 만든 자기 하나님을 열심히 섬기게 됩니다. 그러다 진짜 하나님이 나타나서 하나님의 뜻을 전달하게 되면 그동안 자신이 만들고 붙잡은 가짜 하나님과 가짜 하나님의 뜻을 근거로 진짜를 가짜라고 주장하고 거부하게 됩니다. 예수께서 자기 백성을 찾아오셨지만 그들에게 환영받지 못하고 죽임 당한 이유도 여기에 있습니다. 이런 비극을 반복하지 않기 위해서라도 성경이 말하는 진짜 하나님을 제대로 알고 그 하나님의 뜻을 온 존재를 다해 수납해야 합니다.

06 사무엘상하에 보면 이스라엘과 치열하게 대립하는 나라로 블레셋이 등장합니다. 블레셋과 이스라엘은 어떤 차별성이 있었는지요?

A 블레셋은 주전 1200년경 그레데와 에게 해로부터 가나안 지역으로 이주하여 가사 지역을 중심으로 해안에 자리를 잡은 해양 민족입니다. 블레셋은 출애굽 연도에 대한 진보주의적 해석에 근거할 때 이스라엘보다 50년 먼저 기나안 땅에 정착하였습니다. 비슷한 시기에 블레셋과 이스라엘은 가나안 땅에 들어왔는데 블레셋은 지중해 해변가를 중심으로 한 해안 지역에, 이스라엘은 내륙을 중심으로 정착했습니다. 이스라엘과 비슷한 시기에 가나안 땅에 들어왔지만 당시 청동기 문명에 있던 이스라엘과 달리 블레셋은 강력한 철기 문명을 소유하고 있었습니다. 그래서 이스라엘에게 블레셋은 공포의 대상이 되었습니다. 블레셋과 이스라엘은 처음에는 충돌하지 않았습니다. 각 민족이 거주하기에 가나안 땅은 여유가 있었기에 서로의 삶에 개입하거나 간섭하지 않았습니다. 그러다가 사무엘 시대에 이스라엘과 블레셋 모두 인구가 급속하게 증가하게 됩니다. 그 결과 새로운 거주지 쟁탈전을 벌이게 된 것입니다. 해안 지역에 살고 있던 블레셋은 늘어나는 인구를 수용하기 위해서 동쪽으로 진출해야 했고, 이스라엘은 늘어난 인구를 수용하기 위해서 서쪽으로 진출해야 했기에 블레셋과 이스라엘의 충돌은 불가피했습니다. 그런데 하나님을 떠난 이스라엘이 블레셋을 이기지 못했습니다. 그래서 오랜

시간 이스라엘은 블레셋의 통치를 받게 됩니다. 질문하신 블레셋과 이스라엘의 차별성은 크게 세 가지로 볼 수 있습니다. 블레셋 사람들은 해양 민족이고, 이스라엘은 유목을 중심으로 하는 민족이었습니다. 블레셋 사람들은 할례를 받지 않았고, 이스라엘은 할례를 받았으며, 블레셋 사람들은 돼지고기를 먹었지만, 이스라엘은 돼지고기를 먹지 않았습니다. 그래서 오늘날에도 고고학자들이 가나안 땅을 연구할 때 그곳에서 돼지의 뼈가 나오면 블레셋 사람들의 거주지였을 것으로 추정합니다.

07 블레셋은 이스라엘과의 전쟁에서 승리한 이후 여호와의 언약궤를 빼앗아 자기들의 신전이 있는 곳으로 가지고 갑니다. 이렇게 하는 이유가 무엇인가요?

Ⓐ 사무엘상 5장 2절을 보겠습니다.

블레셋 사람들이 하나님의 궤를 가지고 다곤의 신전에 들어가서 다곤 곁에 두었더니.

블레셋은 이스라엘과의 전쟁에서 승리한 후에 하나님의 궤를 가지고 가서 다곤 곁에 둡니다. 왜 이런 행동을 하였으며 이런 행위가 의미하는 바는 무엇인가요. 고대 근동에서 국가 간 전쟁은 각 민족을 수호하는 민족신들 간의 전쟁으로 이해했습니다. A나라와 B나라가 전쟁을 한다고 할 때 이것을 단순히 두 나라의 군사력에 의한 전쟁으로만 본 것이 아니라 각 나라를 지켜주는 민족신들 간의 전쟁으로 이해한 것입니다. 즉 각 나라 백성들이 섬기는 신 가운데 더 강력한 신이 승리를 가져나준다고 생각했습니다. 그리고 전쟁에서 승리하게 되면 승리한 나라는 패전 국민들이 섬기던 신상을 포로처럼 끌고 와서 자신들이 모시는 신상 아래에 두었습니다. 이것은 무엇을 의미합니까. 패배한 민족의 신이 승리한 민족의 신 아래에 종속됨을 상징적으로 보여주는 것입니다. 또한 고대 근동의 대부분의 민족은 다신교적인 이해를 가지고 있었기 때문에 승리한 신과 패배한 신 모두의 힘이 합쳐져 더 놀라운 능력이 드러나기를 갈망하는 의미도 있었습니다. 고대인들의 전형적인 종교혼합주의적 사고가 반영된 행위라고 이해하면 됩니다.

그런데 사무엘상 5장을 보면 승리한 블레셋은 패배한 이스라엘의 언약궤를 가지고 갑니다. 왜 언약궤를 가지고 갔을까요. 이스라엘은 십계명의 2계명으로 인해 여호와의 신상을 만들지 않았습니다. 2계명이 무엇입니까. 그 어떠한 형상도 만들지 말라는 것입니다. 대신 이스라엘은 하나님께서 명하여 모세가 제작한 언약궤를 하나님의 임재의 상징으로 받아들였습니다. 그래서 블레셋 사람들은 여호와의 언약궤를 가지고 간 것입니다. 그리고 자신들이 섬기는 다곤 신상 아래에 여호와의 언약궤를 두어 여호와가 다곤 신 아래에 종속된 신이라고 주장했습니다. 그런데 놀라운 일이 일어났습니다. 언약궤로 인해 다곤 신이 고꾸라지고 목과 손목이 잘리는 일이 벌어졌고, 블레셋 땅에 언약궤가 있는 기간 동안에 블레셋 전역에 전염병이 창궐하게 되었습니다. 전쟁에서 승리하여 패배한 민족의 신을 포로로 끌고 왔는데 포로처럼 끌려온 이스라엘의 신 여호와의 언약궤로 말미암아 블레셋이 초토화된 것입니다. 사무엘상 5장의 사건은 이스라엘의 패배가 하나님의 패배가 아님을 우리에게 보여주고 있습니다. 이스라엘의 불순종으로 인해 하나님은 이스라엘을 돕지 않으셨고 그 결과 이스라엘은 블레셋과의 전쟁에서 패배합니다. 하나님의 임재를 상징하는 언약궤는 포로처럼 블레셋 땅으로 끌려와 다곤 신상 아래에 놓이게 됩니다. 이스라엘의 불순종으로 인해 하나님은 그모든 치욕을 감수하셨습니다. 이처럼 하나님의 백성들이 하나님의 백성으로서의 정체성을 지켜내지 못할 때 하나님의 이름은 세상 사람들에게 조롱과 모욕을 당하게 됩니다. 예수께서 제자들에게 가르쳐주신 기도에 이런 내용이 있습니다. "하늘에 계신 우리 아버지여 이름이 거룩히 여김을 받으시오며." 아버지의 이름이 누구에게 거룩히 여김을 받으셔야 합니까. 바로 하나님의 백성된 우리입니다. 이 기도문은 간구형으로 된 결단의 기도입니다. 우리가 하나님의 백성으로서 삶을 신실하게 살아감을 통해 하나님의 이름이 거룩히 여김을 받도록 하겠다는 다짐과 결단이 이 안에 담겨있는 것입니다. 우리가 하나님의 백성으로 살아가지 못하게 될 때 하나님은 세상 사람들에게 모욕과 치욕을 당합니다. 그러나 우리의 패배가 하나님의 패배가 아님을 잘 보여주는 것이 사무엘상 5장의 사건입니다.

08 이스라엘의 초대 왕인 사울에 대해 사무엘상에서는 매우 부정적으로 묘사하고 있습니다. 사울은 어떤 인물이었으며 그가 왕의 자리에서 폐위된 이유가 무엇인가요?

🅐 사울은 보통 사람들보다 어깨 위만큼 더 키가 큰 사람이었습니다(삼상 9:2). 어른들이 보통 장군감이라고 하는 체형을 가지고 있었습니다. 그리고 잃어버린 아버지의 나귀를 찾기 위해 애를 쓴 집안일에 대해 책임감이 강한 사람이었습니다. 하지만 사울에게는 치명적인 약점이 있었는데 영적 감수성이 매우 둔했다는 것입니다. 사무엘상 9장 6절을 보겠습니다.

그가 대답하되 보소서 이 성읍에 하나님의 사람이 있는데 존경을 받는 사람이라 그가 말한 것은 반드시 다 응하나니 그리로 가사이다 그가 혹 우리가 갈 길을 가르쳐 줄까 하나이다 하는지라.

아버지의 잃어버린 암나귀를 찾기 위해 집안의 종과 함께 여기저기를 다니다가 사무엘이 거주하는 곳에 두 사람이 이르게 됩니다. 이때 종은 사무엘이 이 성읍에 살고 있다는 정보를 알려줍니다. 당대 이스라엘의 최고 종교 지도자인 사무엘의 집이 어디인지를 종은 알고 있는데 사울은 모르고 있습니다. 종교적 문제에 대해 사울이 관심이 없었음을 알 수 있습니다. 더 기가 막힌 것은 사무엘상 9장 18절입니다.

사울이 성문 안 사무엘에게 나아가 이르되 선견자의 집이 어디인지 청하건대 내게 가르치소서 하니.

사무엘이 살고 있는 성 안으로 들어온 사울은 지나가는 사람을 붙잡고 사무엘의 집이 어디인지 알려달라고 합니다. 그런데 그 사람이 바로 사무엘이었습니다. 사울은 그가 사무엘인 것을 전혀 알지 못했습니다. 이유가 무엇일까요. 사울은 미스바 대성회에 참여하지 않았던 것입니다. 그래서 사무엘을 만난 자리에서 자기가 사무엘을 만나러 가고자 하니 사무엘의 집이 어디인지를 알려달라는 코미디 같은 상황이 연출된 것입니다. 사무엘상 10장 12절을 보겠습니다.

그 곳의 어떤 사람은 말하여 이르되 그들의 아버지가 누구냐 한지라 그러므로 속담이 되어 이르되 사울도 선지자들 중에 있느냐 하더라.

사무엘이 예고한 것처럼 사울도 선지자들과 함께 어울림을 통하여 예언을 하는 일이 벌어졌습니다. 이것을 보고 사람들은 "사울도 선지자들 중에 있느냐"라고 말합니다. 이 말은 평소의 사울의 행동이 선지자들의 모습과는 너무나 다른 모습이었음을 말해줍니다. 그래서 사람들은 변화된 사울의 모습을 받아들이지 못하였던 것입니다. 더 중요한 말씀은 사무엘상 14장 35절입니다.

사울이 여호와를 위하여 제단을 쌓았으니 이는 그가 여호와를 위하여 처음 쌓은 제단이었더라.

사무엘상 14장은 사울이 왕이 된지 한참 후의 일입니다. 그런데 이때 사울은 여호와를 위하여 첫 번째 제단을 쌓았습니다. 그가 얼마나 하나님을 예배하는 일에 무관심한 사람이었는지를 잘 보여줍니다. 무엇보다 역대상에서는 사울이 하나님께 철저하게 묻지 않는 사람임을 계속하여 폭로하고 있습니다(대상 10:14). 하나님으로부터 도움을 받기는 원하면서 하나님의 뜻에 대해서는 무관심하고 하나님의 뜻에 순종하는 일에도 게을렀던 사람이 사울입니다. 그로 인해 사울은 폐위 선언을 당하게 됩니다. 사무엘상 13장은 사울이 폐위된 이유를 설명하고 있습니다. 사울은 전쟁 개시권을 찬탈한 일로 인해 폐위 선언을 듣게 됩니다. 이스라엘 백성들의 고집스러운 간청으로 인해 하나님께서는 이스라엘 공동체에 왕을 세울 것을 허락하십니다. 그러면서도 왕이 모든 권력을 독단적으로 휘두르지 못하도록 안전장치를 설치하십니다. 바로 군권은 왕인 사울에게 주었지만 영권은 사무엘에게 주신 것입니다. 단순하게 말하면 이원적 정치 체제라고 할 수 있습니다. 중요한 것은 왕은 사무엘을 통해 전해지는 하나님의 음성에 순종해야 할 의무가 있었고 하나님께서 사무엘을 통해 전쟁을 허락하기 전에는 그 어떠한 전쟁도 독단적으로 전개할 수 없었습니다. 그런데 13장에서 사울은 종교 지도자의 승인 이전에 자신이 전쟁을 개시하는 죄를 저지르게 됩니다. 사울이 종교 지도자의 승인 이전에 전쟁을 개시한 이유가 무엇이었습니까. 백성들의 흩어짐을 보고 마음이 조급해지고 전쟁에서 패배할 것에 대해 겁을 먹은 것입니다. 무엇을 기억하지 못했습니까. 여호와의 전쟁에 대해 기억하지 못했습니다. 결국 사울은 하나님보다 사람들을 더 의지한 결과 하나님께 버림받게 된 것입니다.

09 사울이 이스라엘의 왕이 되는 과정에서 두 번에 걸쳐 기름 부음을 받는 것 같습니다. 왜 사울은 두 번에 걸쳐 기름 부음을 받게 된 것인가요?

Ⓐ 사무엘상을 보면 이스라엘의 지도자가 되는 세 단계가 나옵니다. 첫째는 하나님의 지명입니다. 둘째는 공동체 앞에서 자신이 하나님의 기름 부음 받은 자임을 증명하는 것입니다. 셋째는 공동체에 의해 하나님의 기름 부음 받은 자임을 확증 받는 것입니다. 질문하신 것처럼 사울은 이스라엘의 왕이 되는 과정에서 두 번에 걸쳐 기름 부음을 받습니다. 그 이유는 첫 번째 기름 부음 받은 이후에 자신이 하나님의 기름 부음 받은 자임을 증명하지 못했기 때문입니다. 사무엘상 9장 16절을 보겠습니다.

내일 이맘 때에 내가 베냐민 땅에서 한 사람을 네게로 보내리니 너는 그에게 기름을 부어 내 백성 이스라엘의 지도자로 삼으라 그가 내 백성을 블레셋 사람들의 손에서 구원하리라 내 백성의 부르짖음이 내게 상달되었으므로 내가 그들을 돌보았노라 하셨더니.

하나님께서 사무엘에게 사울에게 기름을 부어 이스라엘의 왕으로 삼으라고 하시면서 그를 이스라엘의 왕으로 지명하신 이유가 나옵니다. 바로 블레셋의 압제로부터 이스라엘을 구원하는 것입니다. 이 목적을 성취하라고 사울은 기름 부음을 받았습니다. 그러나 안타깝게도 그는 자신이 하나님의 기름 부음 받은 자임을 공동체 앞에서 증명하지 못했습니다. 이로 인해 이스라엘의 지도자가 되는 1차 과정에서 실패하게 됩니다. 그리고 시간이 지난 이후에 그는 다시 기름 부음을 받고 이번에는 암몬과의 전쟁에서 자신이 하나님의 기름 부음 받은 자임을 입증했고 그 결과 길갈에서 공동체에 의해 하나님의 기름 부음 받은 자임을 확증 받게 되었습니다. 이 절차를 다윗에게 적용하면 다윗은 사무엘상 16장에서 사무엘에 의해 기름 부음을 받았습니다. 그리고 사무엘상 17장에서 이스라엘 공동체 앞에서 골리앗을 무너뜨림으로 자신이 하나님의 기름 부음 받은 자임을 증명했습니다. 그러면 사무엘상 18장에서는 이스라엘 공동체에 의해 하나님의 기름 부음 받은 자임을 확증 받아야 합니다. 그런데 사울은 이것을 반대했고 요나단은 이것을 받아들였습니다. 다윗은 왕으로 확증 받는 것을 반대한 사울에 의해 오랜 시간 도망자 신세가 되었습니다. 정리하면 이스라엘의 지도자가 되는 세 단계가 있습니다. 첫째는 하나님의 지명, 둘째는 자신이 지도자로서의 능력이 있음을 증명함, 셋째는 이스라엘 공동체에 의해 확증함입니다.

10 목사님께서 앞의 강의에서 다윗이 이새의 정부인의 아들이 아닐 가능성이 있다고 하셨습니다. 그렇게 볼 수 있는 근거가 무엇인가요?

Ⓐ 성경에서 우리가 알 수 있는 것처럼 다윗의 아버지의 이름은 이새입

니다. 그러나 성경 어디에도 다윗의 어머니 이름은 나오지 않습니다. 사무엘상하와 열왕기상하를 보면 보통 왕의 어머니의 이름을 기록하는 것이 관례인데 왜 다윗의 어머니 이름은 언급되지 않는 것일까요. 사무엘상 16장 11절을 보겠습니다.

또 사무엘이 이새에게 이르되 네 아들들이 다 여기 있느냐 이새가 이르되 아직 막내가 남았는데 그는 양을 지키나이다 사무엘이 이새에게 이르되 사람을 보내어 그를 데려오라 그가 여기 오기까지는 우리가 식사 자리에 앉지 아니하겠노라.

사무엘이 베들레헴 땅에 와서 이새와 그의 아들들을 제사에 초대하여 그중에 한 명에게 기름을 부으려고 했습니다. 그런데 다윗은 그 잔치에 참여조차 하지 못하고 양을 치고 있었습니다. 왜 다윗은 초대받지 못했을까요. 분명히 사무엘이 이새에게 아들들 모두를 데리고 오라고 했는데 이새가 다윗을 데리고 가지 않은 것을 보면 이새가 볼 때 다윗은 꼭 데리고 가야 할 아들 중에 포함되지 않았다고 볼 수 있습니다. 사무엘상 17장을 보면 전쟁터에 있는 형들의 안부를 묻기 위해서 다윗이 전쟁터로 가서 형들을 만나는 장면이 나옵니다. 그런데 형들이 다윗에게 하는 말들을 보면 다윗이 형들로부터 매우 심한 경멸을 받고 있음을 알 수 있습니다. 사무엘상 17장 28절입니다.

큰형 엘리압이 다윗이 사람들에게 하는 말을 들은지라 그가 다윗에게 노를 발하여 이르되 네가 어찌하여 이리로 내려왔느냐 들에 있는 양들을 누구에게 맡겼느냐 나는 네 교만과 네 마음의 완악함을 아노니 네가 전쟁을 구경하러 왔도다,

창세기를 보면 형들로부터 이런 대우를 받았던 사람이 나오는데 요셉입니다. 요셉이 형들로부터 경멸을 받은 이유는 어머니가 다른 이복형제라는 것과 아버지로부터 편애를 받았다는 것입니다. 이와 마찬가지로 다윗도 형들과는 어머니가 다른 이복형제일 가능성이 높습니다. 그리고 그가 양을 친 것을 보면 아버지로부터 그렇게 큰 사랑을 받은 것이 아님을 알 수 있습니다. 이 세 가지 내용을 살펴보았을 때 다윗은 이새의 정부인의 아들이 아닐 가능성이 높다고 볼 수 있습니다. 첫째는 어머니의 이름이 등장하지 않는다는 것이고, 둘째는 사무엘이 이새에게 아들들을 다 소집시키라고 했는데 이새가 볼 때 다윗은 소집시켜야 할 아들 안에 포함되지 않았다는 것이고, 셋째는 형들과의 관계가 그리 좋지 않았다는 것입니다. 참고로 사무엘상 16장 11절에 이새는 다윗을 막내라고 했습니다. 여기 막내는 히브리어로 '하카탄'인데 '가장 어린'이라는 뜻 외에 '가장 작은'이라는 의미도 있습니다. 다윗이 가장 어린 아들일 수도 있고, 가장 작은 아들일 수도 있습니다. 이는 첫 번째 왕이었던 사울의 큰 키와 대조를 이루는 다윗의 특징이라고 할 수 있습니다(삼상 9:2; 10:23).

11 사무엘상 26장 19절을 보면 사울의 지지자들은 다윗이 이방 땅으로 가게 되면 하나님을 섬기지 못할 것이라고 말합니다. 이방 땅으로 가게 되면 왜 하나님을 섬기지 못한다고 생각한 것일까요?

Ⓐ 앞에서 이야기한 것처럼 이스라엘의 지도자가 되는 세 단계가 있습니다. 첫째는 하나님의 지명입니다. 둘째는 공동체 앞에서 자신이 하나님의 기름 부음 받은 자임을 증명하는 것입니다. 셋째는 공동체에 의해

하나님의 기름 부음 받은 자임을 확증 받는 것입니다. 다윗은 사무엘상 16장에서 사무엘에 의해 기름 부음을 받습니다. 그리고 사무엘상 17장에서 골리앗을 무너뜨림으로 자신이 하나님의 기름 부음 받은 자임을 증명했습니다. 그러면 사무엘상 18장에서는 이스라엘 공동체에 의해 하나님의 기름 부음 받은 자임을 확증을 받아야 합니다. 그런데 사울은 이것을 거부합니다. 백성들의 인기가 다윗에게 집중되는 것을 보면서 자기의 권력을 사수하기 위해 다윗을 죽이고자 마음을 먹었습니다. 그래서 이때부터 사울에 의한 다윗의 핍박 시대가 시작되었습니다. 다윗은 사울의 박해를 피해 이곳저곳 유랑하고 방황했습니다. 그러다 사울을 죽일 수 있는 두 번의 기회가 있었지만 다윗은 하나님의 기름 부음 받은 사람을 자신이 죽일 수 없다고 하면서 사울을 살려줍니다. 그 두 번째 상황에서 다윗이 사울에게 한 말이 사무엘상 26장 19절입니다.

원하건대 내 주 왕은 이제 종의 말을 들으소서 만일 왕을 충동시켜 나를 해하려 하는 이가 여호와시면 여호와께서는 제물을 받으시기를 원하나이다마는 만일 사람들이면 그들이 여호와 앞에 저주를 받으리니 이는 그들이 이르기를 너는 가서 다른 신들을 섬기라 하고 오늘 나를 쫓아내어 여호와의 기업에 참여하지 못하게 함이니이다.

여기서 다윗은 사울의 추종자들이 하는 말을 인용합니다. 사울의 추종자들은 다윗에게 다른 지역으로 가서 다른 신들을 섬기라고 말합니다. 그들은 가나안 땅만을 여호와의 기업이라고 생각했습니다. 그래서 다윗이 가나안 땅을 벗어나게 되면 여호와의 기업으로부터 단절된다고 생각한 것입니다. 이것은 당시 사람들의 신학적 인식을 드러내는 주장입니다. 그 당시 사람들은 여호와 하나님을 섬기기 위해서는 이스라엘 땅에 머물러야 하고 이방에서 살게 되면 이방신을 섬길 수밖에 없다고 생각했습니다. 이러한 인식은 요나서에도 그대로 이어집니다. 하나님은 요나에게 니느웨로 가라고 하셨는데 요나는 그 말씀에 순종하지 않았습니다. 그렇다면 가나안 땅에 계속 머무르면 될 것 같은데 요나는 다시스로 도망칩니다. 왜 다시스로 도망쳤을까요. 요나는 가나안 땅은 하나님이 다스리시는 곳이기에 그곳에 계속 머물러 있게 되면 하나님의 지시와 간섭으로부터 자유할 수 없다고 생각한 것입니다. 그런데 이방 땅 다시스로 도망을 가게 되면 그곳에서는 하나님의 간섭으로부터 자유할 수 있다고 생각한 것입니다. 다시 말해 당시 이스라엘 백성들은 하나님을 세계의 창조자와 세계 역사의 주관자로 고백은 했지만 하나님의 통치 영역을 가나안 땅으로 한정시켜 사고했습니다. 이런 인식 속에서 북이스라엘이 앗시리아에게 멸망을 당하고 남유다가 바벨론에게 멸망을 당한 이후에 많은 사람들이 이방 땅으로 포로로 끌려가게 된 것입니다. 이때 포로로 끌려간 사람들에게 가장 큰 슬픔이 무엇이었겠습니까. 하나님과의 단절입니다. 여호와의 기업인 가나안 땅으로부터 이방 땅으로 끌려갔으니 이제는 하나님과의 만남이 불가능하다는 것이 그들에게 가장 큰 슬픔이었습니다. 그런데 바벨론 포로기를 거치면서 놀라운 신학적 전환이 일어나게 됩니다. 에스겔 1장을 보면 그발 강가에 있던 에스겔을 하나님께서 찾아오십니다. 이 사건을 통해 이방 땅에서도 하나님과의 만남이 가능함을 경험하게 되었습니다. 그래서 바벨론 포로기 때 남유다 백성들은 회당을 건설하게 됩니다. 이방 땅에서도 하나님과의 만남이 가능함을 그들이 깨닫게 된 것입니다. 그러나 바벨론 포로기 이전에 이스라엘 백성들은 하나님을 가나안 땅만을 다스리는 신으로 이해했습니다. 이러한 신학적 인식을 잘 보여주는 것이 사무엘상 26장 19절입니다.

12

사울 왕이 죽은 이후에 이스라엘은 블레셋의 지배 가운데 놓이게 되는데 다윗 왕국이 가나안 땅 안에 어떻게 존재할 수 있었는가요?

A 길보아산 전투에서 이스라엘은 블레셋에게 패배하게 됩니다. 이 전쟁에서 사울과 그의 세 아들이 전사하게 됩니다. 그리고 이스라엘에는 두 명의 지도자가 등장하게 되는데 한 명은 사울의 아들이었던 이스보셋이고, 다른 한 명은 다윗입니다.

다윗은 30세에 헤브론에서 남유다 백성들의 지도자가 되어 7년 6개월 동안 통치하게 됩니다. 북쪽은 사울의 아들 이스보셋이 요단 동편 땅 마하나임에서 왕이 됩니다. 이것을 1차 남북 분열 시대라고 합니다. 재미있는 것은 사울의 아들 이스보셋은 요단 동편 땅 마하나임에서 왕이 되는데 다윗은 가나안 땅 안에 있는 헤브론에서 남유다의 왕이 되었다는 것입니다. 이스보셋이 요단 동편 땅으로 넘어가서 왕국을 지속한 것은 길보앗 산 전투에서 블레셋에게 패망한 이후에 요단 서편 가나안 땅이 블레셋에게 넘어갔기 때문입니다.

그런데 어떻게 다윗은 가나안 땅 안에서 왕이 될 수 있었을까요. 그것은 다윗의 과거 전력으로 인해 가능할 수 있었습니다. 다윗은 사울의 박해를 피해 가드 왕 아기스에게 망명을 하였습니다. 그리고 오랜 시간 블레셋을 위해 충성을 다한 것처럼 위장을 하였습니다. 블레셋 입장에서는 다윗이 세운 왕국은 자신들의 봉신이 세운 봉신 국가로 인식되었던 것입니다. 그래서 자신들의 봉신인 다윗이 세운 남유다 왕국을 인정해 주었습니다. 그런데 이후에 다윗이 이스보셋이 죽은 다음에 이스라엘 전체의 왕이 됩니다. 이때 블레셋은 다윗을 공격합니다. 사무엘하 5장 17절을 보겠습니다.

이스라엘이 다윗에게 기름을 부어 이스라엘 왕으로 삼았다 함을 블레셋 사람들이 듣고 블레셋 사람들이 다윗을 찾으러 다 올라오매 다윗이 듣고 요새로 나가니라.

여기서 재미있는 표현이 등장합니다. 블레셋 사람들이 다윗을 찾으러 다 올라왔다는 것입니다. 여기 '찾으러'라는 말은 병영을 이탈한 병사나 잃어버린 재산을 찾을 때 쓰는 말입니다. 다시 말해 블레셋은 헤브론의 다윗 왕조를 블레셋의 봉신 국가로 이해하였는데 갑자기 다윗이 자신들의 허락도 받지 않고 통일 이스라엘의 왕이 되었기 때문에 뒤늦게 봉신 다윗을 되찾기 위해 이스라엘을 공격했던 것입니다. 정리하면 블레셋이 헤브론에 세워진 다윗 왕국을 인정한 것은 다윗 왕국을 자신들의 봉신 국가로 이해했기 때문입니다. 블레셋 입장에서는 요단 동편 땅에 있는 사울의 아들 이스보셋의 왕국을 견제하는 세력으로 다윗 왕국은 활용가치가 있었을 것입니다.

13 사무엘하 11장 이하를 보면 다윗이 신앙적으로 몰락하는 이야기가 나옵니다. 다윗은 보통의 사람들이 저지르지 않는 많은 죄를 범했는데 이런 다윗이 위대한 신앙인의 반열에 오른 이유는 무엇인가요?

Ⓐ 다윗은 이스라엘 백성이나 오늘날 신앙인들에게도 참으로 존경받는 인물입니다. 그런데 다윗의 삶을 보면 보통의 사람들이 저지르지 않는 많은 죄악을 범했음을 알 수 있습니다. 그런 다윗이 어떻게 위대한 신앙인의 반열에 오르게 되었을까요. 먼저 다윗이 저지른 죄악들에 대해 살펴보겠습니다. 다윗은 목욕하던 밧세바를 보고 음욕을 품었습니다.

이웃의 아내를 탐하지 말라는 10계명을 위반한 것입니다. 그리고 음욕을 이겨내지 못하고 자신이 가진 권력으로 그 여인을 침실로 불러들여 간음하지 말라는 7계명을 위반합니다. 이로 인해 밧세바는 다윗의 아이를 임신하게 됩니다. 이런 상황에서 다윗은 사죄를 통한 정면 돌파가 아닌 죄를 은폐하는 길을 선택합니다. 우리아에게 특별 휴가를 하사함으로 아내와 잠자리를 갖게 만든 후 밧세바가 임신한 아이를 우리아의 아이인 것처럼 위장 전입하고자 한 것입니다. 하지만 이 계획이 수포로 돌아가자 다윗은 결국 요압에게 "우리아를 전쟁터에서 맞아 죽게 하라"는 편지를 보내게 됩니다. 살인하지 말라는 6계명까지 범하게 된 것입니다. 여기서 우리는 죄의 중요한 특징을 발견하게 되는데 죄의 확장성입니다. 죄는 단호하게 단절하지 않으면 확장되는 특징이 있습니다. 처음에는 이웃의 아내를 보고 음욕을 품음으로 10계명을 위반했던 다윗이 그 마음을 제어하지 못했을 때 간음하지 말라는 7계명을 범하게 되고 거기서 멈추지 못했을 때 살인하지 말라는 6계명을 범하게 된 것입니다. 처음에는 다윗 자신이 죄를 범하게 되지만 이후에는 죄악이 다윗을 끌고 다닌 것입니다. 아무리 부끄럽고 수치스럽더라도 자신의 죄악이 드러난 그 순간에 멈춰야 합니다. 그렇게 하지 않으면 죄의 지배를 받게 되고 죄가 확장되는 것을 경험하게 됩니다.

사무엘하 12장을 보면 나단은 다윗의 범죄를 깨우치기 위해 부자가 가난한 자의 양을 취하여 자기 손님을 대접한 이야기를 합니다. 그 이야기를 듣고 다윗은 흥분하며 가난한 자의 양을 취한 부자를 혼내줄 것을 명합니다. 이때 나단은 이렇게 말합니다. 사무엘하 12장 7절입니다.

나단이 다윗에게 이르되 당신이 그 사람이라.

왕의 일탈을 견제하는 선지자의 위엄을 여기서 볼 수 있습니다. 중요한 것은 나단의 책망을 받은 이후의 다윗의 태도입니다. 사무엘하 12장 13절입니다.

다윗이 나단에게 이르되 내가 여호와께 죄를 범하였노라.

나단의 책망을 듣고 다윗은 바로 회개합니다. 다윗의 위대함이 여기에 있습니다. 다윗 이후에 등장했던 이스라엘의 무수한 왕들을 보십시오. 그들은 자기들의 죄악을 질타했던 예언자들을 때리고 감옥에 가두고 심지어 죽였습니다. 예언자를 통해 전달된 하나님의 음성을 듣기 싫어했습니다. 죄 된 삶에서 돌이키기를 원하시는 하나님의 간절한 외침을 거부한 것입니다. 그러나 다윗은 회개의 기회를 붙잡았습니다. 하나님의 책망 앞에서 무릎을 꿇고 신속하게 회개하였습니다. 그가 비록 많은 죄악을 범한 사람이었지만 그럼에도 일상에서의 하나님과의 관계유지가 다윗으로 하여금 속히 회개할 수 있도록 했을 것입니다. 오늘날도 마찬가지입니다. 하나님과의 신실한 만남을 누린 자들도 죄의 유혹과 공격 앞에서 얼마든지 넘어질 수 있습니다. 그러나 그들은 하나님과의 관계회복에 걸리는 시간이 짧습니다. 누구든지 죄를 범할 수 있습니다. 중요한 것은 죄의 늪에 빠져서는 안 된다는 것입니다. 하나님께서 허락하시는 회개의 요청 앞에서 신속하게 돌이켜야 합니다. 이스라엘의 멸망은 죄로 인한 것이 아니라 회개의 요청을 거부했기 때문입니다.

마지막으로 기억해야 할 것은 다윗의 회개가 그의 죄에 대한 모든 책임을 면제시키는 것은 아니라는 것입니다. 죄 사함은 죄의 궁극적인 처벌을 면제하는 것이지 어떤 징계나 정화적 차원의 징벌까지 면제시키는 것은 아닙니다. 하나님은 다윗이 범한 죄에 대한 책임을 물으셨습니다.

그리고 다윗은 징벌적 정화 조치를 감수합니다. 다윗은 자신과 밧세바 사이에 태어난 아이의 생명을 위해 최선을 다해 기도하였으나 하나님의 뜻을 발견하고서는 그 뜻을 받아들였습니다. 우리아를 죽인 죄에 대해 완전수인 4배의 징벌을 받습니다. 밧세바와의 사이에 태어난 아이가 죽고, 장남 암논이 죽고, 사랑스러운 아들 압살롬이 죽고, 마지막에는 아도니야가 죽게 됩니다.

14 다윗의 모사였던 아히도벨이 압살롬의 반역에 참여한 이유가 무엇인가요. 아히도벨의 발언을 보면 다윗에 대해 매우 적대적인데 아히도벨이 다윗에 대해 이런 태도를 취하게 된 계기가 있었을까요?

Ⓐ 다윗의 아들 압살롬은 큰형 암논을 죽인 일로 인해 정상적인 과정으로는 왕이 될 수 없었습니다. 그래서 쿠데타를 일으킵니다. 쿠데타를 일으키면서 다윗의 모사였던 아히도벨을 데리고 옵니다. 사무엘하 15장 12절입니다.

> 제사 드릴 때에 압살롬이 사람을 보내 다윗의 모사 길로 사람 아히도벨을 그의 성읍 길로에서 청하여 온지라 반역하는 일이 커가매 압살롬에게로 돌아오는 백성이 많아지니라.

압살롬이 쿠데타를 일으키면서 아히도벨을 모셔 온 것을 보면 아히도벨이라는 사람이 쿠데타가 성공함에 있어 매우 중요한 사람임을 알 수 있습니다. 그는 다윗의 모사였습니다. 아히도벨과 같은 직책이 주전 14세기에 예루살렘에 있었음을 엘 아마르나에서 나온 한 편지에서도 고증하고 있습니다. 그런데 많은 학자들은 아히도벨이 본명이 아닐 가능성이 높다고 봅니다. 왜냐하면 아히도벨의 이름의 뜻이 '내 형제는 헛된 것을 말하는 자' 입니다. 이러한 이름은 그를 폄훼하기 위해 붙인 이름일 가능성이 높습니다. 심지어 히브리-아람어 사전은 아히도벨의 뜻을 '반역자' 로 밀기도 합니다. 아히도벨이 본명인지 아니면 후세대가 그를 폄훼하기 위하여 붙인 이름인지 정확한 것은 알 수 없습니다. 중요한 것은 왜 아히도벨이 압살롬의 반역에 동참하여 다윗에게 대적했는가 하는 것입니다. 사무엘하에 나오는 몇 구절을 통해 아히도벨이 다윗에게 등을 돌리게 된 이유를 살펴보도록 하겠습니다. 먼저 사무엘하 23장 34절을 보겠습니다.

> 마아가 사람의 손자 아하스배의 아들 엘리벨렛과 길로 사람 아히도벨
> 의 아들 엘리암과.

사무엘하 23장은 다윗의 용사들의 명단을 기록하고 있습니다. 다윗의 용사 중 한 명이 엘리암인데 그는 아히도벨의 아들입니다. 아히도벨의 아들 엘리암이 이스라엘의 군대 장군이었음을 알 수 있습니다. 다음으로 사무엘하 11장 3절을 보겠습니다.

> 다윗이 사람을 보내 그 여인을 알아보게 하였더니 그가 아뢰되 그는
> 엘리암의 딸이요 헷 사람 우리아의 아내 밧세바가 아니니이까 하니.

이 구절에서는 다윗이 범했던 우리아의 아내 밧세바가 엘리암의 딸이라고 말하고 있습니다. 밧세바의 아버지가 엘리암이고 엘리암의 아버지가 아히도벨이니 아히도벨은 밧세바의 할아버지가 되는 것입니다. 우

리가 알다시피 다윗은 밧세바를 범한 이후에 우리아를 적진 깊숙이 침투하게 하여 죽게 만듭니다. 중요한 것은 우리아가 죽었을 때 그의 장인이었던 엘리암도 죽었을 가능성이 높다는 것입니다. 사무엘하 11장 24절입니다.

활 쏘는 자들이 성 위에서 왕의 부하들을 향하여 쏘매 왕의 부하 중 몇 사람이 죽고 왕의 종 헷 사람 우리아도 죽었나이다 하니.

자신의 사위인 우리아가 위기상황에 있을 때 장인이었던 엘리암이 우리아를 구하기 위해 그 현장으로 들어갔고 이로 인해 그도 죽임을 당했을 가능성이 높습니다. 이 현장에서 아들 엘리암이 죽지 않았다면 아히도벨이 다윗에 대해 석개심을 품은 이유를 설명하기기 어렵습니다. 사무엘하 17장 2절을 보겠습니다.

그가 곤하고 힘이 빠졌을 때에 기습하여 그를 무섭게 하면 그와 함께 있는 모든 백성이 도망하리니 내가 다윗 왕만 쳐죽이고.

여기 다윗 왕만 쳐 죽인다는 표현에서 아히도벨이 얼마나 다윗에 대한 적개심이 가득한지를 볼 수 있습니다. 아히도벨이 압살롬의 반역에 동참한 이유는 다윗을 죽이고 그를 왕위에서 끌어내리기 위해서입니다. 그만큼 그는 다윗에 대한 적개심으로 충만했습니다. 그 이유는 다윗이 자신의 손녀인 밧세바를 범하고 그 죄를 은폐하기 위해 손녀사위인 우리아를 죽이고 우리아가 죽는 현장에서 그의 아들인 엘리암도 전사한 것으로 인해 그가 다윗에 대한 적개심이 충만해졌을 것으로 추측할 수 있습니다. 우리아가 죽은 다음에 밧세바는 다윗의 아내가 됩니다. 그리고 몇 개월이 지나지 않아 아이를 출산합니다. 머리가 뛰어났던 아히도 벨은 이 모든 것들을 계산했을 것입니다. 밧세바가 다윗의 아내가 되고 임신하고 출산하는 모든 것을 계산했을 때 밧세바의 아이가 결혼 이전에 잉태된 아이라고 생각했을 것이고 그 연장선상에서 다윗이 밧세바에게 범한 죄악들을 알게 되었을 것입니다. 이로 인해 아히도벨은 다윗의 모사에서 압살롬의 모사로 방향 전환을 하고 다윗을 죽이는 일에 앞장서게 된 것입니다. 반역의 과정에서 기습 공격을 하자는 아히도벨의 모략은 거절되고 대대적 공격을 하자는 후새의 견해가 채택됩니다. 후새의 견해가 채택되자 아히도벨은 압살롬의 반역이 실패할 것을 알고 고향으로 내려가 자살합니다. 다윗의 범죄로 인해 너무나 지혜로웠던 한 모사의 삶이 이렇게 비극적으로 마무리가 된 것입니다.

15 사무엘하 21장 19절에 엘하난이 죽인 사람이 골리앗이라고 되어 있다는 이야기를 들었습니다. 골리앗을 죽인 사람은 다윗이 아닌가요?

A 사무엘하 21장 19절을 보겠습니다.

또 다시 블레셋 사람과 곱에서 전쟁할 때에 베들레헴 사람 야레오르김의 아들 엘하난은 가드 골리앗의 아우 라흐미를 죽였는데 그 자의 창 자루는 베틀 채 같았더라.

개역개정은 엘하난이 죽인 사람을 골리앗의 아우 라흐미라고 말합니다. 그러나 히브리어 원문, 70인경, 대부분의 영어 성경은 엘하난이 죽인 사람을 골리앗이라고 기록하고 있습니다. 왜 개역개정은 다르게 번역했을까요. 그것은 역대상 20장 5절을 따랐기 때문입니다.

다시 블레셋 사람들과 전쟁할 때에 야일의 아들 엘하난이 가드 사람 골리앗의 아우 라흐미를 죽였는데 이 사람의 창자루는 베틀채 같았더라.

본문에서는 엘하난이 죽인 사람을 골리앗의 아우 라흐미라고 말하고 있습니다. 이것을 따라 사무엘하 21장 19절도 엘하난이 죽인 사람을 골리앗의 아우 라흐미라고 한 것입니다. 그러나 히브리어 원문이나 대부분의 번역본들이 엘하난이 죽인 사람을 골리앗이라고 하고 있습니다. 그런데 우리는 골리앗을 죽인 사람을 다윗이라고 생각하지 않습니까. 이 모순을 어떻게 이해해야 할까요. 이 문제에 대해서 크게 세 가지 가설이 있습니다. 첫째는 엘하난과 다윗을 동일 인물로 보는 것입니다. 엘하난이 본래의 이름이고 '두령', '장군'을 뜻하는 다윗이라는 이름은 왕위 대관식 때 받은 이름으로 보는 것입니다. 조선시대 왕들도 그렇지 않습니까. 세종대왕의 본명은 이도입니다. 그런데 그가 죽은 이후에 세종대왕이라는 시호를 받게 됩니다. 이도는 본명이고, 세종은 사후에 받은 시호인 것처럼 엘하난이 본명이고 다윗은 그가 왕으로서 받은 명칭으로 보는 것입니다. 둘째는 원래 골리앗을 죽인 사람은 엘하난인데 나중에 엘하난의 공적이 다윗의 영웅 일화 중 하나로 각색되었다고 보는 것입니다. 고대 사회에서 개별 용사의 업적이 지도자의 업적으로 전치되고 전승되는 경우들이 많았습니다. 셋째는 골리앗을 어떤 개인의 이름이 아닌 블레셋의 거인들을 가리키는 표현으로 보는 것입니다. 그렇게 되면 다윗도 골리앗을 죽인 것이 가능하고 엘하난도 골리앗을 죽인 것이 가능합니다.

16

사무엘하 24장 1절에는 다윗을 격동케 한 주체를 하나님이라고 말하고 있는데, 역대상 21장 1절은 사탄이 다윗을 격동케 한 것으로 말하고 있습니다. 이러한 모순을 어떻게 해결할 수 있을까요?

A 사무엘하 24장 1절을 보겠습니다.

> 여호와께서 다시 이스라엘을 향하여 진노하사 그들을 치시려고 다윗을 격동시키사 가서 이스라엘과 유다의 인구를 조사하라 하신지라.

여기서는 분명히 여호와께서 진노 가운데 다윗을 격동시켜 인구조사를 하도록 했다고 말하고 있습니다. 그런데 역대상은 전혀 다른 말을 하고 있습니다. 역대상 21장 1절을 보겠습니다.

> 사탄이 일어나 이스라엘을 대적하고 다윗을 충동하여 이스라엘을 계수하게 하니라.

여기서는 사탄이 이스라엘을 대적하여 다윗을 충동하여 인구조사를 하게 하였다고 말합니다. 분명히 다윗을 격동시킨 주체가 사무엘하에서는 여호와로 역대상에서는 사탄으로 다르게 말하고 있습니다. 이 모순을 어떻게 해결할 수 있을까요. 먼저 사무엘서는 하나님의 절대주권을 높이면서 하나님의 도덕성을 희생시키고, 역대기는 하나님의 도덕성을 보호하면서 하나님의 절대주권을 손상시키고 있음을 볼 수 있습니다. 일반적으로 사무엘서의 저작 시기를 바벨론 포로기로, 역대기의 저작 시기를 바벨론 포로기 이후로 봅니다. 중요한 것은 바벨론 포로기를 거치면서 이스라엘 백성들의 신학적 인식에 중요한 전환이 일어났다는 것입니다. 역대기를 기록할 무렵에는 악의 기원을 사탄으로 보는 인식이 편만했습니다. 창세기 3장의 뱀도 사탄으로 보고 인간 범죄의 기원도 사탄에게로 돌렸습니다. 거룩하신 하나님은 전적으로 선하시기에 악과 관련된 모든 근원과 책임을 사탄에게로 돌리게 된 것입니다. 바벨론 포로기 이전에는 선악의 모든 근원을 하나님에게 두었기에 다윗이 행한 인구조사의 행위도 결국 하나님께서 주관하신 일로 기술한 것이고, 바벨론 포로기 이후에는 선의 근원은 하나님으로 악의 근원은 사탄에게로 돌리는 이원론이 강조되면서 다윗이 행한 인구조사의 행위를 사탄이 격동시킨 일로 기술한 것입니다.

또 하나 기억해야 할 것은 사탄이라는 용어가 늘 사탄만을 의미하는 것은 아니라는 것입니다. 구약에서 사탄이라는 단어는 모두 27회 사용되었습니다. 그런데 정관사와 함께 사용되면 천상의 존재인 '사탄'을 가리키는 것이고, 정관사 없이 사용되면 대적자를 의미합니다(민 22:22; 삼상 29:4). 역대상 21장 1절에는 정관사 없이 사용되었습니다. 즉 천상의 존재인 사탄이 아닌 대적자가 다윗을 격동시켜 인구조사를 하도록 만든 것입니다. 어느 민족이 이스라엘을 침략하거나 공격하고자 하는 상황 속에서 다윗이 인구조사를 하게 된 것으로 이해할 수 있습니다.

열왕기상하

01 열왕기상하의 중요한 특징은 무엇인가요?

Ⓐ 열왕기서의 가장 중요한 특징은 신명기 역사서라는 것입니다. 신명기 역사서는 바벨론 포로기 때 하나님의 언약 백성 이스라엘이 왜 하나님의 심판을 받게 되었는지를 해명하기 위해 쓰인 본문입니다. 시내산에서 하나님의 백성으로 살아갈 것을 다짐하고 하나님과 언약을 체결하였지만 그 언약을 저버리고 하나님과 다른 신을 겸하여 섬겼던 우상 숭배로 인해 이스라엘이 하나님의 심판을 받게 되었음을 자세하게 풀어쓴 것이 신명기 역사서입니다. 이 신명기 역사서는 선조들의 불순종을 부각시킴을 통해 당대의 청중들이 하나님의 말씀에 순종하며 살도록 권고하기 위해 기록했습니다. 열왕기는 다윗 통치 말기인 주전 970년경부터 유다 유배와 여호야긴 왕이 석방된 주전 560년까지 약 400년간의 역사적 사건을 예언자적인 관점으로 기록하고 있습니다. 예언자적 관점은 객관적 역사 기술보다는 신앙의 관점에서 해석된 역사입니다. 열왕기가 최종적으로 완성된 시기는 주전 560년에서 539년으로 봅니다. 그렇게 보는 이유는 열왕기 안에 여호야긴 왕이 석방된 이야기가 기록되

어 있고, 고레스 왕의 칙령이 언급되지 않는다는 것입니다. 그래서 여호 야긴 왕이 석방된 주전 560년에서 고레스 칙령이 있었던 539년 사이에 열왕기가 기록되었을 것으로 추측합니다. 열왕기의 서술 방식은 북왕국 이스라엘의 한 왕을 소개한 다음에 당시 남유다 왕을 소개합니다. 그리고 다시 북왕국 다른 왕을 소개하는 형식을 취하고 있습니다. 북, 남, 북, 남의 순서로 왕들의 이야기를 기술하고 있는 것입니다. 여기서 주목해야 할 것은 열왕기의 기간 400년 중 1/10밖에 되지 않는 오므리 왕조에 대해 전체 분량의 1/3가량을 집중 조명하고 있다는 것입니다. 오므리 왕조는 북이스라엘 역사에서 40년간 존속했던 왕조로서 야웨 신앙을 밀어내고 바알 신앙을 국가 종교로 만들고자 했습니다. 이때 오므리 왕조를 막아서며 여호와 신앙을 굳게 붙잡을 것을 강조한 예언자가 엘리야, 엘리사입니다. 그들의 이야기가 열왕기 전체 분량의 3분의 1을 차지하고 있습니다.

02 남북 왕국이 분열된 이후 남유다와 북이스라엘에는 몇 명이 왕들이 통치하게 되었나요?

Ⓐ 성경에 기록된 이스라엘 왕들은 총 42명입니다. 초대 왕이었던 사울과 그 뒤를 이은 다윗과 솔로몬은 통일 이스라엘 시대에 통치했습니다. 솔로몬 사후에 이스라엘은 남북 분열을 경험하게 됩니다. 남쪽 왕국을 남유다로, 북쪽 왕국을 북이스라엘이라고 부릅니다. 남북 분열 이후에 북이스라엘에는 총 19명의 왕이 등장했습니다. 순서대로 보면 여로보암, 나답, 바아사, 엘라, 시므리, 오므리, 아합, 아하시야, 여호람, 예후, 여호아하스, 요아스, 여로보암 2세, 스가랴, 살룸, 므나헴, 브가히야, 베

가, 호세아입니다. 북이스라엘은 200년간 존속했는데 9차례나 왕조가 교체되었을 정도로 정치가 매우 불안정했습니다. 그럴 수밖에 없었던 것이 열 지파가 한 나라를 이루다보니 서로 자기 지파에서 왕이 탄생하기를 원했고 그로 인해 다른 지파 왕의 통치에 대해 반역을 일으키는 일들이 잦았습니다. 북이스라엘의 왕들의 평균 재위 기간은 10년이었습니다. 이에 반해 남유다는 총 20명의 왕이 등장했습니다. 순서대로 보면 르호보암, 아비야, 아사, 여호사밧, 여호람, 아하시야, 아달랴, 요아스, 아마샤, 웃시야, 요담, 아하스, 히스기야, 므낫세, 아몬, 요시야, 여호아하스, 여호야김, 여호야긴, 시드기야입니다. 남유다는 335년간 존속했고 19명의 남자 왕과 1명의 여왕이 통치했습니다. 1명의 여왕은 오므리의 딸이었던 아달랴입니다. 남유다 왕의 평균 재위 기간은 17년입니다. 솔로몬 사후에 남북 왕국이 분열될 때 북왕국이 남유다에 비해 모든 것이 다섯 배나 막강했습니다. 영토나 인구, 경제력과 군사력 모든 것이 북이스라엘이 강했지만 시내산 계약의 불이행으로 말미암아 북이스라엘이 먼저 멸망하게 됩니다. 북이스라엘의 삶은 불순종의 대파국이 무엇인가를 잘 보여주는 역사라고 할 수 있습니다.

03 왕정이 시행되기 전까지 이스라엘 공동체의 지도 체제는 어떻게 변화되었는가요?

🅐 이스라엘 공동체의 지도 체제는 많은 변화를 경험했습니다. 먼저 출애굽 이후에는 모세가 이스라엘 전체를 다스렸습니다. 그리고 죽기 전에 비서실장이었던 여호수아에게 리더십을 이양합니다. 여호수아도 이스라엘 전체를 다스리며 가나안 정복 전쟁을 치르게 됩니다. 그런데 여

호수아는 죽기 전에 자신의 리더십을 계승할 사람을 따로 세우지 않았습니다. 이때부터 이스라엘은 사사시대에 접어들게 됩니다. 사사시대에는 전체 이스라엘을 다스리는 리더십은 사라지게 되고 특정 지파로부터만 리더십을 인정받는 지도자가 등장합니다. 이들을 우리는 사사라고 부릅니다. 사사시대는 지도력이 축소된 시대라고 할 수 있습니다. 그러다 사무엘 시대에 이르러 이스라엘 백성들은 왕을 요구하게 됩니다. 왕이라는 한 존재가 이스라엘 전체를 중앙집권적으로 다스리기를 바란 것입니다. 그리고 초대 왕으로 사울이 세워집니다. 그러다 사울이 길보아 산 전투에서 전사한 이후에 이스라엘은 남유다와 북이스라엘의 1차 분열을 경험하게 됩니다. 이때 남유다를 다스렸던 사람은 다윗이고 북이스라엘을 다스린 사람은 사울의 아들 이스보셋이었습니다. 그리고 몇 년 후에 이스보셋이 암살을 당하게 되고 다윗은 북이스라엘 장로들의 요청을 받아들여 통일 이스라엘의 왕이 되어 33년을 통치한 후 솔로몬에게 왕위를 물려줍니다. 이처럼 사울, 다윗, 솔로몬은 통일 이스라엘을 다스린 왕입니다. 그러다 솔로몬 사후에 남유다와 북이스라엘은 2차 분열을 하게 됩니다. 가나안 땅 안에 남유다와 북이스라엘의 두 왕실이 존재하게 된 것입니다. 그리고 주전 722년에 북이스라엘은 앗수르에 의해 멸망을 당하고, 남유다는 주전 586년에 바벨론에 의해 멸망을 당하게 됩니다. 멸망 이후에 많은 사람들이 포로로 끌려가게 되었고, 포로기 이후에는 더 이상 왕은 존재하지 않고 대신 대제사장이 다스리는 신정체제가 시작되었습니다. 이것이 이스라엘 공동체가 경험했던 지도 체제의 변화였습니다.

04 다윗 노년에 왕위 계승과 관련해서 아도니야와 솔로몬이 대립하게 되는데 그 이유는 무엇인가요?

🅐 열왕기상 1장을 보면 다윗의 왕위 계승 이야기가 나옵니다. 다윗은 이스라엘의 2대 왕이었습니다. 이때는 왕정 초기였기 때문에 왕위를 어떻게 계승해야 하는지에 대한 기준이 확립되지 않은 시기였습니다. 초대 왕이었던 사울이 죽은 이후에 북이스라엘은 사울의 아들이었던 이스보셋이, 남유다는 사울의 사위였던 다윗이 왕위를 차지하게 됩니다. 그리고 이스보셋이 암살된 이후에 다윗이 통일 이스라엘의 2대 왕으로 등극하게 됩니다. 다윗 노년에 왕위 계승과 관련하여 크게 두 가지 주장이 맞서게 됩니다. 하나는 장자가 왕위를 계승해야 한다는 입장이었고, 다른 하나는 왕이 임명하는 자가 왕위를 계승해야 한다는 주장이었습니다. 장자가 왕위를 계승해야 한다고 주장한 그룹을 우리는 헤브론파라고 부르고, 왕이 임명하는 자가 왕위를 계승해야 한다고 주장한 그룹을 예루살렘파라고 부릅니다. 헤브론파의 대표적인 인물이 요압과 아비아달이고, 예루살렘파의 대표적인 인물이 나단과 사독입니다.

신명기 17장에 나오는 왕의 규례를 보면 왕이 해서는 안 될 세 가지 가운데 하나가 많은 아내를 두는 것입니다. 그런데 다윗은 지방 호족들의 후원을 통해 안정적인 정치적 기반을 확보하기 위해 정략결혼을 많이 하게 됩니다. 이로 인해 여러 부인으로부터 수많은 자녀가 태어나게 됩니다. 이 자녀들은 크게 두 그룹으로 나뉘는데 헤브론에서 태어난 자녀들과 예루살렘에서 태어난 자녀들입니다. 다윗의 신하들도 헤브론에서부터 다윗과 함께했던 신하들과 예루살렘에서부터 다윗의 참모가 된 신하들로 나눌 수 있습니다. 헤브론에서부터 다윗과 함께했던 헤브론파 신하들은 헤브론에서 태어난 왕자 중에 한 명이 왕위를 물려받기를 원했습니다. 헤브론에서 태어난 왕자들이 예루살렘에서 태어난 왕자들보다 연장자였기에 이들은 살아있는 왕자들 중에 가장 연장자가 왕위를 물려받아야 한다고 주장하였고 이 주장에 근거하여 학깃의 아들 아도니야를 지지했습니다. 이렇게 되면 예루살렘파는 숙청을 당할 가능성이 매우 높아집니다. 이때 예루살렘파는 다윗 왕이 지명하는 왕자가 왕이 되어야 한다고 주장하면서 솔로몬을 지지했습니다. 결과적으로는 다윗 왕이 살아있을 때 헤브론파끼리 모여 '아도니야 왕 만세'를 부름으로써 살아있는 다윗을 매우 분노하게 만들었고 이에 다윗은 솔로몬을 왕으로 임명하게 됩니다. 그리고 솔로몬은 왕이 되자마자 자신의 정적들인 헤브론파를 하나씩 제거하게 됩니다.

05 솔로몬은 하나님으로부터 지혜를 받은 왕으로 알고 있습니다. 그런데 열왕기상에 기록된 솔로몬의 통치를 보면 솔로몬이 정말 지혜의 왕인가에 대해 의구심이 듭니다. 솔로몬은 정말 하나님으로부터 지혜를 받은 지혜의 왕이 맞는가요?

A 솔로몬하면 먼저 지혜를 떠올립니다. 하나님으로부터 지혜를 받아 평생 지혜롭게 통치한 왕으로 솔로몬을 이해하고 있습니다. 그러나 하나님께서 솔로몬에게 지혜를 주셨다는 이 이야기는 예언자를 통해 주어진 신탁도 아니고 이스라엘 공동체가 목격한 사건도 아니었습니다. 이 이야기는 솔로몬 개인의 꿈에서 일어난 일입니다. 열왕기상 3장 5절을 보겠습니다.

기브온에서 밤에 여호와께서 솔로몬의 꿈에 나타나시니라 하나님이 이르시되 내가 네게 무엇을 줄꼬 너는 구하라.

밤에 하나님께서 솔로몬의 꿈에 나타나셔서 솔로몬이 원하는 것을 구하라고 명하십니다. 이때 솔로몬은 선악을 분별할 수 있는 지혜를 구합니다. 열왕기상 3장 9절입니다.

누가 주의 이 많은 백성을 재판할 수 있사오리이까 듣는 마음을 종에게 주사 주의 백성을 재판하여 선악을 분별하게 하옵소서.

9절에 나오는 것처럼 솔로몬이 구한 지혜는 '듣는 마음', '들으려는 마음'이었습니다. 솔로몬은 하나님의 음성과 백성의 탄식을 들을 수 있는 마음과 분별을 구하였습니다. 그리고 하나님께서 이것을 주시겠다고 하셨습니다. 그런데 이 모든 이야기가 어디에서 일어난 사건입니까. 열왕기상 3장 15절입니다. "솔로몬이 깨어 보니 꿈이더라." 모든 것이 솔로몬의 꿈에서 일어난 사건입니다. 꿈은 하나님의 뜻이 전달되는 계시 중 신뢰성이 가장 낮은 계시입니다. 왜 그렇습니까. 꿈을 통한 계시는 증거가 부재합니다. 꿈을 꾼 그 사람 외에는 실제 꿈을 꾸었는지, 꿈에서 그러한 계시가 전달되었는지를 알 수 있는 방법이 없습니다. 또한 꿈은 꾸었지만 하나님의 계시를 왜곡 과장하며 자의적 해석이 가능한 것이 꿈의 계시입니다. 솔로몬이 하나님으로부터 지혜를 받았다는 이야기는 솔로몬의 꿈에서 이루어진 사건이고 솔로몬의 입을 통해 이것이 이스라엘 공동체에 널리 퍼지게 된 것입니다. 꿈이 신뢰성이 가장 낮은 계시라 하더라도 솔로몬이 하나님으로부터 지혜를 받았다고 생각해 보십시오. 앞에서 말씀드린 것처럼 솔로몬이 구한 지혜는 하나님의 음성과 백성들의 음성을 듣는 마음입니다. 열왕기상 4장 이하를 보게 되면 솔로몬은 하나님의 음성도 귀 기울여 듣지 않고 백성들의 아우성도 전혀 듣지 않 았습니다. 그가 보이고 있는 모습은 지혜의 사람과는 너무나 거리가 멀 어 보입니다. 하나님으로부터 지혜를 받은 사람이 어떻게 이렇게 살 수 가 있습니까. 여기서 우리가 기억해야 할 것은 하나님으로부터 지혜의 은사를 받았다고 해서 그것을 솔로몬이 평생 소유할 수 있는 것은 아니 라는 것입니다. 은사는 하나님이 주시는 선물이지 은사를 받은 사람의 소유물이 아닙니다. 즉 언제든지 상실될 수 있는 것입니다. 솔로몬이 통 치 초기에는 하나님으로부터 지혜를 받았다 하더라도 그가 평생에 지혜 로운 삶을 살았던 것은 아닙니다. 그것을 잘 보여주는 것이 열왕기상 4 장 이하의 말씀입니다.

06 솔로몬 통치 중반 이후에 계속적인 반란들이 일어나게 됩니다. 솔로 몬 통치의 문제는 무엇이었으며 그것에 대해 솔로몬은 어떤 대책을 강구했는지요?

Ⓐ 솔로몬은 처음에는 지혜의 왕으로 출발했지만 자신의 통치 기반이 튼튼해질수록 백성들을 수탈하는 폭군으로 전락하게 됩니다. 솔로몬이 저지른 3대 죄악은 세금 부과를 위한 행정 구역 개편, 백성들의 강제 노 역 동원, 독단적인 국토 매각이라고 할 수 있습니다. 중요한 것은 솔로 몬은 처음부터 끝까지 남유다 우선 정책을 펼쳤다는 것입니다. 그 내용 을 살펴보면 첫째는 솔로몬은 세금 부과를 위해 행정 구역을 개편합니 다. 열왕기상 4장을 보면 솔로몬은 유다 지파의 땅을 제외한 나머지 지 파의 땅을 12개의 행정 구역으로 개편합니다. 그리고 각 지방을 다스리 는 열두 명의 지방 장관들을 임명합니다. 지파별 자치를 인정하지 않고

중앙에서 지방을 다스리겠다는 것을 노골적으로 표현한 것입니다. 그리고 12개의 행정 구역으로 하여금 일 년에 한 달씩 왕궁에 양식을 공급하도록 합니다. 왕궁이 소비하는 그 엄청난 양의 재화들을 지방이 조달하게 되면 지방 경제는 초토화될 수밖에 없는 것입니다. 그런데 여기서 유다 지파는 제외시킵니다. 한마디로 유다 지파에게는 엄청난 혜택을 준 것이라 볼 수 있습니다. 이로 인해 다른 지파들은 엄청난 불만을 갖게 되었을 것입니다.

둘째는 솔로몬은 통치 40년 내내 토목 공사에 백성들을 강제로 동원했습니다. 열왕기상 5장을 보면 강제 노역에 시달리는 백성들의 모습이 나옵니다. 솔로몬은 통치 40년 동안 무수한 신전과 왕궁, 국고성, 병거성, 마병성을 건축했습니다. 이 모든 공사 현장에 백성들을 강제적으로 동원시켜 일하게 했습니다. 무엇보다 부역이 장기화되면서 이스라엘 백성들의 삶의 토대가 붕괴되었다는 것이 중요합니다. 당시 이스라엘 백성 대다수는 농사를 짓고 있었는데 강제 부역에 동원됨으로 인해 백성들은 농사의 때를 놓치는 일이 빈번했습니다. 농사가 부실해지게 되자 먹고 살기 위하여 자신의 땅을 담보로 부자들에게 돈을 빌리게 되었고 다음 해에도 강제 부역에 동원됨으로 인해 빚을 갚지 못하게 되고 이로 인해 담보로 내걸었던 토지를 빼앗기게 되고 다음에는 자신의 몸을 담보로 돈을 빌리게 되고 강제 부역에 동원됨으로 인해 빚을 갚지 못하게 되자 이번에는 담보로 내걸었던 인신이 구속되어 누군가의 종으로 팔려가게 되는 비극이 연이어 일어났습니다. 고고학자들의 발굴에 따르면 솔로몬이 통치하던 주전 10세기에는 그나마 백성들이 살았던 주택의 규모가 비슷한데 주전 9세기와 8세기로 접어들게 되면 부유한 자들과 가난한 자들의 거주지도 구분되고 그들의 주택 규모도 확연하게 차이 나게 되었다고 합니다. 시간이 지날수록 부익부빈익빈 양극화가 심화된 것입니다. 그 출발을 솔로몬의 강제 부역으로 인해 백성들이 토지를 빼앗기고 종이 된 것으로 봅니다. 솔로몬이 백성들을 강제 부역에 동원할 것이 아니라 자원자들을 모아 기쁨 가운데서 건축에 참여하도록 했거나 노동에 대한 정당한 임금을 지급했다면 훨씬 더 좋았겠다는 생각을 하게 됩니다.

셋째는 대규모 토목 공사를 하면서 두로로부터 노동력을 사거나 백향목과 귀한 돌, 금과 같은 재료들을 수입하게 되었습니다. 그런데 솔로몬 통치 후기로 갈수록 왕실의 재정 상황이 악화되어 결국 두로 왕 히람에게 갈릴리 20성읍을 매각하는 일이 벌어졌습니다(9:10~14). 이때 갈릴리 20성읍에 살던 사람들의 마음이 어떠했을까요. 자신들의 의지와 무관하게 갑자기 두로 왕이 통치하는 땅의 백성이 되었으니 얼마나 충격이 있겠습니까. 갑자기 히람의 통치 안으로 귀속되어 버린 북 지파들의 불만이 이 사건을 통해 폭발했다고 볼 수 있습니다. 이런 여러 문제들이 노출되었지만 솔로몬은 끝까지 남유다 우선 정책을 고집했습니다. 이로 인해 솔로몬 통치 후반부에 가면 르호보암, 하닷, 르손의 반란이 계속 일어나게 된 것입니다.

07 성전을 건축할 때 놋바다가 만들어지는데 놋바다를 떠받드는 것이 열두 마리의 황소입니다. 황소는 바알 신의 상징물로 알고 있는데 어떻게 야웨 하나님을 위한 성전에 황소의 조형물이 들어오게 되었는지요?

A 출애굽 이후 이스라엘 백성들이 최초로 한 대규모 건축 사업은 성막 건설이었습니다. 그런데 성막 건설 때는 하나님께서 설계도도 친히 주시고 어떤 재료를 어느 크기로 사용해야 하는지에 대해서도 자세히 알

려주셨습니다. 성막은 가로 길이가 총 50미터인데 그 가운데 35미터는 맨 땅입니다. 부속물들이 그리 많지 않은 이동식 성소가 성막이었습니다. 그런데 솔로몬이 건축한 성전은 고정식 건물입니다. 이스라엘은 한 번도 이런 고정식 건물로서 성전을 건축해 본 적이 없었습니다. 그래서 솔로몬은 성전 건축을 할 때 두로에서 성전 건축의 베테랑을 데리고 옵니다. 그 사람의 이름이 히람입니다. 히람의 어머니는 이스라엘 사람이고 아버지는 두로 사람으로 반은 이스라엘 사람이라고 할 수 있습니다. 문제는 이 사람이 성전 건축의 베테랑이었다는 것입니다. 베테랑이라는 말은 그동안 많은 성전을 건축했다는 말인데 히람이 무슨 성전을 주로 건축했겠습니까. 두로에 있는 바알 신전을 주로 건축한 것입니다. 이처럼 바알 신전 건축의 베테랑이 하나님을 위한 성전을 건축하게 된 것입니다. 그래서 이 사람이 건축한 성전에는 바알 신전의 특징이 몇 곳에 나타나게 됩니다. 첫째는 놋 기둥 두 개입니다. 열왕기상 7장 21절입니다.

이 두 기둥을 성전의 주랑 앞에 세우되 오른쪽 기둥을 세우고 그 이름을 야긴이라 하고 왼쪽의 기둥을 세우고 그 이름을 보아스라 하였으며.

히람은 성전 앞에 두 기둥을 세웠는데 오른쪽 기둥은 '그가 세운다'는 의미의 야긴으로 불렸고, 왼쪽 기둥은 '그에게 힘이 있다'는 의미의 보아스로 불렸습니다. 여기 야긴과 보아스는 바알 신을 지키는 호위신과 같은 존재로 고대 이방신들의 이름입니다. 이것을 하나님을 위한 성전 앞에 두었다는 것은 주신을 엄호하는 존재로 세운 것을 의미합니다. 둘째는 놋바다를 떠받드는 열두 황소입니다. 성막에는 물두멍이 하나가 있었는데 성전에는 물두멍이 열 개나 있고 거대한 놋바다도 만들었습니다. 문제는 이 놋바다를 떠받치는 것이 열두 마리의 황소라는 것입니다.

동서남북 각 방향으로 세 마리의 황소를 배치하였고 그 위에 거대한 놋바다를 올려놓은 것입니다. 여기의 황소는 바알의 상징입니다. 바알의 상징물을 하나님을 위한 성전에 갖다 놓은 것입니다.

구약성경을 보면 이스라엘은 하나님을 상징하는 무엇인가를 만들려고 할 때마다 황소 모양으로 만들었다는 것입니다. 왜 황소 모양을 만들어 하나님의 임재를 상징하고자 했을까요. 그리고 가나안 땅에 입성한 이후에 어떻게 그리 쉽게 바알 신앙에 빠져들게 되었을까요. 이 질문에 대해 답을 제공해주는 말씀이 있습니다. 바로 창세기 49장 24절입니다.

요셉의 활은 도리어 굳세며 그의 팔은 힘이 있으니 이는 야곱의 전능자 이스라엘의 반석인 목자의 손을 힘입음이라.

여기에서 하나님을 야곱의 전능자라고 표현합니다. 이 야곱의 전능자라는 말의 히브리어는 '아비르 하야콥'입니다. '아비르'라는 단어를 전능자로 번역했는데 이 단어는 황소라는 의미도 있습니다. 다시 말해 창세기 49장 24절의 '야곱의 전능자'는 '야곱의 황소'로도 번역할 수 있습니다. 이 말씀 때문에 이스라엘은 하나님을 상징하는 무엇인가를 만들려고 할 때마다 황소 모양으로 제작했습니다. 출애굽기 32장에서 이스라엘이 황소의 모양을 만든 것은 황소가 이집트에 있을 때부터 이스라엘 사람들에게 야웨 하나님에 대한 상징이었기 때문입니다. 여로보암도 야웨에 대한 성상으로 벧엘과 단에 금송아지를 세웁니다. 이스라엘이 가나안 땅에 입성한 이후에 바알 신앙과 야웨 신앙이 혼재하게 된 주요 이유 중 하나가 두 종교 모두가 자신들의 신을 황소로 이미지화하여 섬겼기 때문입니다. 오랜 광야 세월 이후에 가나안 땅에 들어간 이스라엘 백성들은 황소의 우상을 제작하여 바알을 섬기는 가나안 사람들과 자신들이 같은 신을 섬기고 있다고 생각했을 가능성이 아주 높습니다. 두 종교 모두가 신을 나타내는 형상으로 소를 이미지화했기 때문입니다. "형상을 제작하지 말라"는 2계명으로 인해 이스라엘은 하나님을 형상화하는 것을 조심했지만 그들의 인식 속에 하나님은 황소와 같은 존재로 인식되었던 것입니다. 소는 고대 근동에서 풍요와 힘, 권력과 전쟁에서 용맹을 상징하는 동물로 우가릿 최고의 신인 '엘'을 표현하는 상징물이기도 합니다.

08 솔로몬에 대해 열왕기상은 매우 부정적으로 기술하고 있는 것으로 보입니다. 솔로몬 왕에 대해 우리는 어떤 시각을 가져야 할까요?

A 한국 교인들은 대부분 솔로몬을 긍정적으로 인식하고 있습니다. 그가 하나님을 위한 성전을 건축하고 하나님으로부터 지혜를 받은 왕이라고 생각하기 때문입니다. 그러나 열왕기상에서 보여지는 솔로몬의 모습은 우리의 그러한 인식에 균열을 일으킵니다. 솔로몬은 하나님만을 믿는 신앙에서 일탈했는데 열왕기상에는 그 일탈의 핵심을 이방 여인과의 결혼이라고 규정합니다. 열왕기상 11장 3~4절을 보겠습니다.

> 왕은 후궁이 칠백 명이요 첩이 삼백 명이라 그의 여인들이 왕의 마음을 돌아서게 하였더라 솔로몬의 나이가 많을 때에 그의 여인들이 그의 마음을 돌려 다른 신들을 따르게 하였으므로 왕의 마음이 그의 아버지 다윗의 마음과 같지 아니하여 그의 하나님 여호와 앞에 온전하지 못하였으니.

솔로몬은 후궁이 700명이었고 첩이 300명이었습니다. 신명기 17장에서 왕이 지켜야 할 모든 규례를 위반한 사람이 솔로몬입니다. 왕이 지켜야 할 세 가지 규례는 권력을 이용한 재산 축적을 하지 않는 것, 다수의 아내를 소유하지 않는 것, 말로 상징되는 군사 무기를 구입하기 위해 이집트와 소통하지 않는 것입니다. 이 모든 것을 위반한 3관왕이 솔로몬입니다. 솔로몬은 그 이름 자체가 샬롬, 곧 평화입니다. 아버지 다윗이 밑바닥에서 출발하여 왕이 되기까지 자수성가 한 인물이고 평생 전쟁을 하던 사람이라면 솔로몬은 태어날 때부터 금수저를 수십 개 물고 나온 사람입니다. 그는 아버지로부터 많은 것들을 물려받았지만 그것을 지켜낼 수 있는 힘이 없었습니다. 그래서 솔로몬이 선택한 것이 이스라엘과 대적이 될 수 있는 이방의 모든 나라들과 사돈 관계를 맺는 것이었습니다. 솔로몬은 이방의 공주들과 귀족들의 딸을 아내로 맞이하면서 그들을 위해 이방의 신전을 지어줬습니다. 우리는 보통 솔로몬하면 성전을 건축한 왕으로만 이해합니다. 그러나 열왕기상을 자세히 보면 솔로몬은 여러 신전도 함께 건축합니다. 여호와 하나님을 위한 성전뿐 아니라 그모스와 몰록을 위한 신전을 건축했고 그 외에도 아내가 된 여인들을 위해 수많은 이방의 신전들을 건축했습니다. 솔로몬은 하나님을 저버리지는 않았지만 하나님만을 신실하게 믿지 못했던 사람입니다. 이스라엘 공동체 안에 이방의 우상들을 합법적으로 도입한 왕이 바로 솔로몬이었습니다. 열왕기상 11장 6~8절을 보겠습니다.

솔로몬이 여호와의 눈앞에서 악을 행하여 그의 아버지 다윗이 여호와를 온전히 따름 같이 따르지 아니하고 모압의 가증한 그모스를 위하여 예루살렘 앞 산에 산당을 지었고 또 암몬 자손의 가증한 몰록을 위하여 그와 같이 하였으며 그가 또 그의 이방 여인들을 위하여 다 그와 같이 한지라 그들이 자기의 신들에게 분향하며 제사하였더라.

왕이 이방의 우상들을 합법적으로 도입하고 이방의 우상들을 위한 신전까지 건축해 주었으니 이스라엘 백성들은 어떻게 했겠습니까. 자연스레 이방 우상 숭배에 몰두하게 되었습니다. 솔로몬은 자신의 왕권 유지라는 세속적 목적을 위해 종교혼합정책을 선택한 것입니다. "너희는 나 외에 다른 신을 섬기지 말라"는 1계명에 근거해 볼 때 하나님만을 섬기는 것이 참 신앙입니다. 그런 의미에서 솔로몬은 참 신앙의 길에서 이탈한 사람이라고 할 수 있습니다.

09 여로보암이 세운 북이스라엘을 부정적으로 보는 것이 한국 교회에서 일반적인 정서입니다. 그런데 열왕기상에 보면 북이스라엘을 하나님이 세우신 것처럼 말하는데 우리는 여로보암이 세운 북이스라엘을 어떻게 바라보는 것이 좋을까요?

Ⓐ 하나님은 실로 사람 아히야를 통해 여로보암에게 이렇게 말했습니다. 열왕기상 11장 38절을 보겠습니다.

네가 만일 내가 명령한 모든 일에 순종하고 내 길로 행하며 내 눈에 합당한 일을 하며 내 종 다윗이 행함 같이 내 율례와 명령을 지키면 내가 너와 함께 있어 내가 다윗을 위하여 세운 것 같이 너를 위하여 견고한 집을 세우고 이스라엘을 네게 주리라.

이 말씀을 통해 우리는 하나님께서 여로보암이 제2의 다윗이 되기를 기대하셨다고 말할 수 있습니다. 하나님은 다윗에게 약속하신 것과 동일한 내용을 여로보암에게도 약속하셨습니다. 하나님께서는 여로보암을 통해 한 하나님 나라 안에 두 왕국 체제의 등장을 승인하셨습니다. 정치적 실권은 북이스라엘이 가지고 종교적 실권은 남유다가 가지는 형태로 남유다와 북이스라엘이 분열되게 하셨습니다. 그리고 두 나라가 누가 더 언약적 삶을 살아내느냐 하는 선의의 경쟁을 하기를 기대하셨습니다. 무엇보다 여로보암이 하나님의 율례와 계명을 지켰던 다윗 같은 인물이 되기를 요청하셨습니다. 여로보암 통치의 최선의 목표, 극대 값, 최고의 성취는 다윗의 계승입니다. 하지만 여로보암은 왕권을 차지하자마자 하나님이 기대하셨던 모습에서 이탈하기 시작합니다. 하나님은 정치적 지도력은 북이스라엘에, 종교적 지도력은 남유다에 황금분할 하셨는데 여로보암은 자기에게 주어시시 않은 종교 영역도 치지하고자 벧엘과 단에 금송아지 우상을 세우고 그곳에서 예배드릴 것을 명합니다. 이런 모습 때문에 한국 교인들은 여로보암이 북이스라엘을 건국한 것 자체를 부정적으로 봅니다. 그러나 열왕기상 11장이 보여주는 것처럼 하나님께서는 실로 사람 아히야를 통해 여로보암을 북이스라엘의 왕으로 세우셨고 남북 분열을 통해 남북 간에 누가 더 하나님의 공동체다운가 선의의 경쟁을 기대하셨습니다. 여로보암이 제2의 다윗이 되기를 원하셨는데 여로보암이 왕이 된 이후에 하나님의 그 기대를 저버리고 하나님의 뜻과는 상관없는 길을 걸었다고 이해하시면 되겠습니다.

10 남북 분열 이후 남유다와 북이스라엘의 신학적인 강조점이 다르다는 이야기를 들었습니다. 남북 왕국에서 강조했던 신학들은 무엇이 있는지요?

Ⓐ 솔로몬의 남유다 우선 정책과 르호보암의 어리석은 선택으로 인해 이스라엘은 남유다와 북이스라엘로 분열되었습니다. 그리고 남과 북이 서로 멸망할 때까지 계속해서 분열 왕국을 유지하게 됩니다. 남유다와 북이스라엘이라는 이름을 통해서도 알 수 있는 것처럼 분열된 이후 북쪽이 이스라엘의 정체성을 그대로 가져갔다고 볼 수 있습니다. 남유다는 유다 지파만의 공동체로 축소가 되었습니다. 그렇다면 하나님을 섬기는 신앙 안에서 남유다와 북이스라엘의 통일이 일어날 수도 있었을 텐데 왜 남유다와 북이스라엘은 같은 하나님을 섬기면서도 오랜 시간 분열하게 되었을까요. 그 이유는 남과 북이 서로 강조하던 신학적 내용이 다르기 때문입니다. 남유다는 다윗 언약을 강조했고, 북이스라엘은 시내산 언약을 강조했습니다. 다윗 언약은 사무엘하 7장에 나오는 내용으로 하나님께서 나단 선지자를 통해서 다윗에게 주신 약속입니다. 사무엘하 7장 12~16절을 보겠습니다.

네 수한이 차서 네 조상들과 함께 누울 때에 내가 네 몸에서 날 네 씨를 네 뒤에 세워 그의 나라를 견고하게 하리라 그는 내 이름을 위하여 집을 건축할 것이요 나는 그의 나라 왕위를 영원히 견고하게 하리라 나는 그에게 아버지가 되고 그는 내게 아들이 되리니 그가 만일 죄를 범하면 내가 사람의 매와 인생의 채찍으로 징계하려니와 내가 네 앞에서 물러나게 한 사울에게서 내 은총을 빼앗은 것처럼 그에게서 빼앗지는 아니하리라 네 집과 네 나라가 내 앞에서 영원히 보전되고 네 왕위가 영원히 견고하리라 하셨다 하라.

이것이 바로 다윗 언약입니다. 하나님께서 다윗의 후손들이 다스리는 나라를 견고하게 해주시겠다는 것입니다. 그들이 죄를 범하면 징계는 할지언정 나라를 빼앗지는 않겠다고 약속을 해주셨다는 것이 바로 다윗 언약입니다. 이 언약에 근거하여 남유다는 다윗의 후손들이 다스리는 남유다만이 정통 왕국이고 다윗의 후손이 아닌 자들이 다스리는 북이스라엘은 반역 세력들이 세운 나라라고 주장합니다. 그리고 북이스라엘 백성들에게 다윗의 후손들이 다스리는 남유다로 내려 올 것을 권하였습니다. 그러나 북이스라엘은 시내산 언약을 강조했습니다. 시내산 언약은 출애굽 이후 시내산에서 이스라엘 열두 지파가 하나님과 체결한 언약입니다. 이때 이스라엘은 하나님만을 믿기로 다짐을 하면서 열두 지파 연맹 공동체라는 정치 체제를 선택하게 됩니다. 시내산 언약에서 형성된 열두 지파 연맹 공동체에서 지금 북이스라엘에는 유다 지파를 제외한 모든 지파들이 함께하고 있습니다. 그래서 북이스라엘은 유다 지파에게 북이스라엘로 합류하여 온전한 열두 지파 연맹 공동체를 형성하자고 권하였던 것입니다. 이처럼 남유다는 다윗 언약을 강조하면서 북이스라엘로 하여금 남유다에 합류할 것을 권하고 북이스라엘은 시내산 언약을 강조하면서 유다 지파로 하여금 북이스라엘에 합류할 것을 권하였습니다. 이러한 신학적 주장은 자신들의 정통성을 강조하기 위한 것이었는데 서로 다른 신학의 강조로 인해 결국 남유다와 북이스라엘의 분열은 장기화될 수밖에 없었던 것입니다.

11 아합을 보면 하나님을 경외하는 것 같기도 하고 아닌 것 같기도 합니다. 아합 왕에 대해 어떤 이해를 가져야 할까요?

Ⓐ 북이스라엘에 등장했던 19명의 왕 가운데 가장 강력했던 왕은 오므리입니다. 앗수르 문헌을 보면 오므리가 죽은 지 150년이 지난 후에도

북이스라엘을 오므리의 집이라고 말하고 있습니다. 오므리가 얼마나 강력했으면 150년이 지난 후에도 앗수르에서 북이스라엘을 오므리의 집이라고 했겠습니까. 그 오므리의 아들이 아합입니다. 오므리는 북이스라엘 백성들이 가지고 있던 야웨 신앙을 밀어내고 바알 신앙을 국가 종교로 만들고자 하였습니다. 그래서 자신의 아들 아합의 아내로 시돈의 공주였던 이세벨을 데리고 옵니다. 이런 아버지의 영향을 받고 자랐으니 아합이 하나님만을 믿는 신앙을 굳게 지켜내기는 쉽지 않았을 것입니다. 그런데 성경을 보면 아합은 때로는 하나님의 뜻을 저버리는 듯 보이지만 또 어떤 경우에는 하나님 앞에서 겸비함을 드러낼 때도 있습니다. 도대체 아합은 어떤 사람이었을까요.

신앙과 관련하여 북이스라엘 공동체 안에는 세 부류의 사람들이 있었습니다. 첫째는 하나님만을 믿는 사람들입니다. 이 사람들은 소수였는데 이들로 인해 북이스라엘 공동체 안에 야웨 신앙이 지속될 수 있었습니다. 대표적인 인물로는 엘리야, 엘리사, 미가야, 오바댜 등이 있습니다. 둘째는 우상 숭배자들입니다. 이들은 하나님을 믿으면서도 다른 우상들을 겸하여 섬겼습니다. 이스라엘 백성들 대다수가 이 둘째 그룹 안에 포함되었습니다. 대표적인 사람을 꼽으라면 아합입니다. 셋째는 바알 숭배자들입니다. 이들은 야웨를 전혀 경외하거나 믿지 않고 오직 바알만을 믿었습니다. 이 부류의 사람들도 소수였는데 대표적인 인물이 아합의 아내였던 이세벨과 바알과 아세라 사제들입니다. 아합과 이세벨은 부부였지만 그들의 신앙적 위치는 전혀 달랐습니다. 아합은 우상 숭배자였고 이세벨은 바알 숭배자였습니다. 이세벨에게서는 하나님에 대한 경외를 전혀 찾아볼 수 없었지만 아합은 하나님과 바알 모두를 섬기면서 그 중에 더 강한 신이 누구인가에 대해 알고자 했던 인물이었습니다. 그 유명한 갈멜산 전투를 개최했던 인물도 아합이었습니다. 그 자리에 다수의 이스라엘 백성들도 참석했습니다. 그들 대부분도 우상 숭배자들로서 야웨와 바알 가운데 누가 더 강한 신인가를 알기를 원했습니다. 그래서 엘리야는 그 자리에 모인 이스라엘 백성들에게 이렇게 외쳤습니다. 열왕기상 18장 21절입니다.

엘리야가 모든 백성에게 가까이 나아가 이르되 너희가 어느 때까지 둘 사이에서 머뭇머뭇 하려느냐 여호와가 만일 하나님이면 그를 따르고 바알이 만일 하나님이면 그를 따를지니라 하니 백성이 말 한마디도 대답하지 아니하는지라.

엘리야의 말에서 알 수 있는 것처럼 이스라엘 백성들 대다수는 여호와와 바알 사이에서 머뭇머뭇하고 있었습니다. 그 중의 한 명이 아합이었습니다. 그는 여호와를 경외하는 마음이 있었기에 예언자 엘리야에 대해서도 함부로 하지 않았습니다. 그러나 바알 숭배자인 이세벨은 끊임없이 엘리야를 박해하고 죽이고자 했습니다. 아합이 여호와를 경외한 증거에 대해 두 구절을 찾겠습니다. 먼저 열왕기상 21장 4절입니다.

이스르엘 사람 나봇이 아합에게 대답하여 이르기를 내 조상의 유산을 왕께 줄 수 없다 하므로 아합이 근심하고 답답하여 왕궁으로 돌아와 침상에 누워 얼굴을 돌리고 식사를 아니하니.

아합은 나봇의 포도원을 빼앗고 싶었지만 여호와의 율법으로 인해 그렇게 하지 못했습니다. 하나님을 경외하는 마음이 그에게 조금은 남아 있었음을 여기서 볼 수 있습니다. 다음으로 열왕기상 21장 27절입니다.

아합이 이 모든 말씀을 들을 때에 그의 옷을 찢고 굵은 베로 몸을 동이고 금식하고 굵은 베에 누우며 또 풀이 죽어 다니더라.

아합은 여호와의 책망에 겸비함을 보였습니다. 이것은 그가 하나님에 대한 경외심이 있었다는 말입니다. 정리하면 아합은 우상 숭배의 대표적인 인물이었습니다. 하나님을 믿기는 믿었지만 하나님만을 믿지 못하고 자기에게 도움이 된다고 생각한 것들을 하나님과 겸하여 섬겼던 인물이었습니다. 이런 우상 숭배적 삶에서 하나님만을 믿는 신앙으로의 전환, 이것이 하나님께서 원하시는 가장 올바른 길임을 기억해야 합니다.

12 열왕기상 21장 29절을 보면 아합의 아들은 아합의 죄에 대해 책임지는 것처럼 보입니다. 이는 연좌제를 금지한 성경의 말씀과 모순되는 것처럼 보이는데 이 말씀을 어떻게 이해해야 할까요?

Ⓐ 열왕기상 21장 28~29절을 보겠습니다.

여호와의 말씀이 디셉 사람 엘리야에게 임하여 이르시되 아합이 내 앞에서 겸비함을 네가 보느냐 그가 내 앞에서 겸비하므로 내가 재앙을 저의 시대에는 내리지 아니하고 그 아들의 시대에야 그의 집에 재앙을 내리리라 하셨더라.

하나님께서는 엘리야에게 겸비함을 보인 아합에게는 재앙을 내리지 아니하시고 그의 아들 때에 재앙을 내리겠다고 말씀하십니다. 이 말씀만 보면 아합의 아들은 아합의 아들이라는 이유만으로 재앙을 받게 되는 것 같습니다. 이것은 연좌제가 아닌가요. 그런데 성경은 명확하게 연좌제를 금지하고 있습니다. 신명기 24장 16절입니다.

아버지는 그 자식들로 말미암아 죽임을 당하지 않을 것이요 자식들은 그 아버지로 말미암아 죽임을 당하지 않을 것이니 각 사람은 자기 죄로 말미암아 죽임을 당할 것이니라.

성경은 원칙적으로 연좌제를 금지하는데 열왕기상 21장 29절의 말씀을 어떻게 이해해야 할까요. 우리가 아는 것처럼 하나님께서는 죄를 혐오하시지만 언제든 회개하는 자에 대해서는 긍휼을 베푸시는 분이십니다. 그리고 죄를 범한 자를 책망하고 심판하시지만 연좌제에 의해 누군가를 심판하시는 분이 아닙니다. 아합은 하나님의 책망에 대해 겸비함을 보임으로써 하나님으로부터 임하는 재앙을 피하게 되었습니다. 그런데 아합의 아들에게는 재앙이 임한다는 것은 무엇을 의미하는 것일까요. 여기에는 두 가지 중요한 전제가 있습니다. 첫째는 아합의 아들이 아버지 아합의 죄 된 길을 지속했다는 것입니다. 아합의 아들이 아합의 죄를 지속하게 되면 하나님께서는 아합의 아들을 책망하실 것입니다. 둘째는 하나님의 책망을 받고서도 회개하지 아니하고 죄 된 길을 지속하게 되면 그때 하나님의 심판을 받게 되는 것입니다. 아합의 아들이 심판을 받게 된다면 그가 죄 된 길을 지속하고 회개를 거부했기 때문이지 아합의 아들이라는 이유만으로 심판받는 것이 아님을 기억해야 합니다.

13

열왕기상 22장 22절을 보면 거짓말을 믿게 하는 영에 대해서 나옵니다. 어떻게 하나님께서 거짓말을 믿게 하는 영을 보내실 수 있는지 이것을 어떻게 이해해야 할까요?

Ⓐ 열왕기상 22장 22절을 보겠습니다.

> 여호와께서 그에게 이르시되 어떻게 하겠느냐 이르되 내가 나가서 거짓말하는 영이 되어 그의 모든 선지자들의 입에 있겠나이다 여호와께서 이르시되 너는 꾀겠고 또 이루리라 나가서 그리하라 하셨은즉.

여기에 거짓말하는 영이 나옵니다. 하나님께서 거짓말하는 영을 보내어 모든 선지자들의 입에 있게 하시고 모든 선지자가 거짓말을 함을 통해 아합 왕이 그 말을 듣고 전쟁에 나가게 하는 것입니다. 이 구절을 보면서 우리는 진실하신 하나님께서 어떻게 거짓말하는 영을 보내실 수 있는가 하고 질문하게 됩니다. 중요한 것은 누구에게 거짓말하는 영을 보내어 그 거짓말을 믿게 하였는가 하는 것입니다. 하나님께서는 진실을 알고자 하는 자에게 거짓말하는 영을 보내신 것이 아닙니다. 거짓말이어도 좋으니 자신들이 이길 것이라고 말해주는 그런 신탁을 기대하는 자에게 거짓말하는 영을 보낸 것입니다. 즉 거짓을 믿고자 하는 자에게는 기도 응답이 거짓으로 올 수도 있음을 우리는 기억해야 합니다. 이것과 관련하여 우리가 주목해야 할 말씀이 있습니다. 시편 18장 25~26절입니다.

> 자비로운 자에게는 주의 자비로우심을 나타내시며 완전한 자에게는 주의 완전하심을 보이시며 깨끗한 자에게는 주의 깨끗하심을 보이시며 사악한 자에게는 주의 거스르심을 보이시리니.

우리가 어떤 자세와 마음으로 하나님을 만나고자 하는가에 따라 하나님께서는 우리를 그렇게 만나 주십니다. 여기에 나오는 것처럼 사악한 자에게는 주의 거스르심을 보이십니다. 완전한 자에게는 주의 완전하심을 보이시고, 깨끗한 자에게는 주의 깨끗하심을 보이십니다. 이 말씀에 근거하여 유대교에서는 악신을 받아드릴 만한 사람에게 악신을 보낸다는 사고가 형성되었습니다. 착한 사람에게 악신을 보내서 악하게 만드는 것이 아니라 악신 자체를 수용할 준비가 된 자에게 악신이 들어가도록 내버려 두신다는 것입니다. 그 전제가 중요합니다. 나에게 비록 부담스럽다 하더라도 하나님의 참된 계시를 알기를 원하는 자에게는 하나님께서 참된 계시를 보여주십니다. 내가 원하는 메시지만을 받기를 원하는 자에게는 그가 원하는 메시지를 보여주십니다. 그러나 그것은 하나님의 본뜻이 아닙니다. 그가 그것을 원하기 때문에 그에게 주시는 것입니다. 따라서 우리가 어떠한 마음으로 하나님과 만나고자 하는가 하는 것이 너무나 중요합니다.

14 남북 분열 왕국 시대에 남유다와 북이스라엘의 관계 전환에 대해 알고 싶습니다.

Ⓐ 하나였던 이스라엘은 솔로몬 사후 르호보암 때 남유다와 북이스라엘로 분열됩니다. 분열 이후에 남과 북은 네 번의 관계 전환을 경험하게 되는데, 남북 전쟁기, 종속기, 단절기, 통일기입니다. 첫 번째 단계는 남북 전쟁기입니다. 통일 이스라엘이 남과 북으로 분열하게 되었으니 처음에는 서로에 대한 적개심으로 가득했습니다. 그래서 상대방을 무력으로 정복하고자 하는 마음으로 남과 북은 전쟁을 하게 됩니다. 초반에는

다윗과 솔로몬 시대에 국방력을 그대로 간직했던 남유다가 우세했지만 시간이 지날수록 인구와 경제력에서 앞섰던 북이스라엘이 우세하게 됩니다. 그래서 자연스레 두 번째 단계로 진입을 합니다.

두 번째 단계는 종속기입니다. 이때는 남유다가 북이스라엘에 종속이 됩니다. 남북 분열 당시 남쪽에는 유다 지파와 일부 베냐민 지파가 남았고 북이스라엘은 열 지파와 일부 베냐민이 함께했습니다. 인구 수, 영토의 크기, 경제력 등 모든 면에서 북이스라엘이 남유다보다 다섯 배는 더 강했습니다. 전쟁이 지속될수록 남유다는 북이스라엘에 밀리게 되었고 결국 남유다가 북이스라엘에 종속이 됩니다. 종속이 되었다는 말은 남유다가 북이스라엘을 큰 형님처럼 모셨다는 것입니다. 이때 북이스라엘은 강력했던 오므리 왕조 시대였습니다. 종속기에 북이스라엘이 아람과 전쟁을 하러 가자고 하면 남유다는 어쩔 수 없이 그 전쟁에 참여해야 했습니다. 그리고 남유다의 여호사밧 왕은 자기의 아들 여호람의 아내로 북이스라엘의 공주인 아달랴를 맞이하게 됩니다. 이때가 종속기의 모습입니다.

세 번째 단계는 남북 단절기입니다. 북이스라엘에서 오므리 왕조를 무너뜨린 사람이 예후입니다. 예후는 여호와 신앙으로 투철했던 인물입니다. 그는 오므리 왕조 때 북이스라엘에 만연했던 바알 신앙을 척결하고자 했습니다. 그리고 북이스라엘 왕조에 종속되었던 남유다 왕실의 바알주의자들도 척결했습니다. 예후의 개혁운동으로 인해 남유다 왕실의 모든 왕자들이 죽임을 당하게 되고 그 틈을 이용해 아달랴가 왕권을 잡게 됩니다. 아달랴는 오므리의 딸입니다. 오므리 왕조를 무너뜨린 사람이 예후입니다. 아달랴 입장에서는 예후가 자기 집안의 원수였던 것입니다. 그래서 예후가 오므리 왕조를 무너뜨리고 북이스라엘의 왕권을 잡게 되었을 때 아달랴는 북이스라엘과의 관계를 단절하며 남유다를 바알 신앙으로 중무장시키고자 합니다. 야웨 신앙을 강조한 북이스라엘의 예후와 바알 신앙을 강조한 남유다의 아달랴가 서로 단절하게 된 것입니다. 이때가 바로 남북 단절기입니다.

네 번째 단계는 남북 통일기입니다. 주전 722년에 북이스라엘은 앗수르에 의해 멸망하게 됩니다. 그러면서 자연스레 가나안 땅에는 남유다 왕실만 남게 됩니다. 북이스라엘의 멸망으로 인해 남유다 왕실 중심으로 모든 이스라엘이 다시 모이기 시작한 것입니다. 이것을 우리는 남북 통일기라고 말합니다. 이때 남유다의 왕은 히스기야였습니다. 실제 히스기야 시대 때 예루살렘의 영토가 네 배로 확장됩니다. 그만큼 북이스라엘에서 많은 유민들이 내려온 것입니다. 정리하면 남북 분열 이후 남유다와 북이스라엘은 네 번의 관계 전환을 경험하게 됩니다. 남북 전쟁기, 전생을 통해 남유다가 북이스라엘에 종속된 종속기, 남유다의 아달랴와 북이스라엘의 예후가 정권을 잡으면서 서로 관계를 단절한 단절기, 북이스라엘의 멸망으로 인해 자연스레 남유다 왕실 중심으로의 통일기입니다.

15 열왕기하 5장 1절을 보면 하나님께서 나아만을 통해 아람을 구원하셨다는 말씀이 나옵니다. 이때 나아만은 하나님을 알지도 못하고 믿지도 않았는데 어떻게 하나님의 은혜를 받을 수 있게 된 것인가요?

A 열왕기하 5장 1절을 보겠습니다.

아람 왕의 군대 장관 나아만은 그의 주인 앞에서 크고 존귀한 자니 이는 여호와께서 전에 그에게 아람을 구원하게 하셨음이라 그는 큰 용사이나 나병환자더라.

본문에서 나아만은 하나님을 알지도 못하고 믿지도 않았던 때입니다. 그런데 하나님께서는 나아만을 도와 아람을 위기로부터 구원하도록 하셨습니다. 우리는 하나님께서 믿는 자들을 돌보시고 은혜 베푸시는 분으로만 생각했는데 성경을 보면 믿지 않는 자들에게도 하나님께서 은혜를 베푸시는 모습들을 발견하게 됩니다. 가장 대표적인 것이 예수께서 말씀하신 마태복음 5장 45절의 말씀입니다.

이같이 한즉 하늘에 계신 너희 아버지의 아들이 되리니 이는 하나님이 그 해를 악인과 선인에게 비추시며 비를 의로운 자와 불의한 자에게 내려주심이라.

하나님께서는 믿는 자들에게만 해를 비추시거나 비를 내려주시지 않습니다. 악인과 선인 모두에게 해를 비추시고 의로운 자나 불의한 자 모두에게 비를 내려주십니다. 이것을 우리는 하나님의 일반은총이라고 말합니다. 그렇다면 왜 하나님께서는 선인과 의로운 자뿐만 아니라 악인과 불의한 자에게도 이러한 은혜를 베푸시는 것일까요. 그들도 하나님께서 손수 당신의 형상대로 창조하신 하나님의 것이기 때문입니다. 하나님의 형상대로 지음 받은 자들이 하나님의 형상다운 존귀한 삶을 누리지 못할 때, 큰 위기 상황 가운데 빠져 있을 때, 하나님께서는 그들을 도와주십니다. 그래서 열왕기하 5장 1절이 말하는 것처럼 하나님께서는 나아만을 사용하셔서 아람을 구원하게 하십니다. 나아만은 자신도 모르는 사이에 하나님의 은혜의 수혜자가 된 것입니다. 성경에는 이처럼 자신도 인지하지 못하면서 하나님의 도구로서 쓰임 받는 인물들이 등장합니다. 그 대표적인 인물들이 바벨론 왕 느부갓네살과 페르시아 왕 고레스입니다. 예레미야 43장 10절을 보겠습니다.

그리고 너는 그들에게 말하기를 만군의 여호와 이스라엘의 하나님께서 이와 같이 말씀하시되 보라 내가 내 종 바벨론의 느부갓네살 왕을 불러오리니 그가 그의 왕좌를 내가 감추게 한 이 돌들 위에 놓고 또 그 화려한 큰 장막을 그 위에 치리라.

느부갓네살은 하나님을 알지도 못하고 하나님을 믿지도 않았는데 하나님께서는 느부갓네살을 사용하셔서 남유다를 치셨습니다. 그리고 하나님의 역사의 도구로 사용되는 느부갓네살을 자신의 종이라고 말씀하십니다. 다음으로 이사야 44장 28절을 보겠습니다.

고레스에 대하여는 이르기를 내 목자라 그가 나의 모든 기쁨을 성취하리라 하며 예루살렘에 대하여는 이르기를 중건되리라 하며 성전에 대하여는 네 기초가 놓여지리라 하는 자니라.

하나님께서는 고레스를 내 목자라고 하시며 그가 하나님의 모든 기쁨을 성취할 것이라고 하셨습니다. 더 놀라운 말씀이 이사야 45장 1절에 나옵니다.

여호와께서 그의 기름 부음을 받은 고레스에게 이같이 말씀하시되 내가 그의 오른손을 붙들고 그 앞에 열국을 항복하게 하며 내가 왕들의 허리를 풀어 그 앞에 문들을 열고 성문들이 닫히지 못하게 하리라.

여기 고레스를 수식하는 말이 무엇입니까. 하나님의 기름 부음을 받은 자라는 말입니다. 이것이 히브리어로 메시아입니다. 하나님은 고레스에게 기름을 부으셔서 하나님의 일을 하도록 하셨습니다. 그렇다면 이때 고레스는 하나님을 열심히 믿었던 사람이었을까요. 그렇지 않습니다. 이사야 45장 4절을 보겠습니다.

내가 나의 종 야곱, 내가 택한 자 이스라엘을 위하여 네 이름을 불러
너는 나를 알지 못하였을지라도 네게 칭호를 주었노라.

고레스는 하나님을 알지 못했습니다. 그런데 하나님께서는 고레스를 사용하셔서 당신의 일을 행하신 것입니다. 이처럼 자신이 알지도 못하는 가운데 하나님의 은혜를 입기도 하고 자신이 알지도 못하는 가운데 하나님의 도구로서의 역할을 하기도 합니다. 나아만, 느부갓네살, 고레스를 통해 우리는 이순신 장군과 같은 이들을 이해할 수 있는 실마리를 얻게 됩니다. 우리는 신앙 안에서 이런 고백을 할 수 있습니다. "우리 민족이 일본의 침략으로 위기 가운데 처해 있을 때 하나님께서 이순신 장군을 사용하셔서 우리 민족을 구원해주셨다"고 말입니다.

역대상하

01 북이스라엘이 200년간 존속한 것으로 알고 있는데 성경에 나오는 왕들의 통치 연도를 모두 더하게 되면 실제 200년이 넘는 것으로 나옵니다. 연대기가 맞지 않는 문제가 발생하는데 왜 이런 일이 벌어지게 되는 것인가요?

A 왕들의 통치 연도와 관련된 중요한 질문을 주셨습니다. 남유다와 북이스라엘 모두 왕들의 통치 연도를 모두 더하게 되면 왕국이 존속했던 기간과 딱 맞아떨어져야 할 것 같은데 실제 왕들의 통치 연도가 왕국의 존속 기간보다 더 깁니다. 왜 이런 일이 벌어지게 되는 것일까요. 이 문제를 해결하기 위해 학자들이 몇 가지 중요한 원리들을 발견하게 되었습니다. 첫째는 즉위년 계산법과 무즉위년 계산법입니다. 즉위년 계산법은 즉위한 해를 즉위년으로 부르고 그 다음 해를 통치 첫 해로 계산하는 방식으로 앗수르, 바벨론, 페르시아에서 주로 사용한 것입니다. 무즉위년 계산법은 즉위한 해를 통치 첫 해로 계산하는 방법으로 지중해 연안의 나라들에서 주로 사용한 것입니다. 예를 들어 이런 것입니다. A왕이 2023년 8월에 승하하고 9월에 B왕이 등극했다고 할 때 즉위년을 사용하게 되면 2023년은 A왕의 통치 연도에는 들어가고 B왕에게는 즉위

년이 되는 것입니다. 그리고 2024년이 B왕의 통치 1년이 되는 것입니다. 그런데 무즉위년을 사용하게 되면 2023년은 A왕의 통치 연도에도 포함이 되고 B왕에게는 통치 1년이 되는 것입니다. 실제 물리적 기간은 1년인데 A왕과 B왕 모두의 통치 연도에 중복 표기가 되는 것입니다. 이렇게 즉위년을 사용하느냐, 무즉위년을 사용하느냐에 따라 왕이 10명이 바뀌게 되면 10년 정도의 물리적 차이가 발생하게 됩니다. 실제 남유다와 북이스라엘 모두 때에 따라 즉위년과 무즉위년을 번갈아 사용했다고 학자들은 보고 있습니다.

둘째는 니산 월력(3~4월)을 사용하는가, 티쉬리 월력(9~10월)을 사용하는가에 따라 연도 계산이 달라집니다. 이것은 한 해의 시작을 봄으로 할 것인지, 가을로 할 것인지에 따라 연도가 달라지는 것입니다. 일반적으로 북이스라엘은 니산 월력을, 유다는 티쉬리 월력을 사용했다고 봅니다. 어떤 월력을 사용하는가에 따라 동일한 사건도 왕들의 통치 연도가 다르게 표기될 수 있습니다. 예를 들어 주전 605년에 바벨론의 느부갓네살 왕은 남유다를 공격합니다. 이 사건을 예레미야는 여호야김 4년의 사건으로, 다니엘은 여호야김 3년의 사건으로 기록하고 있습니다. 예레미야 25장 1절을 보겠습니다.

유다의 왕 요시야의 아들 여호야김 넷째 해 곧 바벨론의 왕 느부갓네살 원년에 유다의 모든 백성에 관한 말씀이 예레미야에게 임하니라.

예레미야는 친 바벨론 경향으로 인해 니산 월력을 사용하여 바벨론의 첫 침공이 일어난 해를 여호야김 4년으로 표기하고 있습니다. 다음으로 다니엘서 1장 1절을 보겠습니다.

유다 왕 여호야김이 다스린 지 삼 년이 되는 해에 바벨론 왕 느부갓네
살이 예루살렘에 이르러 성을 에워쌌더니.

다니엘은 티쉬리 월력을 사용하여 느부갓네살의 공격이 있었던 해를
여호야김 3년으로 기록하고 있습니다. 예를 들어 느부갓네살의 공격이
4월에 있었다고 할 때 봄부터를 한 해의 시작으로 보게 되면 이것은 여
호야김 4년에 발생한 사건이 되는 것이고 가을부터를 한 해의 시작으로
보게 되면 이것은 여호야김 3년에 발생한 사건이 되는 것입니다.

마지막으로 연도와 관련하여 우리가 주목해야 할 것은 공동 통치 기
간입니다. 남유다 왕들의 공동 통치에 대해 살펴보겠습니다. 아사의 중
병으로 아사와 여호사밧이 3년, 여호사밧이 아람 전쟁에 출정하면서 아
들 여호람을 세움으로 어호사밧과 이호람이 5년, 아마샤가 이스라엘
에 포로로 잡혀감으로 인해 아마샤와 웃시야가 25년(왕하 14:8~13;
대하 25:21~24), 웃시야의 나병으로 웃시야와 요담(왕하 15:5; 대하
26:21), 요담과 아하스(왕하 16:7), 히스기야와 므낫세(왕하 20:1~6;
대하 32:24)가 공동 통치를 합니다. 이처럼 왕들 사이에 공동 통치를 많
이 했습니다. 예를 들어 A왕 통치 10년에 그가 병이 들어 별궁에 거하
고, B왕이 그때부터 등극하여 공동 통치를 한다고 가정해 보십시오. 그
리고 10년 후에 A왕이 죽었습니다. 그러면 A왕은 죽은 해까지를 통치
한 것으로 계산하여 A왕은 총 20년을 통치한 것으로 기록합니다. 그리
고 B왕이 10년을 더 통치하고 죽었다고 가정해 보십시오. 그러면 B왕
도 총 20년을 통치한 것이 됩니다. A왕도 20년, B왕도 20년 통치를 해
서 40년이 지난 것으로 생각하기 쉽지만 실제 물리적인 기간은 30년입
니다. 10년은 A왕과 B왕이 공동 통치를 하던 시기로 A왕과 B왕 모두에
게 중복이 되는 것입니다. 정리하면 왕들의 통치 연도와 관련하여 우리

가 기억해야 할 것이 세 가지가 있습니다. 첫째는 즉위년 계산법과 무즉위년 계산법의 차이이고, 둘째는 한 해의 시작을 봄으로 볼 것인가 아니면 가을로 볼 것인가의 차이이고, 셋째는 공동 통치 기간이 많다는 것입니다.

02 바벨론 포로 귀환 이후에 이스라엘 공동체 내의 가장 심각한 사회 문제는 무엇이었는지 궁금합니다. 이러한 갈등 상황 속에서 역대기가 강조하고자 하는 바가 무엇인가요?

Ⓐ 바벨론 제국에 의해 남유다가 멸망하고 많은 백성들이 이방 땅에 포로로 끌려가 고초를 겪게 되었습니다. 그러다 페르시아 왕 고레스의 칙령으로 인해 포로들 가운데 일부가 다시 가나안 땅으로 돌아오게 됩니다. 이때 남유다 공동체 안에서는 많은 사회 문제가 발생했습니다. 비포로민과 포로민의 갈등, 천민 계층으로 가나안 땅에 남아 있던 유대인과 포로민으로 돌아온 엘리트 그룹들의 갈등, 원래 유대인들과 포로 기간에 흘러들어온 이방인들 사이의 갈등, 이방 족속과 혼합된 사마리아 사람들과 정통 유대인들의 갈등, 남유다에 남아 지도자 역할을 했던 레위인들과 귀환한 제사장들 사이의 갈등 등 많은 문제들이 노출되었습니다. 그 가운데서도 가장 중요한 갈등이었던 포로민과 비포로민의 갈등에 대해 살펴보겠습니다. 비포로민은 바벨론에 의해 바벨론으로 끌려가지 않고 가나안 땅에 계속 머물렀던 사람들을 가리킵니다. 그들은 하나님의 약속의 땅 가나안을 떠나지 않았다는 자부심이 있었습니다.

그렇다면 남유다가 멸망당하는 상황 속에서도 그들은 어떻게 바벨론에 포로로 끌려가지 않았을까요. 그들은 자신들이 하나님의 심판을 받을 만한 죄를 범하지 않았기 때문이라고 주장했습니다. 자신들은 죄를 범하지 않았기에 하나님의 심판의 매를 맞지 않았고, 하나님의 약속의 땅 가나안에 계속 거주할 수 있게 되었다고 주장했습니다. 그러면서 포로민들은 하나님의 심판의 매를 맞은 죄인들로서 오랜 시간 부정한 이방 땅에 거주하여 자신을 더럽힌 자들로 공격했습니다. 이에 대해 포로민들은 하나님과의 언약을 저버리고 범죄 한 것은 이스라엘 공동체 전체의 죄악임을 강조했습니다. 자신들이 특별히 죄를 많이 범해서 바벨론에 포로로 끌려간 것이 아니라 자신들은 공동체 전체의 죄악을 대속하기 위한 고초를 겪었다고 주장했습니다. 그리고 자신들은 그 대속의 시간들을 통해 하나님의 사람으로서의 갱신과 정화를 이루었고 무엇보다 갈대아 우르에서 가나안 땅까지 하나님의 지시를 따라 이동했던 아브라함의 믿음의 길을 재연하는 세2의 출애굽을 감행한 사람들이라고 항변했습니다. 이처럼 갈등과 대립의 상황 속에서 자기 정당성을 강조하는 주장만을 되풀이했기에 이러한 대립은 쉽게 해결되기 어려운 것이었습니다.

이런 갈등 상황에서 역대기 기자는 누가 참 이스라엘 백성인지에 대해 말하기 위해서 역대기를 기록했습니다. 누가 참 이스라엘 백성입니까. 하나님의 통치의 거점인 성전을 사랑하고, 성전에서 사역하는 제사장과 레위인을 존경하며, 성전에서 제의에 최선을 다해 참여하고, 성전이 있는 예루살렘을 사랑하고, 예루살렘에 거주하는 유다 지파의 우선성을 인정하는 자가 참 이스라엘입니다. 한 존재의 삶의 뿌리가 어디인지, 그가 어떤 인종인지, 어떤 삶의 여정을 걸어왔는지 이 모든 것들보다 위에서 말한 성전, 레위인, 제의, 예루살렘, 유다 지파에 대한 경외와 사랑을 가지고 있다면 그를 참 이스라엘로 인정하는 것이 역대기가 강조하는 핵심입니다.

03 역대상 1장부터 9장까지는 이스라엘 열두 지파의 족보가 나옵니다. 이 족보 이야기에서 우리가 주목해야 할 것은 무엇인가요?

Ⓐ 역대상 1장부터 9장까지 족보들이 나열되어 있습니다. 아담으로 시작하여 이스라엘 열두 지파의 족보가 나옵니다. 이 족보를 기록한 목적은 열두 지파가 한 형제였음을 강조함으로 민족 화해를 도모하고자 하는 의도가 있었습니다. 이스라엘은 열두 지파 모두가 하나의 공동체입니다. 지금은 남유다와 대립하고 있는 북이스라엘 지파들도 야웨의 구원으로부터 제외되지 않았음을 보여주는 것이 이 족보 기술의 의도입니다. 북이스라엘 백성들도 예루살렘 제의를 인정하고 참여함으로써 온전한 이스라엘이 될 수 있는 것입니다. 족보의 기록 순서는 유다 지파(2:3~4:23), 시므온 지파(4:24~43), 르우벤 지파(5:1~10), 갓 지파(5:11~17), 므낫세 반 지파(5:18~26), 레위 지파(6:1~81), 잇사갈 지파(7:1~5), 베냐민 지파(7:6~12), 납달리 지파(7:13), 므낫세 지파(7:14~19), 에브라임 지파(7:20~29), 아셀 지파(7:30~40), 베냐민 지파(8:1~40)입니다. 지역 별로는 6장에 기술된 레위 지파를 중심으로, 남부 지역(2~4장), 요단 동편 지역(5장), 북부 지역 거주 지파들(7~8장)의 순서로 기록되어 있습니다. 남부 지역에 있는 유다 지파를 먼저 기술하고, 유다 지파에 더부살이를 했던 시므온 지파에 대한 이야기를 하다가, 시므온 지파가 요단 동편으로 이동한 것을 말한 이후에는 요단 동편 지역에 거주하는 지파인 르우벤, 갓, 므낫세 지파의 족보가 나옵니다. 그리고 6장에는 모든 지파의 땅에 분산되어 살았던 레위 지파의 족보가 나오고, 7~8장에는 북부 지역 거주 지파들의 족보가 나옵니다. 족보 기술에 있어 우리가 눈여겨봐야 할 몇 가지 내용이 있습니다.

첫째는 므낫세 지파는 족보가 두 번 기록되었다는 것입니다. 모든 지파가 동일 지역에 거주한 것과 달리 므낫세 지파는 반씩 요단 동편과 서편으로 나뉘어 정착했습니다. 따라서 족보 기술에 있어서도 므낫세 지파는 요단 동편에 거주하는 사람들과 서편에 거주하는 사람들이 따로 기술되어 있습니다.

둘째는 열두 지파의 족보 기술 중에서도 유다 지파와 레위 지파의 족보가 길게 기술되고 있다는 것입니다. 역대기는 다윗 왕조를 중심으로 한 남유다 왕국에 배타적 관심을 보입니다. 따라서 유다 지파의 족보는 103절이나 차지합니다. 또한 역대기는 성전과 그곳에서 사역하는 레위인들을 중시하기에 레위 지파의 족보도 106절이나 기술되어 있습니다. 베냐민 지파의 족보가 59절이고 기타 지파의 족보가 74절인 것을 고려할 때 역대기가 유다 지파와 레위 지파에 대해 매우 높은 관심을 보이고 있음을 알 수 있습니다.

셋째는 단과 스불론 지파의 족보는 생략되었다는 것입니다. 아마도 역대기가 기록될 당시에 지파가 해체되었거나 존재하더라도 유명무실한 지파가 되었을 가능성이 높다고 보아야 합니다. 재미있는 것은 요한계시록 7장에 나오는 144,000명의 명단에도 단 지파는 제외된다는 것입니다. 아마도 지리적 근접성 때문에 두 지파가 여로보암이 세운 금송아지 숭배에 몰두한 것으로 인해 제외시켰을 가능성도 있습니다. 이렇게 말하게 되면 당연히 이런 질문이 제기될 수 있습니다. 여로보암이 세운 금송아지가 벧엘과 단에 설치되지 않았습니까. 단에 설치된 금송아지 숭배에 단 지파와 스불론 지파가 참여한 것으로 인해 그들이 족보 기술에서 제외되었다면 당연히 벧엘에 있던 금송아지 숭배에 참여한 에브라임 지파도 족보 기술에서 빠져야 하는 것이 아닌가요. 이 질문에 대답하기 위해 역대상 9장 3절을 보겠습니다.

유다 자손과 베냐민 자손과 에브라임과 므낫세 자손 중에서 예루살렘
에 거주한 자는

역대상 9장은 바벨론 포로에서 귀환한 자들의 족보입니다. 그런데 여
기에 누가 있습니까. 에브라임이 있습니다. 어떻게 북이스라엘 땅에 거주
하였던 에브라임 사람들이 바벨론 포로로 끌려가서 돌아온 사람들 중에
포함되었을까요. 이들은 북이스라엘이 멸망한 이후에 남유다로 내려와
서 살았습니다. 그러다 남유다가 멸망했을 때 바벨론에 포로로 끌려갔다
가 가나안 땅으로 다시 돌아온 것입니다. 에브라임은 이미 남유다의 품으
로 들어왔기에 그들은 족보에 그 이름을 올릴 수 있게 된 것입니다.

넷째는 납달리 지파의 족보는 단 한 줄만 있습니다(대상 7:13). 납달
리는 라헬의 시녀 빌하가 낳은 둘째 아들입니다. 야곱의 열두 아들 가운
데 신분적으로 가장 무시당한 아들이어서 그런지 딱 한 줄로만 족보가
기술되어 있습니다.

04 역대기에서 우리가 주목해야 할 가장 중요한 키워드는 무엇인가요?

Ⓐ 역대기에서 가장 중요한 키워드는 '묻는다'라는 뜻의 '다라쉬'입니
다. 역대기는 이스라엘 초대 왕이었던 사울과 2대 왕이었던 다윗을 비
교하면서 사울은 하나님께 묻지 않은 사람이고 다윗은 매순간 하나님께
물은 사람임을 강조합니다. 역대상 10장 13~14절을 보겠습니다.

사울이 죽은 것은 여호와께 범죄하였기 때문이라 그가 여호와의 말씀

을 지키지 아니하고 또 신접한 자에게 가르치기를 청하고 여호와께
묻지 아니하였으므로 여호와께서 그를 죽이시고 그 나라를 이새의 아
들 다윗에게 넘겨주셨더라.

역대기에서는 사울의 죽음의 원인을 불순종에 대한 심판으로 규정합
니다. 그가 하나님의 심판을 받게 된 이유는 무엇입니까. 첫째는 하나님
의 말씀을 지키지 않은 것입니다. 사울은 종교 지도자를 통해 받아야 할
전쟁 개시권을 스스로 주장하였고 아말렉을 전멸하라는 하나님의 말씀
에 불순종하였습니다. 둘째는 하나님께 묻지 아니하고 신접한 자에게
물은 것입니다. 물어야 할 자에게는 묻지 않고 묻지 말아야 할 자에게 물
었습니다. 신앙은 하나님의 음성 앞에는 귀를 활짝 열어놓고 세속의 음
성에는 귀를 막는 것입니다. 시편 1장에서는 복 있는 사람의 특징을 "악
인의 꾀를 좇지 아니하고"라고 말합니다. 복 있는 사람은 악인의 권면과
조언을 따르지 않는 자임을 강조하는 것입니다. 다음으로 역대상 13장
3절을 보겠습니다.

우리가 우리 하나님의 궤를 우리에게로 옮겨오자 사울 때에는 우리가
궤 앞에서 묻지 아니하였느니라 하매.

다윗은 사울의 시대를 하나님께 묻지 않고 통치한 시기로 규정합니
다. 여기서 '묻다'라는 말이 '다라쉬'입니다. '다라쉬'는 '찾다, 구하다,
반복해서 읽다, 연구하다'라는 의미가 있습니다. 이 단어는 구약에서
165회 사용되었는데 그 가운데 역대기에만 43회가 사용되고 있습니다.
역대기에서 '묻다'라는 말이 얼마나 중요한 의미를 가지고 있는지를 알
수 있습니다. '묻다'라는 뜻의 '다라쉬'의 명사형은 '미드라쉬'로 말씀

을 연구하고 해석하는 것을 가리킵니다. 일반적으로 미드라쉬는 '주석'으로 번역됩니다(대하 13:22; 24:27). 사울이 하나님께 묻지 않았던 왕이었다면 다윗은 끊임없이 하나님의 뜻을 물은 왕이었습니다. 역대상 14장 10절입니다.

> 다윗이 하나님께 물어 이르되 내가 블레셋 사람들을 치러 올라가리이까 주께서 그들을 내 손에 넘기시겠나이까 하니 여호와께서 그에게 이르시되 올라가라 내가 그들을 네 손에 넘기리라 하신지라.

블레셋이 이스라엘을 공격했을 때 다윗은 자신이 블레셋을 치러 올라갈 것인가에 대해 하나님의 뜻을 묻습니다. 이때 하나님은 올라가라고 명하셨습니다. 그리고 다윗은 그 말씀대로 올라가 블레셋을 쳤습니다. 역대상 14장 14절입니다.

> 다윗이 또 하나님께 묻자온대 하나님이 이르시되 마주 올라가지 말고 그들 뒤로 돌아 뽕나무 수풀 맞은편에서 그들을 기습하되.

패배했던 블레셋은 전열을 정비한 후에 다시 이스라엘을 공격합니다. 이때 다윗은 이전에 하나님이 주신 말씀대로 올라가 치지 않고 다시 하나님의 뜻을 묻습니다. 이때 하나님께서는 정면에서 맞서지 말고 뒤편에서 기습 공격을 하라는 새로운 말씀을 주셨습니다. 이렇듯 매순간마다 다윗은 하나님의 뜻을 물었습니다. 사울이 하나님께 묻지 않고 묻지 말아야 할 자에게 물었던 사람이라면 다윗은 늘 하나님께 뜻을 물었던 하나님의 사람이었음을 역대기는 비교하고 있습니다.

05 역대상 22장부터 29장은 역대기에만 나오는 고유한 자료로 알고 있습니다. 열왕기에는 나오지 않는 성전 건축의 설계도를 하나님께서 다윗에게 주신 것처럼 말하는 내용도 나오는데 정말 그러한 것인가요?

Ⓐ 다른 본문에는 나오지 않고 특정한 본문에만 나오는 내용을 그 본문의 고유 자료라고 합니다. 예를 들어 성경 어디에도 나오지 않는데 역대기에만 나오는 것이 있다면 그것은 역대기 고유 자료가 됩니다. 질문하신 것처럼 역대상 22장부터 29장은 역대기에만 나오는 역대기 고유 자료입니다. 핵심적인 내용은 다윗이 성전 건축과 관련하여 대부분의 준비를 했다는 것입니다. 성전 건축을 실행하고 완성한 사람은 솔로몬이지만 다윗이 성전 건축과 관련된 모든 준비를 다한 것처럼 역대기는 말합니다. 그렇다면 다윗은 어떤 준비를 했을까요. 역대기가 강조하는 것은 크게 세 가지입니다. 첫째는 성전 건축에 필요한 재료와 노동력을 다윗이 모두 준비했습니다. 다윗은 평생 전쟁을 한 사람입니다. 전쟁에서 승리함을 통해 무수한 전리품과 노예들을 확보했습니다. 이 전리품과 이방의 노예들을 통해서 솔로몬은 성전 건축을 할 수 있었습니다. 둘째는 성전 건축의 설계도를 다윗이 준비하여 솔로몬에게 전해줍니다. 역대상 28장 11~12절을 보겠습니다.

> 다윗이 성전의 복도와 그 집들과 그 곳간과 다락과 골방과 속죄소의 설계도를 그의 아들 솔로몬에게 주고 또 그가 영감으로 받은 모든 것 곧 여호와의 성전의 뜰과 사면의 모든 방과 하나님의 성전 곳간과 성물 곳간의 설계도를 주고.

셋째는 성전의 운영 매뉴얼을 다윗이 준비합니다. 성전이 건축된 후에 성전을 어떻게 운영할 것인가에 대한 매뉴얼을 다윗이 준비하여 솔로몬에게 전해줍니다. 이처럼 역대기는 다윗의 최고 업적을 통일왕국의 건국이나 대제국의 건설이 아닌 성전 건축을 위한 모든 자원들을 준비한 것으로 기술합니다. 다윗은 성전 건축을 위한 재료를 준비하고 노동력을 확보하고 설계도를 작성하여 솔로몬에게 주었습니다. 그리고 성전 건축을 완성시킬 것을 당부합니다. 다윗 자신이 성전을 친히 건축하고 싶었지만 그는 피를 많이 흘려서 하나님의 전을 건축하지 못하였습니다. 역대상 28장 3절입니다.

하나님이 내게 이르시되 너는 전쟁을 많이 한 사람이라 피를 많이 흘렸으니 내 이름을 위하여 성전을 건축하지 못하리라 하셨느니라.

하나님께서 다윗은 피를 많이 흘렸기에 거룩한 전을 짓기에는 합당하지 않다고 하셨습니다(대상 22:8). 대신 평강의 사람으로 일컫는 솔로몬이라는 아들이 성전을 건축할 것이라고 말씀하셨습니다(대상 22:9~10). 솔로몬은 평강, 평화를 뜻하는 샬롬에서 유래된 이름입니다. 하나님의 집은 전쟁의 집이 아닌 평화의 집이므로 평화의 사람 솔로몬이 건축하는 것이 옳다는 것이 역대기의 사상입니다. 다윗은 자신이 성전을 건축할 수 없다는 것을 알았음에도 불구하고 성전 건축을 위한 재료의 준비, 노동력의 준비, 설계도의 준비, 그리고 성전 건축이 완성된 이후에 운영 매뉴얼까지 모든 것을 준비했습니다. 그 모든 준비를 그대로 물려받은 솔로몬이 성전 건축을 완성하게 된 것입니다. 마치 모세가 시작한 출애굽의 사역을 여호수아가 완성하고 엘리야가 시작한 바알주의자들과의 싸움을 엘리사가 완성한 것처럼 다윗이 준비한 성전 건축의 사역을 솔로몬이 완성한 것입니다. 그런데 질문하신 것처럼 논란이 되는 것이 하나 있습니다. 바로 다윗이 솔로몬에게 주었다는 성전의 설계도입니다.

알고계신 것처럼 출애굽 이후 이스라엘 백성들이 성막을 건설할 때는 하나님께서 친히 설계도를 주셨습니다. 그러나 열왕기에서 솔로몬이 성전을 건축할 때는 하나님께서 설계도를 주셨다는 내용이 나오지 않습니다. 그런데 역대상 28장 11~12절에는 다윗이 성령께서 가르쳐주신 대로 설계도를 작성하였고 이것을 솔로몬에게 준 것처럼 말하고 있습니다. 성전 건축이 모세의 성막 건설을 계승하는 하나님의 사역임을 강조하는 것입니다(출 25:9). 역대기의 주장처럼 다윗의 설계도가 하나님께서 직접 주신 것이라고 한다면 문제가 하나 발생합니다. 왜 포로 귀환 이후 학개와 스가랴는 이 설계도에 맞추어서 성전을 건축하지 않았을까요. 하나님께서 주신 성전 설계도가 있었다면 무너진 성전을 재건할 때에도 이 설계도대로 해야 하는 깃 아닐까요. 그런데 학개와 스가랴가 재건한 스룹바벨 성전은 솔로몬의 성전과 비교할 때 크기나 재료에 있어서 전혀 달랐습니다. 그러나 그것이 전혀 문제가 되지 않았습니다. 만약 하나님이 주신 설계도가 있었다면 하나님이 주신 설계도대로 성전을 재건해야 하지 않겠습니까. 그런데 솔로몬의 성전과 다른 형태의 성전을 재건했음에도 불구하고 그것이 전혀 문제가 되지 않았다면 신적 기원을 가진 설계도는 없었을 가능성이 높다고 봐야 합니다.

06 역대하 6장 18절을 보면 솔로몬이 성전 봉헌 기도를 드리면서 자신이 만든 성전에 하나님을 모실 수 없다고 고백합니다. 성전은 하나님의 집이 아닌가요. 솔로몬의 이 말을 어떻게 이해해야 할까요?

Ⓐ 역대하 6장 18절을 보겠습니다.

하나님이 참으로 사람과 함께 땅에 계시리이까 보소서 하늘과 하늘들의 하늘이라도 주를 용납하지 못하겠거든 하물며 내가 건축한 이 성전이오리이까.

솔로몬은 성전 봉헌을 위한 기도를 드리면서 하나님을 자신이 만든 성전에 모실 수 없다고 고백합니다. 우리는 보통 성전을 하나님의 집이라고 생각하고 성전에 하나님이 계신다고 생각하는데 솔로몬은 그러한 생각을 거부합니다. 자신이 성전을 건축했지만 하나님은 여전히 하늘에 계시다고 주장합니다. 역대하 6장 21절입니다.

주의 종과 주의 백성 이스라엘이 이 곳을 향하여 기도할 때에 주는 그 간구함을 들으시되 주께서 계신 곳 하늘에서 들으시고 들으시사 사하여 주옵소서.

인간이 하나님을 위해 성전을 건축한다 하더라도 하나님은 여전히 인간이 범접할 수 없는 하늘에 계십니다. 솔로몬은 하늘에 계신 하나님께서 성전을 향해 간구하는 사람들의 기도를 들어주실 것을 요청합니다. 22절 이하에는 일곱 가지 간구하는 기도의 내용이 나옵니다. 거기에도 반복해서 나오는 표현이 "주는 하늘에서 들으시고"(23, 25, 27, 30, 33, 35, 39절)입니다. 예수께서 가르쳐 주신 주기도문의 첫 문장도 "하늘에 계신 우리 아버지"입니다. 여기서 하늘은 인간이 함부로 범접할 수 없는 하나님의 영역을 가리킵니다. 그런데 솔로몬이 선포했던 이 말과 동일한 이야기를 했다가 성전을 모독했다는 죄명으로 죽임 당한 사람이 있습니다. 바로 스데반입니다. 사도행전 7장 48절을 보겠습니다.

그러나 지극히 높으신 이는 손으로 지은 곳에 계시지 아니하시나니.

성전을 건축했던 솔로몬도 자신이 지은 성전 안에 하나님을 모실 수 없다고 했습니다. 그런데 시간이 지날수록 사람들은 성전에 하나님이 계시다고 생각했고 성전을 하나님의 집이라고 주장했습니다. 하나님을 만나기 위해서는 성전에 가야 하고 성전이 아닌 곳에서는 하나님을 만날 수 없는 것처럼 말했습니다. 그래서 스데반이 사람들이 손으로 지은 이 성전 안에 하나님이 계시지 않는다고 말했을 때 사람들은 스데반이 성전을 모독하고 하나님을 모독했다는 죄를 덮어 씌워서 돌로 쳐 죽였습니다. 오늘날 많은 신앙인들도 교회라는 건물이 하나님의 집이고 하나님은 그곳에 계시며 하나님을 만나기 위해서는 교회라는 건물로 와야 한다고 주장합니다. 그런데 한번 생각해 보십시오. 사람들이 지은 건물 안에 하나님을 모실 수 있다면 그 건물이 큰 것입니까. 하나님이 크신 것입니까. 건물이 큰 것입니다. 그런데 천하 만물보다 크신 하나님을 도대체 어떤 건물이 모실 수 있단 말입니까. 성전은 하나님을 향해 기도하는 곳입니다. 무엇보다 성전은 하나님의 임재가 임하는 경우에만 특별한 장소가 됩니다. 하나님에 대한 경외를 상실한 강도의 소굴로 전락하게 될 때 하나님의 영광은 건물로서 성전을 떠난다는 것을 성경은 분명하게 말하고 있습니다(겔 8~11장).

07 역대하 21장 11~17절을 보면 여호람에게 엘리야가 경고의 편지를 보내는 장면이 나옵니다. 여호람은 남유다 왕이고 엘리야는 북이스라엘 예언자로 당시 남북 분단 상태였는데 어떻게 북이스라엘 예언자가 보낸 편지를 남유다 왕이 볼 수 있었나요?

Ⓐ 여호람은 여호사밧의 아들입니다. 여호사밧 왕은 좋은 왕이었지만 그 당시 남유다는 북이스라엘에 종속되어서 북이스라엘을 형님 나라로 섬기고 있었습니다. 그래서 여호사밧은 자신의 아들 여호람의 아내로 북이스라엘의 왕 오므리의 딸인 아달랴를 데리고 옵니다. 아달랴의 영향 때문이었는지는 몰라도 여호람은 산당을 세워 유다를 우상 숭배에 몰두하게 만들었습니다. 이때 엘리야가 여호람에게 경고의 편지를 보내서 하나님의 심판을 예고합니다. 역대하 21장 12~14절입니다.

선지자 엘리야가 여호람에게 글을 보내어 이르되 왕의 조상 다윗의 하나님 여호와께서 이같이 말씀하시기를 네가 네 아비 여호사밧의 길과 유다 왕 아사의 길로 행하지 아니하고 오직 이스라엘 왕들의 길로 행하여 유다와 예루살렘 주민들이 음행하게 하기를 아합의 집이 음행하듯 하며 또 네 아비 집에서 너보다 착한 아우들을 죽였으니 여호와가 네 백성과 네 자녀들과 네 아내들과 네 모든 재물을 큰 재앙으로 치시리라.

엘리야는 북이스라엘의 예언자였고 여호람은 남유다 왕이었습니다. 이때는 남북 왕국이 분열된 시기였습니다. 그런데 어떻게 북이스라엘의 예언자가 남유다의 왕에게 편지를 보낼 수 있었을까요. 오늘날 우리 민족은 세계에서 유일한 분단을 경험하고 있습니다. 그래서 성경에 나오는 남유다와 북이스라엘의 분열을 누구보다 잘 이해할 수 있습니다. 그런데 우리의 분단 상황과 성경의 남북 분열 상황을 동일하게 이해하시면 안 됩니다. 우리는 휴전선으로 남북이 완전히 단절되어 있고 서로의 영토로 넘어갈 수 없지만 남유다와 북이스라엘의 분열은 그렇지 않았습니다. 그들 사이에는 휴전선과 같은 철책이 가로막혀 있지 않았기 때문에 자유로이 왕래할 수 있었습니다. 열왕기상 13장을 보면 남유다에서 벧엘로 올라간 예언자의 이야기가 나옵니다. 엘리야도 이세벨의 탄압을 피해서 남유다의 브엘세바로 도망쳤습니다(왕상 19:3). 이후 주전 8세기에 아모스는 남유다 사람이었지만 북이스라엘에 가서 예언 사역을 펼치기도 했습니다. 그런 의미에서 남유다와 북이스라엘의 분열은 왕실 분열이라고 보아야 합니다. 왕실은 분열되어 있었지만 백성들의 왕래는 비교적 자유로웠던 것입니다. 그런 맥락에서 보면 북이스라엘의 예언자 엘리야가 남유다에 내려와 여호람에게 편지를 전달하는 일도 충분히 가능한 일이었습니다.

08 역대기를 보면 무수한 왕들에 대한 이야기가 나옵니다. 이 왕들을 구분할 수 있는 내용이 있을까요?

Ⓐ 역대기에는 많은 왕들이 등장하고 있는데 그들을 크게 네 가지 유형으로 구분할 수 있습니다. 첫째는 처음부터 바른 길에 서서 끝까지 믿음을 지킨 왕입니다. 요시야 왕이 여기에 해당합니다. 둘째는 처음에는 배교했지만 이후에 돌이킨 왕입니다. 므낫세 왕이 여기에 해당합니다. 셋째는 처음에는 하나님을 찾다가 이후에 하나님께 불순종했던 왕입니다. 아사 왕이 여기에 해당합니다. 넷째는 처음부터 끝까지 배교의 길을 걸은 왕입니다. 아하스 왕이 여기에 해당합니다. 이 네 가지 기준을 가지고 역대기를 보면 각 왕의 모습이 더욱 선명하게 다가올 것입니다.

09 요시야 왕 시절에 성전을 수리하다가 여호와의 율법책을 발견했습니다. 남유다 백성들은 하나님의 말씀을 경외하는 자들이었는데 어떻게 율법책이 성전에 숨겨져 있었을까요?

A 오늘날 건물도 그렇지만 솔로몬 때 건축된 성전도 시간이 지날수록 끊임없이 수리와 보수를 해야만 했습니다. 요시야 왕 때 성전 수리를 하게 되었고 성전 수리 과정에서 여호와의 율법책을 발견하게 됩니다. 이 율법책은 서기관 사반을 통해 왕에게 전달되었고 왕이 율법의 말씀을 듣고 자기 옷을 찢으며 종교 개혁 운동을 펼치게 되었습니다. 질문하신 것처럼 율법책은 성전에 늘 펼쳐져 있었을 것 같은데 어떻게 이 율법책이 성전 어딘가에 숨겨져 있었을까요. 그것은 남유다 안에서도 간헐적으로 여호와의 율법을 배척하는 왕들이 통치했기 때문입니다. 대표적인 인물로는 아달랴, 아하스, 므낫세, 여호야김 등을 들 수 있습니다. 학자들은 히스기야 시대 율법책을 가지고 북이스라엘에서 내려온 자들이 므낫세의 박해 시기에 율법책을 성전 어딘가에 숨겨두었다고 주장합니다.

이스라엘이 남유다와 북이스라엘로 분열된 이후 예언자들이 지속적으로 활동했던 곳은 어디일까요. 북이스라엘입니다. 예언자들이 등장할 때 필요한 사회 경제적 조건이 있습니다. 모두가 가난한 공동체에는 예언자들이 등장하지 않습니다. 그러나 부익부빈익빈이 발생한 사회에서는 예언자들이 등장합니다. 남유다는 예언자들이 등장할 수 있는 사회 경제적 조건이 아주 빈약했습니다. 반대로 북이스라엘은 부익부빈익빈의 사회로 예언자들이 등장할 수 있는 사회 경제적 조건도 갖추어졌고 바알 신앙이 득세함으로써 야웨 신앙을 저버리는 종교적 문제도 발생했습니다. 그 모든 문제들을 질타하고 하나님이 원하시는 방향으로 다시 돌아가야 한다는 예언자 운동이 북이스라엘에서 강하게 일어난 이유가 이것입니다. 북이스라엘에서 사역했던 대표적인 예언자가 누구입니까. 엘리야, 엘리사, 아모스, 호세아입니다. 그런데 북이스라엘 백성들은 예언자들의 경고를 듣고도 돌이키지 않았습니다. 그 결과 주전 722년에 북이스라엘은 앗수르에 패망하게 됩니다. 이때 북이스라엘에서 사역했던 많은 예언자들이 남유다로 내려왔다고 봅니다. 예언자들의 시각으로 볼 때 멸망당한 북이스라엘과 아직 멸망당하지 않은 남유다는 종이 한 장 차이였습니다. 그래서 남유다만이라도 하나님의 심판으로부터 구해내기 위해 그들은 남유다로 내려와 하나님의 말씀을 전했습니다. 이때 예언자들의 경고를 듣고 종교 개혁 운동을 일으킨 왕이 있었으니 그가 바로 히스기야였습니다. 그래서 남유다는 하나님의 심판으로부터 보호를 받게 되었습니다. 그러나 그의 아들 므낫세는 가장 악한 왕 가운데 한 명이있습니다. 그는 통치 초기부터 야웨 신앙을 배척하고 온갖 우상 숭배에 몰두했습니다. 이때 므낫세의 박해로부터 여호와의 율법책을 지키고자 한 자들이 성전 깊숙한 곳에 그것을 숨겨놓았습니다. 그것이 요시야의 성전 수리 때 발견되었고 요시야는 그 말씀을 듣고 종교 개혁 운동을 일으켰다고 봅니다. 이때가 주전 621년입니다.

10 남유다가 패망하게 된 과정에 대해 말씀해주세요?

Ⓐ 주전 609년에 요시야는 애굽 군대를 막다가 전사하게 됩니다. 요시야의 죽음을 계기로 남유다는 몰락의 길을 걷게 됩니다. 20년의 세월 동안 4명의 왕이 등장했는데 그들 모두 비극적인 사건들을 경험하게 됩니다. 요시야가 죽은 다음에 가장 먼저 왕위에 오른 사람은 요시야의 둘째

아들인 여호아하스입니다. 요시야가 애굽과의 전쟁에서 죽었기 때문에 남유다 백성들은 반애굽적 입장을 드러낸 둘째 아들 여호아하스를 왕으로 세웠습니다. 그러나 바벨론과의 전쟁에서 패배한 애굽이 등극한지 100일도 안된 여호아하스를 포로로 잡아갑니다. 그리고 자신들에게 충성을 맹세한 여호야김을 왕으로 세웁니다. 여호야김은 애굽이 세운 왕이었기 때문에 처음부터 애굽의 봉신 국가로 충성을 다했습니다. 그러다가 주전 605년에 벌어진 갈그미스 전투에서 애굽이 바벨론에 패배한 이후에는 바벨론을 종주국으로 섬기게 됩니다. 바벨론의 왕 느부갓네살이 여호야김에게 바벨론을 섬길 것을 명령했고 이 명령을 여호야김은 수용하게 됩니다. 이때 남유다가 바벨론의 봉신 국가가 되었음을 증명하는 예표로 포로로 잡혀가게 됩니다. 이것을 1차 포로라고 할 수 있는데 이때 끌려간 대표적인 사람이 다니엘과 세 친구입니다. 그러다 여호야김은 애굽을 믿고 바벨론에 저항하게 됩니다. 저항이라는 것은 바벨론이 부과한 세금이나 조공을 거부한 것입니다. 바벨론은 여호야김이 저항하자 군대를 보냅니다. 이 군대가 예루살렘으로 오기 전에 여호야김은 죽게 되고 그의 아들 여호야긴이 8세의 나이로 왕위에 올라 100일간 통치합니다. 예루살렘에 도착한 느부갓네살은 여호야긴을 비롯한 일만 명을 바벨론에 포로로 잡아가고 삼촌 시드기야를 왕으로 세웁니다. 이때가 주전 597년입니다. 이때 포로로 끌려간 사람 중에 하나가 에스겔입니다.

시드기야는 21세에 왕위에 올라 11년을 통치합니다. 그런데 바벨론의 봉신이었기에 매년 과도한 조공과 세금을 바쳐야만 했습니다. 세금과 조공을 바치는 일로 인해 남유다는 경제적으로 너무나 궁핍한 생활을 할 수밖에 없었습니다. 이때 이집트 왕 파라오가 바벨론에 바치던 조공을 끊고 자신들과 손잡을 것을 제안합니다. 시드기야는 바벨론에 바치던 조공을 끊게 되면 바벨론이 군대를 보내서 남유다를 공격할 것인데 그때는 어떻게 하면 좋을지에 대해 물었고 이집트 왕 파라오는 바벨론 군대가 공격하면 자신들이 남유다를 도와주겠다고 약속합니다. 그 약속을 믿고 시드기야는 바벨론에 바치던 조공을 끊습니다. 이 일로 인해 바벨론의 군대가 다시 예루살렘을 공격하게 되었고 남유다는 이집트의 도움을 기대했지만 이집트는 남유다를 돕지 않고 배신하게 됩니다. 이로 인해 남유다는 주전 586년에 바벨론 왕 느부갓네살에게 패망하게 됩니다. 이때 솔로몬이 건축했던 성전이 전소되고 성벽은 무너졌으며 성전의 기명들은 바벨론으로 옮겨지게 됩니다. 시드기야도 자신의 아들들이 처형되는 것을 목격한 후에 두 눈이 뽑힌 채 포로로 끌려가게 됩니다. 이때가 시드기야 통치 11년째입니다. 정리하면 요시야 왕이 전사한 이후에 남유나는 몰락의 길을 걷게 됩니다. 연이어 4명의 왕이 등장하는데 그중 3명이 이방 나라에 포로로 끌려갑니다. 이들의 통치 기간은 100일, 11년, 100일, 11년이었고, 11년의 통치도 대부분 봉신 국가로 존재했습니다.

에스라, 느헤미야, 에스더

01 에스라, 느헤미야는 바벨론 포로기 이후에 이스라엘의 개혁 운동을 이끈 인물로 알고 있습니다. 그들이 행한 개혁 운동이 구체적으로 무엇이었나요?

Ⓐ 이스라엘은 하나님의 선민으로 부름 받았습니다. 하나님께서 이스라엘을 선민으로 부르실 때 기대하신 모습은 만민을 위한 선민이었습니다. 이스라엘이 먼저 하나님이 원하시는 거룩한 백성, 거룩한 나라가 되어 주위에 있는 이방 백성들을 하나님 앞으로 견인해 오기를 기대하셨습니다. 그러나 이스라엘은 배타적 선민사상에 빠져버렸습니다. 선민으로 부름 받은 자신들은 하나님의 은혜와 복을 받고 선민으로 부름 받지 못한 민족들은 하나님의 심판과 저주의 대상이라고 오해한 것입니다. 이스라엘은 하나님께서 자신들을 선민으로 부르신 그 목적을 망각하고 말았습니다. 무엇보다 땅 신학의 맥락에서 그들은 하나님이 원하시는 공동체의 모습을 건설하지 못했습니다. 땅 신학이 무엇입니까. 사람들이 발 딛고 살아가는 모든 땅의 주인은 하나님이시고 그 땅에 살아가는 사람들은 그 땅의 임차인으로 살아가는 것입니다. 그 땅의 임차인이 계속해서 그 땅에 정착하여 살아가기 위해서는 땅의 주인이신 하나님께

성실하게 임대료를 납부해야 합니다. 그 임대료는 사법적 정의가 구현되는 미쉬파트와 서로가 서로를 형제로 대하는 체데크의 삶을 살아내는 것입니다. 미쉬파트와 체데크가 넘치는 사회를 건설하게 되면 땅의 주인이신 하나님께서는 임차인들이 임대료를 성실하게 납부하고 있다고 인정해주시고 그 땅에 계속하여 거주할 수 있도록 해주십니다. 그러나 이스라엘은 하나님의 약속의 땅 가나안에서 미쉬파트와 체데크가 넘치는 사회를 건설하지 못했습니다.

출애굽 공동체로 시작했지만 가나안 땅 위에 강자가 약자를 억압하고 지배하는 또 하나의 애굽을 건설하고 말았습니다. 이스라엘이 하나님이 원하시는 본래의 모습으로부터 이탈하고 탈선했을 때 하나님께서는 예언자들을 통해 경고하셨습니다. 지금의 죄 된 삶에서 돌이킬 것을 지속적으로 요청받았습니다. 안타깝게도 이스라엘은 예언자의 경고에 귀 기울이지 않았고 끝내 죄 된 길을 지속하다가 하나님의 심판을 받게 되었습니다. 주전 722년에 북이스라엘은 앗수르에, 주전 586년에 남유다는 바벨론에 무너지게 됩니다. 특별히 다윗의 후손들이 다스렸던 남유다의 멸망은 이스라엘 공동체 전체에 매우 충격적인 사건으로 다가왔습니다. 왜냐하면 남유다에는 하나님의 도성으로 인식된 예루살렘과 하나님의 집인 성전이 있었기 때문입니다. 남유다 백성들은 세상 모든 것이 무너진다 하더라도 하나님의 도성인 예루살렘은 결코 무너지지 않을 것이라고 생각했습니다. 그들은 예루살렘의 무너짐을 하나님의 무너짐과 동일하게 생각했습니다. 이것을 시온신학이라고 합니다. 또 하나님의 집인 성전의 무너짐도 하나님의 무너짐과 동일하게 이해했습니다. 이것을 성전신학이라고 합니다. 하나님께서는 선지자 예레미야를 통해 타락한 예루살렘 성전을 강도의 소굴이라고 하시고 에스겔 선지자를 통하여 하나님의 영광이 타락한 성전을 떠나가시는 것을 보여주셨지만 당시 남유다 백성들은 시온신학과 성전신학과 같은 거짓 신학을 만들어서 자신들의 안전을 자신만만해 했습니다. 그러나 하나님께서는 바벨론 군대를 사용하셔서 죄악의 본부가 되어버린 예루살렘과 하나님에 대한 경외가 없는 성전을 무너뜨리게 하셨습니다. 그리고 남유다의 엘리트들을 바벨론에 포로로 끌려가게 하시고 바벨론 포로생활을 통해 그들로 성화되고 갱신되는 시간을 갖게 하셨습니다. 그런 시간들을 통과하고 가나안 땅으로 돌아온 사람들이 포로 귀환 세력입니다. 그러나 이들도 가나안 땅으로 돌아온 이후에 이전 세대와 다르지 않은 삶을 살았습니다. 이러한 상황에서 이스라엘 공동체에 등장하여 개혁 운동을 펼친 이들이 바로 에스라, 느헤미야였습니다.

에스라, 느헤미야는 주전 5세기 중반에 활동한 바벨론 교포 2, 3세들입니다. 이들은 가나안 땅으로 완전 이주한 것이 아니라 페르시아의 고위 관료가 되어 가나안 땅으로 파견이 된 인물들이었습니다. 왕이 이들을 파견할 때 맡긴 고유한 사명이 있었지만 이들은 가나안 땅에 와서 이스라엘 공동체의 개혁 운동에 힘을 쏟았던 것입니다. 에스라, 느헤미야가 행한 개혁 운동은 이스라엘 공동체 안에서 무너진 세 가지를 다시 세우는 것으로서 성전 재건(스 1~6장), 성벽 재건(느 1~6장), 말씀의 공동체 재건(느 8장 이하)이었습니다. 성전은 이스라엘 공동체를 나타내는 정체성의 상징입니다. 성벽은 이 성전을 지키는 울타리입니다. 에스라, 느헤미야는 성전 재건과 성벽 재건에 최선을 다했습니다. 그러나 성전과 성벽이 재건된다고 하더라도 중요한 것은 이스라엘 공동체가 하나님이 원하시는 백성으로 새로워지는 것이었습니다. 성전과 성벽은 재건하였는데 이스라엘 공동체가 말씀 충만한 공동체, 말씀 순종에 열심을 다하는 공동체가 되지 못한다면 이전의 실패한 역사를 반복할 가능성이 높아집니다. 그래서 에스라, 느헤미야는 이스라엘을 말씀의 공동체로 만들기 위해 최선을 다했습니다. 말씀은 이스라엘을 이스라엘 되게 하는 핵심입니다. 말씀의 공동체를 재건하는 과정에서 그들은 이스라엘 공동체 안에 있는 중심 죄악을 단호하게 끊어내는 회개 운동을 전개했습니다. 이처럼 성전 재건과 성벽 재건과 말씀의 공동체를 세우는 일에 열과 성을 다한 인물이 에스라, 느헤미야였습니다.

02 페르시아 왕 고레스의 칙령으로 바벨론에 포로로 끌려간 이들이 가나안 땅으로 돌아올 수 있는 길이 열리게 되었는데 많은 수의 이스라엘 사람들이 가나안 땅으로 돌아오지 않고 이방 땅에 그대로 남았다는 이야기를 들었습니다. 왜 그들은 약속의 땅 가나안으로 돌아오지 않은 것인가요?

🅐 남유다를 무너뜨린 바벨론 제국은 크게 네 차례에 걸쳐 남유다의 왕족, 귀족, 제사장, 전문 기술자들을 바벨론에 포로로 잡아갔습니다. 강력했던 바벨론 제국의 기세로 볼 때 포로로 잡혀간 이들이 다시 가나안 땅으로 돌아오는 것은 상상할 수 없는 일이었습니다. 그런데 주전 539년에 놀라운 일이 벌어졌습니다. 페르시아 제국이 바벨론 제국을 무너뜨리고 고대 근동의 새로운 강자로 등장한 것입니다. 이때 바벨론을 무너뜨린 페르시아 왕이 고레스였습니다. 고레스는 바벨론을 무너뜨린 후에 칙령을 발표합니다. 이것을 고레스 칙령이라고 합니다. 칙령의 내용은 바벨론에 포로로 잡혀와 있는 사람들 중에 본국으로 돌아가기를 원하는 사람들은 돌아가도 좋다는 것입니다. 이 칙령으로 인해 바벨론에 포로로 잡혀갔던 남유다의 포로들도 세 차례에 걸쳐 가나안 땅으로 돌아오게 됩니다. 1차 포로 귀환은 주전 538년경 초대 총독 세스바살, 스룹바벨, 여호수아를 중심으로, 2차 포로 귀환은 제사장 겸 학사 에스라에 의

해서 주전 458년에, 3차 포로 귀환은 유다 총독으로 임명된 환관 출신 느헤미야에 의해서 주전 445년에 이루어졌습니다. 에스라 2장 64절을 보겠습니다.

온 회중의 합계가 사만 이천삼백육십 명이요.

여기서 온 회중은 귀환한 자들의 총수를 말하는 것으로 그 수가 42,360명이라고 말합니다. 그런데 이 수가 한 번에 귀환한 자들의 숫자인지, 오랜 시간에 걸친 귀환자의 총수인지는 불분명합니다. 신학자들은 약 100년의 기간 동안 1~3차 귀환자들의 총수가 42,360명이라고 생각합니다. 이외에도 노비가 7,337명, 노래하는 남녀가 200명(2:64~65)이었습니다. 이들의 수를 모두 합치면 약 5만 명의 사람들이 귀환한 것입니다. 100년의 기간 동안 약 5만 명의 사람들이 바벨론에서 귀환했다고 할 때 여러분은 그 숫자가 많다는 생각이 드십니까, 아니면 적다는 생각이 드십니까. 당시 바벨론 포로지에 있었던 남유다 백성들의 인구를 우리가 정확히 알 수 없기에 5만 명의 귀환자가 많은 숫자인지 적은 숫자인지를 정확하게 말하기는 어렵습니다. 그러나 100년 기간 동안 5만 명이 돌아온 것에 대해 많은 숫자는 아니었을 것으로 봅니다. 그렇다면 왜 많은 포로와 그들의 후손들이 가나안 땅으로 돌아오지 않고 바벨론에 계속해서 살게 되었을까요. 가나안 본토 귀환이 쉽지 않았던 세 가지 이유가 있었습니다.

첫째는 귀환을 위해서는 바벨론에서 이룬 모든 기득권을 포기하고 와야만 했습니다. 이때는 금융업이 발달하기 이전이기에 수레 하나에 실을 수 있는 만큼이 재산의 전부였습니다. 가나안 땅으로 돌아가기 위해서는 바벨론에서 이룬 많은 기득권들을 그대로 남겨 놓고 와야만 했습니다.

이러한 경제적 손실을 감수하는 일이 결코 쉽지 않았을 것입니다.

둘째는 바벨론에서 가나안까지 멀고 험난한 여정과 강도와 짐승 때의 공격으로부터 스스로를 보호해야 했습니다. 다시 말해 출발한다고 해서 안전하게 도착한다는 보장이 없었습니다. 에스라 7장 9절을 보겠습니다.

첫째 달 초하루에 바벨론에서 길을 떠났고 하나님의 선한 손의 도우심을 입어 다섯째 달 초하루에 예루살렘에 이르니라.

에스라가 가나안으로 올 때 1월 1일에 바벨론에서 출발해서 5월 1일에 예루살렘에 도착했습니다. 총 넉 달이 걸린 것입니다. 그런데 이것도 하나님의 선한 손의 도우심을 입어서 시간이 단축된 것입니다. 일반적으로는 넉 달 이상의 시간이 걸렸을 것입니다. 길의 여정도 쉽지 않지만 도중에 강도와 짐승의 공격으로부터 자기를 지키는 일도 쉽지 않았습니다. 그래서 많은 사람들이 돌아올 엄두를 내지 못했습니다.

셋째는 가나안 땅에 남아 있던 거주민들과의 충돌을 감수해야 했습니다. 이것이 사실 가장 어려운 문제였습니다. 바벨론에 포로로 잡혀간 이들은 땅을 가진 지주들이 많았습니다. 바벨론은 이들을 포로로 잡아가면서 이들 소유의 땅을 땅이 없는 자들에게 나누어 주었습니다. 그들로 농사를 짓게 하고 세금을 거두고자 한 것입니다. 그렇게 오랜 시간이 지난 후에 땅의 원주인 또는 후손들이 돌아와서 원래 이것은 자신들의 땅이니 다시 돌려달라고 하면 누가 그 땅을 그대로 돌려주겠습니까. 이처럼 가나안 땅에 돌아간다 하더라도 오랜 시간 땅을 차지한 이들과의 지난한 싸움을 할 수밖에 없었던 것입니다. 바벨론에서 형성한 많은 기득권도 포기하고 목숨을 걸고 1,300km의 여정을 걸어서 갔는데 그 땅에 도착해서도 원주민들과 치열한 싸움을 벌어야 하므로 많은 사람들이 가나안 땅으로 돌아가지 않고 바벨론 땅에 그대로 남게 된 것입니다. 그럼에도 불구하고 가나안 땅으로 돌아온 사람들은 이 모든 난제를 기꺼이 감수하고자 한 사람들이었습니다. 하지만 앞에서 말한 세 가지보다 많은 이들이 가나인 땅으로 돌아오지 못한 결성석인 이유는 신학적 인식이 전환되었기 때문이었습니다. 바벨론에 포로로 잡혀가기 전까지 대부분 남유다 백성들은 하나님을 가나안 땅을 다스리는 신으로 이해했습니다. 그래서 바벨론에 포로로 잡혀가게 되면 더 이상 하나님과의 만남이 불가능하다고 생각했습니다. 그런데 에스겔 1장에서 보는 것처럼 하나님께서 그발 강가에 있는 에스겔을 만나기 위해 불 병거를 타고 심방을 오게 됩니다. 바벨론 포로들은 이 사건을 통해서 이방 땅에서도 하나님과의 만남이 가능하다는 것을 깨닫게 되었습니다. 그리고 회당을 짓게 되었습니다. 이러한 신학적 인식의 전환이 있었기에 포로들이 바벨론 땅에 그대로 머물게 되었습니다. 포로들이 가나안 땅으로 귀환하지 않은 이유는 세 가지의 현실적인 어려움과 함께 결정적으로 이방 땅에서도 하나님과의 만남이 가능하다는 신학적 인식이 생겼기 때문입니다. 가나안 땅으로 돌아오지 않고 이방 땅에 정착하게 된 유대인들을 디아스포라로 부르게 된 것입니다.

03 에스라 5장 13절과 6장 22절을 보면 페르시아 왕을 바벨론 왕 또는 앗수르 왕이라고 말하고 있습니다. 역사적 사실과 맞지 않은 기술이라는 생각이 드는데 왜 이렇게 번역했을까요?

🅐 에스라 5장 13절을 보겠습니다.

바벨론 왕 고레스 원년에 고레스 왕이 조서를 내려 하나님의 이 성전
을 다시 건축하게 하고.

고레스는 페르시아의 왕입니다. 그런데 에스라 5장 13절에는 고레스
를 바벨론 왕이라고 말하고 있습니다. 질문하신 것처럼 이것은 역사적
사실과 맞지 않습니다. 그런데 왜 이렇게 번역했을까요. 이것은 번역자
의 실수는 아닙니다. 히브리어 원문에 고레스를 바벨론 왕이라고 기술
해 놓고 있습니다. 그렇다면 왜 고레스를 바벨론의 왕이라고 했을까요.
이와 비슷한 내용이 에스라 6장 22절에도 나옵니다.

즐거움으로 이레 동안 무교절을 지켰으니 이는 여호와께서 그들을 즐
겁게 하시고 또 앗수르 왕의 마음을 그들에게로 돌려 이스라엘의 하나
님이신 하나님의 성전 건축하는 손을 힘 있게 하도록 하셨음이었더라.

여기서 앗수르 왕은 다리오를 가리킵니다. 그런데 다리오가 앗수르
왕이 맞습니까. 다리오는 페르시아 왕입니다. 그런데 왜 다리오를 페르
시아 왕이 아니라 앗수르 왕이라고 했을까요. 이것도 번역자의 실수는
아닙니다. 히브리어 원문에 그렇게 기술되어 있습니다. 그렇다면 히브
리어 원문을 기술한 저자의 실수인가요. 그렇지 않습니다. 실제 페르시
아의 왕들은 자신들이 앗수르와 바벨론 제국을 제압하고 페르시아 제국
을 건설한 후에 스스로를 앗수르와 바벨론 제국의 후계자라고 주장했습
니다. 앗수르와 바벨론 제국 백성들의 환심을 사기 위하여 이런 표현들
을 사용한 것입니다. 예를 들어 우리가 바벨론 제국의 백성이라고 생각
해 보십시오. 그런데 페르시아 제국이 바벨론을 무너뜨린 후에 말하기
를 "바벨론 제국은 무너졌고 이제는 페르시아가 전 세계를 지배한다. 너

희 바벨론 제국의 백성들아, 너희의 나라는 사라졌으니 너희는 우리에게 절대 복종하라"고 한다면 바벨론 제국 백성들의 기분이 어떻겠습니까. 페르시아 제국에 대한 복수심으로 불타오를 것입니다. 복수심으로 불타오르는 자들이 제국 곳곳에 존재하게 된다면 제국의 안정을 기대하기는 어려울 것입니다. 제국에 대한 복수심을 미연에 방지하고 페르시아 제국에 우호적인 마음을 갖도록 하기 위하여 페르시아 제국의 왕들은 자신들이 앗수르 제국과 바벨론 제국을 계승하는 자라고 주장한 것입니다. 즉 자신들이 앗수르 제국의 왕이자 바벨론 제국의 왕이며 페르시아 제국의 왕임을 주장함으로써 앗수르 백성과 바벨론 백성 모두의 충성을 견인해내고자 한 것입니다. 에스라 5장 13절과 6장 22절의 말씀은 역사적 사실에 대한 무지에서 나온 잘못된 기술이 아닌 실제 페르시아 제국의 왕들이 제국의 안정을 위해 사용한 정치 수사적 표현이라고 이해할 수 있습니다.

04 에스라 7장 25~26절을 보면 아닥사스다 왕이 에스라를 파견하면서 지시하는 내용이 나옵니다. 그런데 내용을 보면 아닥사스다 왕이 제국 전체를 하나님의 말씀으로 다스리고자 했던 것으로 이해되는데 아닥사스다 왕이 실제 하나님을 경외하는 왕이었나요?

Ⓐ 에스라 7장 11절 이하는 아닥사스다 왕이 에스라를 파견하며 내린 조서의 초본입니다. 이 내용을 보면 아닥사스다 왕이 에스라를 파견한 이유는 크게 두 가지입니다. 하나는 예루살렘의 정형을 살피는 것이고(14절), 다른 하나는 신의 율법을 아는 자로 유사와 재판관을 삼아 사람들을 재판하도록 하는 것입니다(25절). 그러면서 왕은 신과 왕의 명령을 지키

지 않는 자에 대한 처벌권도 허락합니다(26절). 그런데 질문하신 것처럼 에스라 7장 25~26절을 보면 아닥사스다 왕이 하나님을 경외하고 믿는 왕인 것 같은 표현이 나옵니다. 과연 그럴까요. 본문을 보겠습니다.

> 에스라여 너는 네 손에 있는 네 하나님의 지혜를 따라 네 하나님의 율법을 아는 자를 법관과 재판관을 삼아 강 건너편 모든 백성을 재판하게 하고 그 중 알지 못하는 자는 너희가 가르치라 무릇 네 하나님의 명령과 왕의 명령을 준행하지 아니하는 자는 속히 그 죄를 정하여 혹 죽이거나 귀양 보내거나 가산을 몰수하거나 옥에 가둘지니라 하였더라.

아닥사스다 왕은 에스라에게 하나님의 율법을 아는 자를 법관과 재판관으로 삼아 유프라테스 강 건너편 모든 백성들을 재판하게 하라고 명합니다. 그리고 하나님의 율법을 모르는 자들에게는 율법을 가르치라고 명합니다. 더욱 놀라운 것은 하나님의 명령을 준행하지 않는 자에 대해서는 강력한 처벌을 행사할 수 있는 모든 권한을 부여합니다. 25~26절의 번역대로라면 아닥사스다 왕은 하나님을 경외하는 사람이 확실하고 제국 전체를 하나님의 말씀으로 지배하고자 하는 것이 분명합니다. 그런데 과연 아닥사스다 왕이 하나님을 경외하거나 제국 전체를 하나님의 뜻으로 다스리고자 한 것이 맞을까요. 결론부터 말씀드리면 이것은 잘못된 번역으로 인해 생긴 오해입니다. 아닥사스다 왕은 결코 하나님을 경외한 사람도 아니고 제국 전체를 하나님의 말씀으로 다스리고자 하지도 않았습니다.

그러면 어떤 번역이 문제가 되는 것일까요. 두 가지 번역을 수정해야 합니다. 첫째는 25절에 나오는 하나님의 율법이라는 표현입니다. 우리는 율법하면 창세기부터 신명기까지 토라를 생각하기 쉬운데 사실 여기에서 율법은 '다트'로 제국의 칙령을 의미하는 것입니다(12, 14, 21, 25, 26절). 아닥사스다 왕은 에스라로 하여금 강 서편 백성들에게 제국의 법을 자세하게 가르치라고 명령을 내리고 있는 것입니다.

둘째는 하나님이라는 표현입니다. 우리가 알다시피 구약에서 하나님을 가리키는 단어는 크게 두 가지입니다. 하나는 엘과 엘로힘이라는 단어이고, 다른 하나는 아도나이입니다. 엘과 엘로힘은 천지를 창조하신 하나님, 세계 만민의 하나님을 가리킬 때 주로 사용되고, 아도나이는 이스라엘과 언약을 체결하신 하나님을 가리킬 때 주로 사용됩니다. 그런데 엘과 엘로힘이라는 단어는 고대 근동의 모든 민족들이 자신들의 주신을 가리킬 때도 사용되던 단어입니다. 예를 들어 모압 사람들에게 엘은 그모스이고, 가나안 사람들에게 엘은 바알이고, 블레셋 사람들에게 엘은 다곤입니다. 당연히 이스라엘 백성들에게 엘은 여호와 하나님입니다. 그런데 우리 한글 성경에는 엘과 엘로힘은 신 또는 하나님으로 번역하였고 아도나이는 대부분 여호와로 번역했습니다. 에스라 7장 25~26절도 마찬가지입니다. 여기서 하나님으로 번역한 단어의 원어는 엘로힘입니다. 따라서 여기서 엘로힘은 페르시아 사람들이 섬기던 주신을 가리키는 것입니다. 즉 아닥사스다 왕은 에스라로 하여금 제국 서쪽에 있는 백성들에게 페르시아 사람들이 섬기는 주신의 명령을 가르치고 그 신의 명령에 해박한 자들을 재판관으로 삼으라고 한 것이고, 신의 명령을 따르지 않는 자들에 대해서는 강력한 사법적 처벌을 하라는 사명을 주고 있는 것입니다. 이것이 아닥사스다 왕이 에스라를 파견하면서 기대하였던 이유와 목적입니다.

그런데 에스라는 이스라엘 땅에 와서 자신이 파견 받은 고유의 목적인 페르시아의 법을 가르치는 대신 모세의 율법을 가르치는 일에 더욱 열심을 내었습니다. 그리고 예루살렘의 형편을 살피라는 명령을 받았지만 예루살렘을 중건하는 일에 최선을 다한 것입니다(스 4:12). 왕이 에스라를 파견한 이유와 목적 그리고 에스라가 실제 이스라엘 땅에 와서 행한 사역에 차이가 있음을 우리가 기억해야 합니다. 정리하면 에스라 7장 25~26절은 두 가지 번역을 수정할 필요가 있습니다. 하나는 하나님으로 번역된 단어를 제국의 신으로 바꾸는 것이고, 다른 하나는 율법이라는 단어를 칙령으로 바꾸는 것입니다.

05 에스라와 느헤미야는 이방 여인과 통혼한 이스라엘 남성들에게 자신과 결혼한 이방 여인을 본국으로 돌려보낼 것을 명령합니다. 이방 여인과 결혼하는 것은 무조건 옳지 못한 일인가요. 구약의 인물 중 요셉과 모세도 이방 여인과 결혼했는데 유독 에스라와 느헤미야 시대에 이방 여인과의 통혼이 문제가 된 이유가 무엇인가요?

🅐 누군가와 결혼을 한다는 것은 단순히 육체와 육체의 결합을 넘어서는 의미가 있습니다. 젊은 남녀 간의 하나 됨은 두 집안 간의 만남이기도 하고, 각자가 가진 가치와 문화, 종교 간의 만남이기도 합니다. 이스라엘의 남성이 이방의 여인과 결혼한다는 것은 자연스레 그 여인이 가진 이방의 가치, 이방의 문화, 이방의 종교와의 만남을 의미하기도 합니다. 질문하신 것처럼 구약에는 이방인과 결혼한 신앙의 인물들의 이야기가 나옵니다. 대표적으로 요셉과 모세입니다. 요셉은 이집트에서 온 제사장 보디베라의 딸 아스낫과 결혼했고, 모세는 미디안 땅에서 십보라와 결혼했습니다. 그런데 성경은 이에 대해 그 어떤 부정적인 기술도 하지 않고 있습니다. 그러나 하나님께서는 출애굽한 이스라엘 공동체에게 가나안 원주민들과의 통혼을 금지하셨습니다.

그 이유는 무엇일까요. 이스라엘 공동체의 신앙 수준이 아직 유아기적 단계를 벗어나지 못하였기 때문입니다. 즉 이방인과의 결혼을 통해서도 자기 신앙을 사수할 수 있다면 통혼은 전혀 문제되지 않습니다. 그러나 통혼을 통하여 야웨에 대한 신앙을 저버리고 아내를 따라 이방 우상 숭배에 몰두하게 된다면 이는 문제가 됩니다.

출애굽한 이스라엘은 가나안 땅에 정착한 이후에 부귀영화를 추구하는 바알 문화에 금방 동화되어 버리고 말았습니다. 그래서 하나님께서는 가나안 원주민들과의 통혼을 금지하신 것입니다. 에스라와 느헤미야 시대에도 이스라엘 공동체 안에 통혼이 큰 문제를 일으켰습니다. 특별히 성전 권력을 쥐고 있던 제사장 집안의 남성들과 유대 사회 안에서의 지도층들이 사마리아 정치 권력자들의 딸과 통혼을 많이 했습니다. 에스라 9장 2절을 보겠습니다.

그들의 딸을 맞이하여 아내와 며느리로 삼아 거룩한 자손이 그 지방 사람들과 서로 섞이게 하는데 방백들과 고관들이 이 죄에 더욱 으뜸이 되었다 하는지라.

에스라와 느헤미야는 이러한 통혼이 이스라엘 공동체의 정체성을 위협하고 이스라엘 공동체를 죄 된 길로 인도한다고 보며 대대적인 개혁 운동을 펼쳤습니다. 에스라와 느헤미야가 이방 여인과의 통혼을 문제로 본 이유는 크게 다섯 가지 때문입니다.

첫째는 신앙적 이유입니다. 결혼을 통해 하나님을 믿는 신앙이 더욱 커져야 하는데 많은 경우에 이방 여인과의 통혼을 통해 야웨 신앙을 상실하고 이방 신앙에 동화되어버리는 일들이 벌어졌습니다. 이방 여인과의 결혼을 통해 야웨 신앙을 상실하는 신앙적 이유가 통혼의 가장 큰 문제가 되었습니다.

둘째는 경제적 이유입니다. 일반적으로 이스라엘 유력자 집안의 남성과 사마리아 정치 권력자들의 딸이 통혼을 했는데 대부분의 경우에 남편들이 더 나이가 많았고 일찍 죽기도 합니다. 남편이 죽었을 경우에 아내가 남편의 재산을 일부 가져가게 되는데 이는 결과적으로 이스라엘 공동체의 총 재산의 감소로 이어지게 되었습니다. 이방 여인들이 유다 사회에 위협이 된 이유는 종교적 이유와 더불어 경제적 이유 때문이었습니다. 이방 여인이 재산을 상속받게 되면 땅이 이방인에게 넘어가기 때문에 에스라와 느헤미야는 토지를 지키기 위한 분투의 맥락에서 이방 여인과의 결혼을 문제시한 것입니다.

셋째는 자녀 교육의 문제입니다. 결혼을 통해 자녀가 태어남을 기뻐하는 이유 중 하나는 신앙의 계승자가 탄생했기 때문입니다. 그런데 이방 여인과의 통혼을 통해 자녀가 태어난다 하더라도 야웨 신앙이 계승되지 못하고 상실되는 경우가 많았습니다. 그 이유가 무엇입니까. 대부분 엄마가 자녀교육을 전담하였기 때문에 엄마가 사용하는 언어가 모국어가 되고, 엄마의 종교가 자녀의 종교가 되는 경우가 많았습니다. 느헤미야 13장 24절입니다.

그들의 자녀가 아스돗 방언을 절반쯤은 하여도 유다 방언은 못하니
그 하는 말이 각 족속의 방언이므로.

대부분의 혼혈 자녀들이 엄마의 언어, 엄마의 종교에 영향을 받았음을 볼 수 있습니다. 자녀가 태어났지만 신앙의 계승이 일어나지 못하는 일로 인해 통혼이 문제가 되었습니다.

넷째는 가정의 파괴입니다. 이스라엘의 유력자들은 이방 여인과의

통혼을 위해 자기의 본부인을 버리기도 했습니다. 그렇다면 왜 이스라엘의 유력자들은 자기의 본부인을 버리면서까지 이방 여인과 통혼을 하고자 했을까요. 가장 중요한 이유는 사회 정치적 지위 상승을 꿈꾼 것입니다. 이들이 통혼한 대상은 대부분 사마리아 정치 권력자들, 이방의 정치 권력자 집안의 딸들입니다. 그들과 통혼함을 통해 이스라엘의 유력자들은 사회 정치적 지위 향상을 꿈꾸었습니다. 이를 위해 자신의 본부인을 버리기까지 했습니다. 이방 여인과의 통혼으로 인해 수많은 가정들이 깨지게 되었고 이로 인해 신음하며 울부짖는 무수한 이스라엘 여인들이 탄생하게 되었습니다.

다섯째는 공동체 전체에 미치는 악영향 때문입니다. 이방 여인과 통혼을 한 사람들은 대부분 이스라엘의 유력자들입니다. 이들은 권력을 획득하거나 향유하기 위해 이방 여인과의 통혼에 더욱 앞장섰습니다. 이들의 주된 관심은 권력과 부귀영화를 누리는 것에 있었습니다. 하나님이 기대하시는 신앙적 순결함을 지켜내는 일에는 관심이 없었습니다. 이들이 사회 정치적 지위 향상을 꿈꾸며 자기의 본부인을 버려가면서까지 이방 여인과 통혼하는 모습을 보면서 대부분의 이스라엘 사람들은 비판했을 것입니다. 그러나 그 비판 속에는 시기와 질투, 부러움도 존재했습니다. 지도자들은 하나님의 백성다운 삶이 무엇인가를 삶으로 보여주는 자가 되어야 합니다. 그런데 지금 이방 여인과의 통혼을 통해 그들은 이스라엘 공동체에서 부정적 모델이 되었습니다. 이런 지도자들의 모습을 보면서 이스라엘 백성들이 무엇을 보고 배울 수 있었겠습니까.

이러한 다섯 가지 문제로 인해 이방 여인과의 통혼이 이스라엘 공동체 안에 많은 문제를 발생시키게 되었고 이것을 에스라와 느헤미야가 단호하게 끊어내고자 한 것입니다. 느헤미야 9장 2절을 보겠습니다.

모든 이방 사람들과 절교하고 서서 자기의 죄와 조상들의 허물을 자복하고.

에스라 느헤미야가 주도한 회개 운동의 핵심은 이방 사람들과의 통혼이었고 그것이 문제가 된 이유는 위에서 말한 다섯 가지 이유 때문입니다.

06 에스라서와 느헤미야서가 개혁과 부흥 운동의 교과서로 알고 있습니다. 에스라와 느헤미야가 말하는 개혁과 부흥의 핵심은 무엇인가요?

Ⓐ 흔히 에스라서와 느헤미야서를 개혁과 부흥 운동의 교과서라고 말합니다. 신앙인들이 추구해야 할 개혁 운동의 정석과 부흥의 핵심을 잘 보여주고 있기 때문입니다. 한국 대부분의 교회는 자기들의 신앙의 토대를 개혁주의라고 말합니다. 개혁주의의 핵심은 하나님의 말씀 앞에서 끊임없이 자신을 새롭게 개혁해 나가는 것입니다. 하나님과 하나 되어야 할 신앙인들을 하나님으로부터 멀어지게 만드는 것을 우리는 죄라고 말합니다. 죄로 인해 우리는 하나님과 점점 멀어지게 됩니다. 개혁은 우리 안에 하나님과 온전한 하나 됨을 가로막고 있는 죄 된 삶을 단호하게 끊어내는 것입니다. 그것을 다른 말로 부흥이라고 할 수 있습니다. 부흥을 영어로 revival이라고 합니다. 즉 '다시 산다'는 뜻입니다. 다시 산다는 말은 한 때는 죽었다는 것을 전제로 하고 있습니다. 여기서 죽었다는 것은 무슨 의미입니까. 하나님과의 관계가 단절되었다는 것입니다. 하나님과의 관계가 단절되는 것이 신앙적으로는 죽음입니다. 무엇으로 인해 하나님과의 관계가 단절된 것입니까. 우리의 죄로 인해 하나님과의

관계가 단절됩니다. 이 죽음의 상태를 끝장내고 다시 산다는 것은 하나님과의 관계가 회복된다는 것을 뜻합니다. 하나님과의 관계 회복을 위해서는 이전에 우리에게 덕지덕지 붙어 있던 죄악들을 단호하게 끊어내야 합니다. 죄와의 동행을 끝장내고 하나님께로 다시 돌아가야 합니다. 이것이 바로 진정한 부흥입니다.

신앙인들이 열정적인 기도와 찬양, 양적인 성장을 부흥으로 이해하는 경향이 있습니다. 그러나 역설적이게도 진정한 회개는 죄악과의 단절이 핵심이므로 때론 인원의 감소, 경제적 기득권의 포기로 이어지기도 합니다. 참된 부흥을 진정 사모한다면 때로는 인원이 감소되는 것을 감수해야 하기도 하고 경제적인 곤란함을 받아들이기도 해야 합니다. 에스라와 느헤미야가 이방 여인과의 통혼을 단절하는 개혁 운동을 펼침을 통하여 실제 이스라엘 공동체의 수는 감소했습니다. 그러나 그것이 하나님께로 온전히 나아가는 길이었기에 에스라와 느헤미야는 단호하게 회개 운동을 전개했던 것입니다. 에스라서와 느헤미야서에 나오는 개혁과 부흥의 모습을 보면서 오늘 우리의 삶에서 단호하게 끊어내야 하는 것은 무엇인지, 하나님께로 돌아가기 위해 우리 안에 필요한 모습은 무엇인지를 성찰할 수 있어야 합니다.

07 바벨론 포로기 이후에 이스라엘 공동체 안에서 발생한 가장 심각한 사회적 논쟁은 무엇인가요?

🅐 이스라엘 백성들에게 가나안 땅은 본향과도 같은 곳입니다. 하나님의 약속의 땅이고 조상들이 오랜 시간 살아왔던 고향과도 같은 곳이었습니다. 그런데 바벨론에 의해 남유다가 멸망하면서 원하지 않게 이방

땅으로 끌려간 사람들이 있습니다. 포로로 끌려간 사람들 대부분은 사회, 정치, 종교적으로 유력자들이었습니다. 당시 이스라엘 백성들이 가지고 있던 거룩과 정결의 개념 속에서 이방 땅은 그 자체로 부정한 곳입니다. 부정한 이방 땅에서 수십 년의 세월 동안 부정한 이방의 공기를 마시고 부정한 이방의 물을 마시고 부정한 이방 사람들과 섞여 살아오던 사람들이 가나안 본토로 귀환했을 때 가나안 본토에 계속해서 살고 있던 사람들은 귀환한 사람들을 두 팔 벌려 환영할 수 있었을까요. 그렇지 못했습니다. 가나안 땅에 계속해서 살아왔던 사람들과 포로의 삶에서 귀환한 이들 사이에는 누가 구속자의 정통 계승자인가, 누가 남은 자인가, 누가 하나님의 백성인가에 대해 계속된 논쟁이 발생하게 되었습니다. 이들이 이런 논쟁을 하게 된 결정적 이유는 가나안 땅에 대한 소유권 분쟁과도 연관이 있었습니다. 즉 하나님의 백성들이 가나안 땅을 차지해야 하는데 이 땅을 차지할 수 있는 참된 하나님의 백성들이 누구인가를 가리는 문제는 그들에게 너무나 시급하고 중요한 문제였습니다. 가나안 본토 세력과 포로 귀환 세력 모두 자기들이야말로 하나님의 참 백성이라고 주장했습니다. 그들이 내세웠던 근거가 무엇인지를 하나씩 살펴보겠습니다.

먼저 가나안 본토 세력은 자신들은 약속의 땅 가나안을 지켰다는 자부심이 있었습니다. 가나안은 하나님의 약속의 땅이고 정결하고 거룩한 땅입니다. 자신들은 죄를 범하지 않았기 때문에 부정한 이방 땅에 포로로 끌려가지 않았고 하나님의 약속의 땅에서 계속하여 삶을 영위할 수 있었다고 주장했습니다. 이에 반해 포로 귀환 세력들은 자신들이 포로로 끌려가게 된 것은 이스라엘 공동체 전체의 죄에 대해 대속의 고난을 짊어진 것이고 하나님은 자신들과 함께 바벨론 땅에 계셨음을 강조했습니다. 그리고 이방 땅에서의 그 시간들을 통해 자신들이 믿음 안에서 새롭게 갱신되고 정화되었음을 주장했습니다. 그리고 돌아온 이후에 그들은 신앙의 정체성을 지켜내기 위해 분리주의를 선택합니다. 이방인과의 통혼 금지, 사마리아 세력들과의 연합 금지를 내세우며 하나님을 믿는 자들의 공동체로서의 거룩함과 정결함을 유지하기 위해 최선을 다했습니다. 이러한 충돌의 과정 속에서 결국 포로 귀환 세력들이 승리하면서 그들은 신앙의 정통성을 지켜내게 된 것입니다.

08 에스라서와 느헤미야서를 유대인들은 한 권으로 본다는 이야기를 들었습니다. 에스라서와 느헤미야서를 한 권으로 보는 근거는 무엇인가요?

Ⓐ 에스라서와 느헤미야서는 주후 15세기까지 히브리어 문헌에서 한 권으로 존재했습니다. 맛소라 학자들은 책의 중간 구절을 표기하였는데 에스라서와 느헤미야서의 중간 구절 표기는 느헤미야 3장 22절에 나옵니다. 중간 구절 표기가 느헤미야 3장 22절에 있다는 것은 이스라엘 사람들이 에스라서와 느헤미야서를 한 권으로 이해했다는 결정적인 증거입니다. 유대인들에게 에스라서와 느헤미야서는 성문서로 역대기 앞에 배치했습니다. 그러다가 70인경 때부터 두 권으로 나뉘어졌고 '에스드라스 알파'와 '에스드라스 베타'라고 불렀습니다. 책의 순서도 역대기 뒤에 배치했습니다. 오늘날 한글 성경은 헬라어 정경 전통을 따르고 있습니다. 그래서 에스라서와 느헤미야서를 각각의 책으로 구분한 것입니다. 질문하신 것처럼 에스라서와 느헤미야서를 한 권으로 볼 수 있는 가장 중요한 증거는 위에서 말한 중간 구절 표기이고, 다른 하나는 기술의 연속성입니다. 느헤미야 1장 1절을 보겠습니다.

하가랴의 아들 느헤미야의 말이라 아닥사스다 왕 제이십년 기슬르월
에 내가 수산 궁에 있는데.

여기 아닥사스다 왕 제이십년이라고 번역했는데 사실 히브리어 원문
에는 아닥사스다라는 말이 없습니다. 제이십년으로만 되어 있습니다.
그런데 이 이십년이라고 하는 것이 무엇인가에 대해 헷갈릴 수 있기 때
문에 한글 번역에서 아닥사스다 왕을 추가하여 번역한 것입니다. 어떤
학자는 여기서 20년을 느헤미야의 나이로 보기도 합니다. 에스겔 1장 1
절에 나오는 삼십 년이 에스겔의 나이를 가리키는 것처럼 여기서 20년
이 느헤미야의 나이를 가리키는 것으로 이해하는 것입니다. 그러나 이
십 세의 나이에 느헤미야가 페르시아 제국의 술 맡은 관원과 유대 총독
의 직책을 수행했다고 보기에는 현실적으로 맞지 않기에 대부분의 학자
들은 20년을 아닥사스다 통치 20년으로 이해합니다. 술을 담당하는 관
원은 왕의 전적인 신뢰를 받는 중요한 직책입니다. 외경 문서인 토빗서
1장 22절에는 에살핫돈의 제2인자인 아히카르가 에살핫돈의 술 관원
으로 기록되어 있습니다.

그는 술 관원이었고, 옥새를 지키는 자였으며, 재정을 맡은 자였고, 에
살핫돈이 그를 2인자로 삼았다.

고대 사회에서 술 관원의 지위가 얼마나 높은지를 잘 보여주는 본문
입니다. 이러한 고위직에 느헤미야가 20세에 올랐다고 보기는 어렵습
니다. 그렇다면 왜 히브리어 원문에서는 누구의 20년인지를 정확하게
말하지 않았을까요. 20년이라는 연도만 써도 이것이 누구의 20년인지
를 독자들은 다 알고 있었다고 볼 수 있습니다. 에스라 7장에서부터 아

닥사스다가 계속 등장하고 있고 느헤미야 2장 1절에 나오는 왕의 이름도 아닥사스다이기 때문에 굳이 아닥사스다라는 왕의 이름을 기록하지 않았다고 봅니다. 에스라서와 느헤미야서가 단절되지 않고 계속 이어지는 이야기로 본 것입니다. 이것이 에스라서와 느헤미야서를 한 권의 책으로 보는 가장 중요한 증거라고 할 수 있습니다.

09 에스더서에는 부림절이라는 절기가 등장합니다. 부림절의 뜻은 무엇이며 이스라엘 백성들이 부림절을 준수하는 이유가 무엇인가요?

Ⓐ 에스더 9장 26~28절을 보겠습니다.

> 무리가 부르의 이름을 따라 이 두 날을 부림이라 하고 유다인이 이 글의 모든 말과 이 일에 보고 당한 것으로 말미암아 뜻을 정하고 자기들과 자손과 자기들과 화합한 자들이 해마다 그 기록하고 정해 놓은 때 이 두 날을 이어서 지켜 폐하지 아니하기로 작정하고 각 지방, 각 읍, 각 집에서 대대로 이 두 날을 기념하여 지키되 이 부림일을 유다인 중에서 폐하지 않게 하고 그들의 후손들이 계속해서 기념하게 하였더라.

26절에 말하는 것처럼 부르의 이름을 따라 부림이라고 부르게 되었습니다. 부르는 아카드어인 '푸루'를 소리 나는 대로 히브리어로 옮긴 것으로 '제비'라는 뜻입니다. 에스더서를 보게 되면 하만은 제비뽑기를 통해 이스라엘 백성들을 전멸할 날을 정하게 됩니다. 민족 전체가 전멸될 위기 상황 속에서 하나님께서는 에스더와 모르드개를 통해 이스라엘을 구원해주셨습니다. 그 특별한 구원 사건을 기념하면서 이스라엘은 부림절을 지키게 되었고 오늘날에도 매년 부림절을 준수하고 있습니다. 에스더서는 메길롯 중 하나로 아달월(2~3월) 부림절에 낭독됩니다. 메길롯은 다섯 개의 축제날에 읽는 '다섯 두루마리 책'으로 아가서는 유월절에, 룻기서는 오순절에, 애가서는 예루살렘 멸망 기념일에, 전도서는 장막절에, 에스더서는 부림절에 읽었습니다. 유월절, 오순절, 장막절은 토라에 나오는 절기이지만 부림절은 토라에 나오지 않는 절기입니다. 토라에 나오지는 않지만 부림절을 지키는 역사적, 신학적 근거를 제시하는 것이 바로 에스더서입니다. 그래서 부림절 전날 저녁 예배를 드린 후에 에스더서를 읽고, 부림절 아침에 다시 한 번 더 읽습니다. 재미있는 것은 민족 전체의 부림절도 지키지만 지역의 부림절과 가정의 부림절을 지키기도 한다는 것입니다. 엄청난 재난과 위기 상황 속에서 놀라운 구원을 경험한 사건을 기념하면서 매년 부림절을 정하여 지키는 것입니다. 에스더 9장 22절을 보면 부림절을 축하하는 이유가 나옵니다.

> 이 달 이 날에 유다인들이 대적에게서 벗어나서 평안함을 얻어 슬픔이 변하여 기쁨이 되고 애통이 변하여 길한 날이 되었으니 이 두 날을 지켜 잔치를 베풀고 즐기며 서로 예물을 주며 가난한 자를 구제하라 하매.

부림절은 슬픔이 변하여 기쁨이 되고 애통이 변하여 길한 날이 되었음을 기념하는 날입니다. 에스더서에는 하나님의 놀라운 구원 사건을 기술하고 있지만 하나님의 이름이 한 번도 등장하지 않습니다. 그럼에도 구약의 어떤 책보다도 하나님의 역사 섭리와 구원 사건에 대한 강력한 메시지가 숨어 있습니다. 하나님의 백성들에게 그들을 진멸하고자 하는 자들로부터 구원해 주시는 하나님을 믿고 신뢰하도록 격려하기 위해 쓰여진 책이 바로 에스더서입니다. 그런 의미에서 나치의 유대인 대학살 속에서 유대인들이 가장 사랑한 책이 에스더서였다고 합니다.

10 사해 사본에서 유일하게 발견되지 않은 본문이 에스더서라는 이야기를 들었습니다. 성경 필사에 최선을 다했던 쿰란 공동체에서 에스더서를 필사하지 않은 특별한 이유가 있었나요?

Ⓐ 1947년부터 사해 근처 동굴에서 성경 필사본들이 많이 발견되었습니다. 이것을 사해 사본이라고 합니다. 우리는 사해 사본을 쓴 사람들을 에세네파라고 하기도 하고, 그들이 살았던 지역을 중심으로 쿰란 공동체라고도 합니다. 에세네파는 대부분 제사장 집안의 사람들로 자급자족의 기본적인 노동 외에 성경을 필사하는 일을 주로 하였습니다. 그들이 로마와의 전쟁을 치루는 가운데 성경 필사본을 보관하기 위해 동굴 깊숙이 숨겨두었던 사본들이 1947년에 우연한 계기로 발견되었고 10년간의 발굴 결과 여러 동굴에서 무수하게 많은 필사본들이 발견되었습니다. 그런데 에스더서에 대한 사본은 발견되지 않았습니다. 그 이유가 무엇일까요. 또한 에스더서는 구약성경과 신약성경 어디에도 한 번도 인용되지 않은 본문입니다. 왜 이렇게 에스더서에 대한 관심이 상대적으로 없었을까요. 두 가지만 이야기하겠습니다. 첫째는 에스더서에는 제사, 성전, 토라, 여호와의 이름이 등장하지 않습니다. 제사와 성전과 토라를 중시했던 에세네파 입장에서 이러한 단어들이 전혀 등장하지 않는 에스더서의 권위를 존중하지 않았을 가능성이 높습니다. 둘째는 에스더서에 나오는 것처럼 에스더는 왕비 간택을 받는 과정 속에서 유대인으로서의 정체성을 드러내지 않습니다. 이는 에스더가 페르시아 사람처럼 행세했을 가능

성이 높다는 이야기입니다. 당연히 율법이 강조하는 안식일 준수나 음식 정결법 준수 등을 제대로 하지 않았을 가능성이 있습니다. 에세네파는 레위기가 강조하는 거룩과 정결을 아주 중요하게 생각하는 그룹입니다. 따라서 유대인으로서 정체성을 지켜내는 일에 열심을 다하지 않았던 에스더서를 상대적으로 경시했을 가능성이 매우 높다고 할 수 있습니다.

11 하만이 유대인들을 전멸하고자 한 특별한 이유가 있는지 궁금합니다. 왕에게 엄청난 뇌물을 바치면서까지 유대인들을 전멸시키고자 한 하만의 의도가 있었나요?

🅐 에스더 3장 1절을 보겠습니다.

> 그 후에 아하수에로 왕이 아각 사람 함므다다의 아들 하만의 지위를 높이 올려 함께 있는 모든 대신 위에 두니.

하만을 수식하는 표현이 아각 사람 함므다다의 아들입니다. 여기 아각 사람이라는 표현이 나오는데 아각이라는 이름을 성경에서 보신 적이 있지 않습니까. 사무엘상 15장 32~33절을 보겠습니다.

> 사무엘이 이르되 너희는 아말렉 사람의 왕 아각을 내게로 끌어 오라 하였더니 아각이 즐거이 오며 이르되 진실로 사망의 괴로움이 지났도 다 하니라 사무엘이 이르되 네 칼이 여인들에게 자식이 없게 한 것 같 이 여인 중 네 어미에게 자식이 없으리라 하고 그가 길갈에서 여호와 앞에서 아각을 찍어 쪼개니라.

사무엘상 15장을 보면 사무엘에 의해 죽임 당한 사람이 바로 아각입니다. 아각이 누구입니까. 아말렉의 왕입니다. 하나님께서 사울에게 아말렉을 진멸하는 전쟁을 치를 것을 명하셨습니다. 왜 아말렉을 진멸하라고 하셨습니까. 출애굽기 17장을 보면 이스라엘이 출애굽한 이후에 이스라엘 공동체를 제일 먼저 공격한 이방 민족이 바로 아말렉입니다. 이스라엘이 하나님의 백성 공동체로 첫 걸음을 내딛은 그 순간에 이스라엘을 무너뜨리고자 아말렉이 최초의 공격을 가한 것입니다. 이 사건으로 인해 하나님께서는 아말렉에 대한 심판을 예언하셨고 마침내 사울의 때에 아말렉을 공격할 것을 명하셨습니다. 그러나 이스라엘의 초대 왕 사울은 하나님의 명령에 온전히 순종하지 않았고 아각을 살려주었습니다. 그때 사울을 책망하며 사무엘은 아말렉 왕 아각을 죽이게 됩니다. 이때 죽임 당한 아말렉 왕 아각의 후손이 바로 하만입니다. 하만이 유대인들을 전멸하고자 한 이유가 바로 여기에 있습니다. 개인적으로는 자기 조상에 대한 복수이고, 공동체적으로는 민족의 복수를 하고자 한 것입니다. 그래서 유대인들을 전멸시키기 위해 제국의 왕이었던 아하수에로에게 은 일만 달란트를 뇌물로 바치게 됩니다. 에스더 3장 9절입니다.

왕이 옳게 여기시거든 조서를 내려 그들을 진멸하소서 내가 은 일만 달란트를 왕의 일을 맡은 자의 손에 맡겨 왕의 금고에 드리리이다 하니.

하만은 아말렉 왕 아각의 후손으로서 자기 조상에 대한 복수, 민족에 대한 복수를 하고자 유대인 전멸 계획을 세우고 실행에 옮기고자 한 것입니다.

백문백답
시가서

욥기

01 저는 모태신앙으로 오랜 시간 교회 생활을 했습니다. 그런데 욥기를
읽을 때마다 욥이 실제 인물인지, 욥기 안에 기록된 이 모든 사건들
이 실제 일어난 사건인지에 대해서 의구심이 있습니다. 이런 마음을 어떻게
극복해야 할까요. 이런 마음을 가지고 성경을 읽는 것이 옳은 자세인가요?

Ⓐ 많은 신앙인들이 질문자와 비슷한 고민을 하실 것 같습니다. 여러분
은 어떻게 생각하십니까. 욥기에 나오는 욥을 실제 인물이라고 생각하
십니까. 아니면 어떤 교훈을 주기 위해 만들어진 창작적 인물이라고 생
각하십니까. 욥기 안에 기록된 모든 사건을 실제 역사 안에서 일어난 사
건이라고 이해하십니까. 아니면 어떤 교훈을 주기 위해서 만들어진 이
야기라고 생각하십니까. 제가 묻고 싶은 것은 욥이 실제 인물이고 욥기
안에 기록된 모든 사건이 실제로 일어난 사건이어야만 욥기는 우리에
게 의미가 있는 것인가요. 먼저 기억해야 할 것은 성경은 일차적으로 계
시의 책이라는 것입니다. 성경은 우리에게 과학적 사실을 알려주는 과
학책도 아니고 역사 안에서 어떤 일이 일어났는가를 알려주는 역사책도
아닙니다. 성경은 일차적으로 우리에게 하나님의 뜻을 알려주는 계시의
책입니다. 계시는 그동안 우리에게 숨겨져 있던 하나님의 뜻이 밝히 드

러나는 것을 말합니다.

그런데 계시가 가능하려면 두 가지 전제 조건이 충족되어야 합니다. 첫째는 하나님께서 자기를 낮추어 주셔야 합니다. 우리가 고백하듯이 하나님께서는 하늘에 계시고 인간은 땅에 있습니다. 하나님은 창조자이고 인간은 피조물입니다. 하나님과 인간 사이에는 엄청난 질적 차이가 있습니다. 이렇게 엄청난 질적 차이가 나는 두 존재가 만남을 갖기 위해서 어떻게 해야 할까요. 땅에서 살아가는 우리가 하늘로 올라가서 하나님을 만날 수 있을까요. 이것은 불가능합니다. 그러면 인간이 하나님과 만남을 갖기 위해서는 하늘에 계신 하나님께서 우리 인간을 찾아와 주셔야 합니다. 하나님의 자기 낮추심이 있을 때만이 하나님과 인간은 만남을 가질 수 있습니다. 하나님의 찾아와 주심의 절정이 바로 예수 그리스도의 성육신입니다. 그런데 하나님께서 우리를 찾아와 주신다고 해서 계시가 성립되는 것은 아닙니다.

둘째는 하나님께서 우리의 눈높이로 우리에게 말씀해 주실 때만이 우리가 하나님의 뜻을 알 수 있다는 것입니다. 예컨대 21세기를 살아가는 한국의 신앙인들에게 하나님께서 당신의 뜻을 알려주신다고 할 때 우리가 이해할 수 있는 한글로 말씀해 주셔야만 우리는 하나님의 뜻을 알 수 있습니다. 하나님께서 매일 우리에게 말씀은 하시는데 라틴어로 말씀하신다면 우리가 그 말씀을 어떻게 이해할 수 있겠습니까. 그것은 말씀하시지 않는 것과 똑같은 것입니다. 우리가 지금 쓰는 단어, 개념, 세계관의 틀 안에서 말씀해 주셔야만 우리는 하나님의 뜻을 알 수 있습니다. 이처럼 계시가 성립되기 위해서는 두 가지 조건이 충족되어야 합니다. 하나님께서 먼저 자기를 낮추어 우리를 찾아와 주셔야 하고, 우리가 이해할 수 있는 눈높이로 말씀해 주셔야만 우리는 하나님의 뜻을 알 수 있는 것입니다. 그런 의미에서 우리가 성경을 계시의 책이라고 말할 때, 성경 안에 기록된 모든 계시의 말씀들은 하나님께서 먼저 자신을 낮추어 주시고 당시 사람들이 이해할 수 있는 언어와 세계관의 틀 안에서 당신의 뜻을 알려주신 것이라고 할 수 있습니다.

이처럼 성경은 하나님의 뜻을 당시 사람들에게 알려준 계시의 책입니다. 이때 하나님의 뜻을 알려주는 계시의 도구로 다양한 장르가 사용되고 있음을 주목해야 합니다. 성경 안에는 다양한 장르가 있습니다. 구약에는 율법서도 있고, 역사서도 있고, 시가서도 있고, 예언서도 있습니다. 신약에는 복음서, 역사서, 서신서, 묵시록이 있습니다. 이 모든 장르는 하나님의 뜻이 무엇인지를 우리에게 알려주기 위한 방편으로 사용되고 있습니다. 하나님께서 우리에게 당신의 뜻을 알려주실 때 어떤 경우에는 직접 말씀을 하실 때도 있고, 어떤 때는 예언자를 통해 간접적으로 말씀하실 때도 있습니다. 어떤 때는 하나님의 뜻을 알려주는 매개로 노래도 사용하고, 편지도 사용하고 역사도 사용하고 문학도 사용합니다. 어떤 하나의 매개만이 하나님의 뜻을 알려주는 도구로 사용되는 것이 아닙니다. 중요한 것은 그 매개를 통해 전달되는 하나님의 뜻을 온전히 받아 안고 마음에 새기는 것입니다.

욥기는 유대인들의 장르 구분상 성문서에 해당됩니다. 성문서 안에는 노래도 있고, 묵시도 있고, 문학도 있습니다. 문학도 하나님의 뜻을 드러내는 매개임을 기억해야 합니다. 예를 들어 누가복음 10장의 선한 사마리아인의 이야기가 실제로 일어난 이야기여야만 의미가 있습니까. 누가복음 15장의 돌아온 탕자의 이야기가 실제로 일어난 이야기여야만 의미가 있습니까. 그렇지 않습니다. 중요한 것은 그 이야기를 통해서 말씀하고자 하는 것이 무엇인가 하는 것입니다. 그 의미를 제대로 파악하는 것이 본질이지 그것이 실제로 일어난 사건인가 아닌가 하는 것은 부차적인 것입니다. 욥기도 그렇습니다. 욥기는 역사 안에서 일어난 하나님의 사건을 기술하고 있는 역사서가 아닙니다. 욥기가 만약 역사서라면 실제 역사 안에서 일어난 사건이여야만 의미를 가질 것입니다. 실제로 일어난 사건도 아닌데 역사서라고 말한다면 이것은 말이 안 되는 것입니다. 그런데 욥기는 성문서입니다. 역사 안에서 이 사건이 실제로 일어난 것인가 하는 것이 욥기에서는 일차적으로 중요하지 않습니다. 욥기를 통해 말하고자 하는 하나님의 뜻이 일차적으로 중요합니다.

대부분의 신앙인들은 성경 안에 기록된 모든 내용들이 역사 안에서 실제로 일어난 사건에 대한 기술이라고 생각합니다. 그렇게 믿고 받아들이는 것은 전혀 문제되지 않습니다. 그렇게 해도 됩니다. 그런데 잘 믿겨지지 않는 분들에게 다음과 같이 말씀드리고 싶습니다. 욥기 안에 기록된 모든 내용들이 역사 안에서 실제로 일어난 사건이라고 믿겨지지 않으시는 분들, 도저히 믿을 수 없는 분들에게는 그렇게 생각하는 것도 문제가 아니라고 말씀드리고 싶습니다. 왜냐하면 욥기는 역사서가 아닙니다. 욥기가 만약 역사서라면 욥기 안에 기술된 내용을 역사 안에서 실제로 일어난 사건으로 받아들이지 않는 것이 문제가 될 수 있습니다. 그러나 욥기는 하나님의 계시의 책인 성경 안에 포함된 성문서입니다. 성문서에는 문학이라는 장르를 통해 우리에게 하나님의 뜻을 알려주는 본문들이 있습니다. 욥기를 그 가운데 하나로 이해해도 됩니다. 하나님께서 당신의 뜻을 우리에게 알려주실 때 문학이라는 장르도 사용하고 계심을 기억해야 합니다. 정리하면 욥기 안에 기술된 모든 내용들을 역사 안에서 실제로 일어난 사건에 대한 기술로 보시는 것도 괜찮고, 하나님의 뜻을 우리에게 알려주는 문학으로 읽는 것도 괜찮습니다. 중요한 것은 욥기를 통해서 하나님께서 우리에게 무엇을 말씀하고자 하는가 하는 것입니다. 이것을 더욱 주목하셔야 합니다. 이것이 욥기를 대하는 가장 올바른 자세입니다.

02 욥기는 계속해서 비슷한 이야기가 반복되는 것 같은 느낌이 듭니다. 분량도 많아서 읽기가 쉽지 않습니다. 욥기가 우리에게 말하고자 하는 핵심적인 메시지가 무엇인가요?

A 욥기는 총 42장으로 구성되어 있는데 그 중심에는 욥과 세 친구의 논쟁이 있습니다. 욥기 3장부터 31장이 욥과 세 친구의 논쟁 이야기입니다. 이 논쟁은 세계관의 충돌, 패러다임의 충돌이라고 할 수 있습니다. 이러한 세계관의 충돌은 전환기 사회의 특징이기도 합니다. 세계관은 대부분의 사람들이 가지고 있는 공동의 견해라고 할 수 있습니다. 동시대를 살아가는 대부분의 사람들이 가지고 있는 비슷한 사고, 비슷한 관점을 세계관이라고 말합니다. 그런데 전환기 사회에서는 기존의 세계관을 거부하고 새로운 세계관을 가진 세대가 등장하게 됩니다. 그래서 기존의 세계관과 새롭게 출현한 세계관이 충돌하게 됩니다. 이러한 세계관의 충돌이 욥기 안에 담겨 있습니다. 그렇다면 이스라엘 백성들이 가지고 있던 기존의 세계관은 무엇이고 새롭게 출현한 세계관은 기존 세계관의 어떤 부분을 문제 제기하고 있는 것인지 살펴보겠습니다.

이스라엘 백성들이 전통적으로 가지고 있던 세계관은 신명기 신학입니다. 신명기 신학을 다른 말로 인과응보 신학이라고 합니다. 핵심은 뿌린 대로 거둔다는 것입니다. 어떤 사람이 하나님께 순종의 씨앗을 뿌렸다면 복과 은혜라는 열매를 거두는 것이고, 불순종의 씨앗을 뿌렸다면 심판과 저주라는 열매를 거둔다는 것입니다. 이러한 신명기 신학의 잣대로 이스라엘 백성들은 인생에서 일어나는 무수한 사건들을 해석했습니다. 누군가가 인생에서 성공하고 승리하고 번영하는 삶을 살아간다면 이것은 이 사람이 하나님께 순종을 많이 해서 복을 받은 것으로 해석하고, 반대로 누군가가 인생에서 실패하고 추락하는 삶을 살아간다면 이 사람이 하나님께 불순종을 많이 해서 벌을 받고 있는 것으로 해석했습니다. 실제로 이스라엘 백성들끼리만 살아가던 시기에는 신명기 신학이 현실로 적용되는 일들이 많았습니다. 당연히 그렇지 않겠습니까. 이스라엘 공동체 모두가 하나님을 믿고 있는 상황에서 하나님께 순종하는 자들이 공동체 안에서 박수와 존경을 받고, 하나님께 불순종하는 자들이 심판과 처벌을 받는 일들이 자연스럽게 일어나게 되었습니다.

그런데 이스라엘이 이방 제국의 식민 지배를 받게 되는 순간부터 이러한 신명기 신학이 현실로 구현되지 않음에 대한 문제 제기가 등장하게 되었습니다. 예컨대 이방 왕 느부갓네살이 금 신상을 세워 놓고 그 금 신상에 절하라고 명령합니다. 이런 상황에서 하나님께만 순종하고자 하는 자는 금 신상에 절하지 않았습니다. 그러면 어떤 일이 벌어지게 됩니까. 뜨거운 풀무불에 던져지게 됩니다. 신명기 신학에 근거해보면 하나님께 순종하는 사람들은 복을 받아야 하는데 도리어 하나님께 순종하는 자들이 가진 것을 빼앗기고 감옥에 던져짐을 당하고 죽임을 당하는 일이 벌어지게 된 것입니다. 이런 상황에서는 어떤 사람들이 승승장구합니까. 불의한 이방의 권력자들과 손을 맞잡는 사람들, 그들이 시키는 대로 열심히 행하는 사람들이 승승장구합니다. 일제시대 친일파들을 생각하면 됩니다. 이스라엘이 이방 제국의 식민 지배를 받게 되는 순간부터 하나님께만 순종하고자 하는 의인들은 고난을 받고, 이방과 손을 맞잡은 불의한 자들은 성공하는 일들이 벌어지게 됩니다. 이때 기존의 신명기 신학이 여전히 유효한가에 대한 질문이 등장하게 되었습니다. 신명기 신학으로는 해석할 수 없는 삶의 문제가 있음을 주목한 것입니다. 이러한 세계관의 충돌이 욥기 안에 잘 드러나 있습니다.

욥기는 욥과 세 친구의 논쟁 이야기가 핵심입니다. 여기서 욥과 세 친구는 단순한 개인이 아닌 어느 집단을 대표하는 존재입니다. 세 친구는 기존의 질서와 전통을 옹호하는 대변자들입니다. 그들은 신명기 신학의 잣대로 모든 것을 해석하고 평가하는 신명기 신학의 옹호자들입니다. 이들이 볼 때 욥이 처해 있는 고난의 상황은 하나님께 벌을 받고 있는 상황이고 욥이 이런 벌을 받게 된 것은 하나님께 무엇인가를 잘못했기 때문입니다. 그래서 세 친구는 욥에게 회개할 것을 촉구합니다. 그러나 욥은 세 친구의 주장을 받아들이지 않습니다. 아무리 생각해봐도 하나님께 이런 벌을 받을 만큼의 죄를 자신은 짓지 않았다고 항변합니다. 하나님께 무엇인가 불순종 했기 때문에 이러한 처참한 상황에 처한 것이 아님을 욥은 주장합니다. 기존의 신명기 신학으로 자신이 처해 있는 상황을 판단하거나 정죄하지 말 것을 요구합니다. 기존의 신명기 신학을 거부하는 것입니다.

신학자들은 욥과 세 친구의 논쟁을 바벨론 포로 1세대와 2~3세대의 갈등으로 해석하기도 합니다. 바벨론 포로 1세대는 바벨론에 포로로 끌려 온 것을 자신들의 죄에 대한 하나님의 심판으로 이해했습니다. 그러나 바벨론 포로 2~3세대들에게는 바벨론에서의 고난의 세월이 이유 없는 고난처럼 다가왔을 것입니다. 그들은 죄를 지어서 이런 고난을 받은 것이 아니라 태어나면서도 고난의 세월 속에서 인생을 시작했습니다. 죄악의 씨앗을 뿌려야만 벌이라는 열매를 거둔다는 것이 신명기 신학의 주장인데 이들은 죄악의 씨앗을 뿌리기 전부터 하나님의 심판이라는 저주를 받고 있었던 것입니다. 바벨론 포로 2~3세대가 전통적인 신명기 신학을 온전히 수용하는 것은 쉽지 않았을 것입니다. 페르시아 시기에도 이런 문제가 발생했습니다. 하나님께만 순종하고자 하는 의인들은 고난을 받고, 페르시아 제국과 손을 맞잡은 악인들은 승승장구하는 일이 벌어졌습니다. 기존의 신명기 신학으로는 도저히 설명하기 어려운 현실이 벌어진 것입니다.

여전히 한국의 많은 신앙인들은 인생의 많은 문제들을 신명기 신학의 잣대로 해석합니다. 누군가가 성공하고 번영하면 하나님의 복을 받았다고 생각하고, 이 사람이 그러한 복을 받게 된 이유는 그가 하나님께 순종을 많이 했기 때문이라고 생각합니다. 반면 누군가가 육신의 질병에 시달리거나 경제적으로 곤궁한 삶을 살게 되면 이 사람이 하나님께 벌을 받고 있다고 생각하고 이 사람이 이렇게 벌을 받는 이유는 하나님 앞에 죄를 지었기 때문이라고 생각합니다. 이러한 해석이 전형적인 신명기 신학의 잣대로 해석하는 것입니다. 그러나 욥기는 우리에게 의로운 자가 고난 받을 수 있음을 알려줍니다. 정직한 자들이 가난하게 살아갈 수 있음을 알려줍니다. 그래서 신명기 신학의 잣대만으로 해석할 수 없는 인생의 신비가 있음을 우리에게 깨우쳐줍니다. 세상에서 승승장구하는 사람에게 너무나 쉽게 "당신은 하나님께 복을 받았다"고 말하는 것을 조심해야 합니다. 불의한 세상에서 세상과 손을 맞잡은 결과 그가 세상에서 승승장구할 수도 있기 때문입니다. 반대로 힘겨운 삶을 살아가는 사람에게 "당신이 하나님께 저주를 받고 있다"고 말하는 것도 조심해야 합니다. 불의한 세상에서는 의로운 사람이, 거짓 충만한 사회에서는 정직한 사람이 고난 받을 수 있습니다. 신명기 신학으로만 해석될 수 없는 삶의 신비가 우리에게 있는 것입니다. 그것을 알려주는 책이 바로 욥기입니다.

03 욥기는 욥과 세 친구 사이에 계속된 논쟁이 나옵니다. 이때 세 친구가 말하는 핵심이 인과응보 신학이라고 알고 있습니다. 오늘날에도 신앙인들은 인과응보 신학의 잣대로 많은 것들을 판단하고 있는데 우리가 인과응보 신학을 적용함에 있어 조심해야 할 것은 무엇인가요?

Ⓐ 욥의 세 친구가 말하고 있는 핵심은 인과응보 신학이 맞습니다. 이것을 다른 말로 신명기 신학이라고 합니다. 그런 의미에서 욥의 세 친구는 인과응보 신학, 신명기 신학의 신봉자들입니다. 이들이 가진 신학적 사고는 당시 유대인들이 가지고 있었던 보편적인 세계관입니다. 그 핵심적인 내용은 순종하는 자에게는 하나님의 복이 임하고 불순종하는 자에게는 하나님의 심판과 저주가 임한다는 것입니다.

우리가 신명기 신학을 적용함에 있어서 조심해야 할 것은 우리의 삶 모든 곳에서 신명기 신학으로 해석하고 판단하는 것이 정답은 아니라는 것입니다. 불의한 자들이 지배하는 세상에서는 정의로운 자들이 핍박받을 수 있습니다. 반대로 불의한 자들과 협력하는 자들은 승승장구할 수 있습니다. 일제시대가 그렇지 않았습니까. 일제에 협력했던 친일파들은 떵떵거리며 살아가지만 민족의 독립을 위해 싸웠던 자들은 얼마나 많은 고초를 겪었습니까. 이때 세상적으로 잘 나가는 친일파들은 하나님께 복을 받은 것이고 고통과 고난 가운데 있는 독립 운동가들의 가족은 하나님께 심판을 받은 것이라고 말할 수 있습니까. 그럴 수 없습니다. 그래서 신명기 신학의 잣대만으로 세상에서 일어나는 모든 일을 판단하는 것을 조심해야 합니다. 무엇보다 신명기 신학은 일차적으로 경험의 표현이 아닌 그렇게 되기를 기원하는 희망의 표현임을 기억해야 합니다. 하나님께 순종하는 자들이 복을 받고 하나님께 불순종하는 자들은 심판을 받는 세상이 도래하기를 기원하는 희망의 표현임을 주목해야 합니다.

신명기 신학이 그렇게 되기를 바라는 희망의 성격을 내포하고 있다는 사실을 망각하게 되면 신명기 신학을 하나의 절대적 교리로 활용할 수 있습니다. 현재 번영을 누리는 사람들은 모두 하나님께 복을 받은 사람들이고 그들이 복을 받게 된 이유는 하나님께 온전한 순종을 드렸기 때문이라는 논리가 탄생하게 됩니다. 이런 논리로 인해 현실에서 승리한 자들이 가장 선호하는 이데올로기가 신명기 신학입니다. 주목해야할 것은 신명기 신학이 논리적으로는 과거에서 현재로 나아가지만 실제현실에서는 현재에서 과거를 역추론하는 방식으로 적용된다는 것입니다. 논리적으로 신명기 신학은 과거에서 현재로 나아갑니다. 과거에 어떤 씨앗을 뿌렸느냐에 따라 현재 그 열매를 거둔다는 것입니다. 그런데우리 가운데 그 누구도 한 존재의 삶을 24시간 내내 관찰할 수는 없습니다. 한 존재의 삶의 일부만을 우리는 볼 수 있는 것입니다. 그 존재가 하나님께 순종의 삶을 살았는지 불순종의 삶을 살았는지 우리가 온전히판단할 수 있겠습니까. 우리 눈에 보이지 않는 그 순간에 그 존재가 어떤삶을 살고 있는지를 우리가 어떻게 알 수 있겠습니까. 사실 우리가 어떤존재를 인식하기 시작하는 것은 그의 현재의 모습으로부터 출발합니다.

만약 어떤 존재가 세상에서 성공하고 번영하는 삶을 사는 것을 보면서 우리는 그가 하나님께 복을 받았다고 판단합니다. 그리고 그가 이런복을 받은 이유가 무엇일까를 물으면서 그가 하나님께 순종했기 때문이라고 생각합니다. 즉 신명기 신학은 논리적으로는 과거에서 현재로 나아가지만 실제 적용이 될 때에는 현재에서 출발하여 그의 과거적 삶을역추론하는 방식으로 적용이 됩니다. 그래서 그가 어떤 과정을 거쳐서오늘의 삶에 이르게 되었는지를 잘 알지 못하면서도 그가 세상적으로승승장구하는 모습을 보게 되면 하나님께 복을 받았다고 판단하고 그가복을 받은 이유는 하나님께 순종했기 때문이라고 분석하는 것입니다. 반대로 그가 세상적으로 잘 나가지 못하는 경우에는 그가 하나님의 저주를 받았다고 판단하고 그가 그런 심판을 받은 이유를 하나님께 불순종했기 때문이라고 분석합니다. 그런데 이런 판단과 분석이 항상 옳다고 할 수 있습니까. 현재 번영하는 사람은 하나님께 복을 받은 의인이고 현재 고난당하는 사람은 하나님의 심판을 받고 있는 악인이라고 할 수 있습니까. 그렇지 않습니다. 사실 우리는 한 존재의 삶에 대해 온전히 알지 못합니다. 일부만 알뿐입니다. 그 일부에 대해서도 제대로 안다고 말하기는 어렵습니다. 이처럼 잘 알지 못하는 경우에는 어떤 판단을 내리기보다는 침묵하는 것이 좋습니다. 섣불리 신명기 신학의 잣대로 누군가에 대해 판단하고 분석하는 것을 조심해야 합니다.

04 욥기가 언제 쓰여진 본문인지 궁금합니다. 어떤 책에서는 욥기의 저자를 모세라고 말하는 것을 보았는데 그렇다면 모세오경과 비슷한 시기에 쓰여진 것으로 볼 수 있는지요?

Ⓐ 성경 66권의 본문이 언제 쓰여졌는지에 대해 정확히 알 수는 없습니다. 본문 안에 저자와 저작 시기가 표기되어 있지 않기 때문입니다. 학자들이 본문의 저작 시기와 관련하여 주목하는 것은 본문 안에 사용된 단어입니다. 만약 어떤 본문 안에 21세기에 등장한 신조어가 사용되고 있다면 그 본문은 아무리 빨라도 21세기 이전에 쓰여질 수는 없습니다. 21세기에 등장한 신조어가 그곳에 기술되어 있다면 그 본문의 저작 시기는 21세기 이후로 잡아야 합니다. 예를 들어 100년 후에 우리나라 어딘가에서 어떤 텍스트가 발견되었다고 가정해 보십시오. 그 텍스트의 내용을 읽어 보니 세종대왕과 집현전 학자들이 한글을 창제하는 이야기입니다. 본문의 내용만을 보면 우리는 한글이 창제되던 15세기 초의 문헌이라고 생각하기 쉽습니다. 그런데 본문의 어느 대목에서 집현전 학자들이 만든 한글 초안을 보고 세종대왕이 "대박, 잘 만들었는걸"이라고 반응했다는 것이 거기에 쓰여 있다면 학자들은 여기에 사용된 '대

박'이라는 단어가 언제 만들어진 신조어인가를 주목합니다. 조사 결과 '대박'이라는 단어가 21세기 초 대한민국 사회에서 만들어진 신조어임을 확인하게 되면 '대박'이라는 단어를 쓰고 있는 이 텍스트의 저작 시기는 아무리 빨라도 21세기 이후가 될 수밖에 없습니다. 성경 본문의 저작 시기도 이런 식으로 판단합니다. 많은 사람들은 본문 안에 등장하는 배경의 시점을 일반적으로 저작 시기라고 생각하는데 꼭 그렇지는 않습니다. 오늘날에도 시간을 거슬러 과거의 어떤 이야기에 대해 우리가 쓸 수 있지 않겠습니까.

성경 본문과 관련하여 우리는 시간적으로 1, 2, 3의 구별을 해야 합니다. 성경 본문의 배경이 1이고, 성경 본문이 쓰여진 시점이 2이고, 그 본문이 하나님의 말씀으로 최종 승인된 시점이 3이라고 할 때, 어떤 본문도 1, 2, 3이 일치하는 경우는 없습니다. 본문마다 차이가 있지만 대부분의 본문이 본문의 배경과 쓰여진 시점과 정경으로 확정된 시점이 조금씩 차이가 있습니다. 그중에서도 욥기는 시간적 간격이 가장 큰 본문입니다. 욥기의 본문 배경은 족장 시대입니다. 그런데 욥기가 기술된 시점은 주전 5세기 페르시아 시대로 봅니다. 그리고 욥기가 하나님의 영감된 말씀으로 인정받은 것은 주후 90년입니다. 이처럼 욥기는 본문의 배경과 기록된 시점과 정경으로 확정된 시점의 간격이 엄청난 차이가 있습니다. 많은 분들이 욥기의 기술 시점을 모세 시대라고 생각합니다. 그런데 왜 학자들은 욥기의 기술 시점을 주전 5세기 페르시아 시대로 보고 있을까요. 여기서도 가장 중요한 것이 단어입니다. 욥기 안에는 주전 5세기 페르시아 시대 때 등장한 단어들이 쓰여 있습니다. 또 하나 중요한 증거가 욥기 1장 17절입니다. 본문은 갈대아인들의 습격으로 인해 욥의 종들이 죽임 당하는 이야기가 나옵니다.

그가 아직 말하는 동안에 또 한 사람이 와서 아뢰되 갈대아 사람이 세 무리를 지어 갑자기 낙타에게 달려들어 그것을 빼앗으며 칼로 종들을 죽였나이다 나만 홀로 피하였으므로 주인께 아뢰러 왔나이다.

여기 '갈대아인'은 후바벨론 제국의 사람들을 가리킵니다. 후바벨론은 나보폴라살에 의해서 주전 626년에 세워졌습니다. 따라서 욥기 1장 17절에 갈대아인이라는 표현이 사용된 것을 보면 욥기가 아무리 빨라도 주전 626년 이전에는 쓰여질 수 없다는 것을 알 수 있습니다. 그런데 욥기를 주전 5세기에 기록된 본문이라고 하면 이런 질문이 가능합니다. 에스겔 14장 14절과 20절에서 욥은 노아, 다니엘과 함께 유대인의 이상인 의로운 사람으로 묘사되고 있습니다. 에스겔 14장 14절을 보겠습니다.

비록 노아, 다니엘, 욥, 이 세 사람이 거기에 있을지라도 그들은 자기의 공의로 자기의 생명만 건지리라 나 주 여호와의 말이니라.

에스겔은 바벨론 포로기 인물인데 에스겔의 기록에 이미 욥이 의인으로 인용되고 있습니다. 그렇다면 욥기가 바벨론 포로기 이전에 기록된 것이 맞지 않을까 하는 질문이 가능합니다. 이 질문에 어떻게 대답할 수 있을까요. 욥기 안에 기록된 단어로 인해 욥기를 주전 5세기에 기록된 문서로 보더라도 욥의 이야기는 오랜 시간 이스라엘 공동체 안에서 구전으로 전해졌다고 봐야 합니다. 그래서 에스겔은 이스라엘 백성들이 잘 알고 있는 욥의 이야기를 인용했다고 볼 수 있습니다.

05 욥기 8장 7절의 말씀은 한국 교인들이 정말 좋아하는 말씀입니다. 그래서 교인 중에 개업을 할 때 이 말씀이 적힌 액자를 선물하기도 합니다. 그런데 이 말씀이 하나님의 뜻이 아니라고 하는 글을 읽은 적이 있습니다. 욥기 8장 7절은 하나님의 말씀이 아닌가요?

Ⓐ 성경이 하나님의 말씀이라고 할 때 오해해서는 안 되는 것이 성경 안에 있는 모든 말씀이 하나님의 말씀은 아니라는 것입니다. 성경은 영감 받은 계시의 말씀으로서 하나님의 뜻이 무엇인지를 우리에게 알려주는 책입니다. 그러나 성경책에 기록된 모든 말씀이 하나님의 말씀은 아닙니다. 예를 들어 성경 안에는 하나님을 대적하는 사탄의 말도 기록되어 있습니다. 사탄이 예수께 "이 돌을 떡 덩어리가 되게 하라"거나 "성전에서 뛰어 내려라"고 한 말은 하나님의 말씀이 아닙니다. 또한 성경 안에는 하나님께 옳다 인정받지 못한 사람들의 말도 기록되어 있습니다. 그 대표적인 것이 욥의 친구들의 말입니다. 욥기 42장 7절을 보겠습니다.

> 여호와께서 욥에게 이 말씀을 하신 후에 여호와께서 데만 사람 엘리바스에게 이르시되 내가 너와 네 두 친구에게 노하나니 이는 너희가 나를 가리켜 말한 것이 내 종 욥의 말 같이 옳지 못함이니라.

여기 나온 것처럼 하나님께서는 욥의 친구들의 말을 옳지 않다고 평가하셨습니다. 히브리어 성경을 헬라어로 번역한 70인경에서는 욥의 친구들의 죄를 강조하기 위해서 "너와 네 두 친구는 죄를 지었다"고 기록하고 있습니다. 욥의 친구들은 욥을 찾아와서 전혀 상황에 맞지 않는 이야기를 하였고, 틀린 진단 속에서 잘못된 해결책을 제시하였습니다.

그래서 하나님께 책망을 받은 것입니다. 그 대표적인 말씀이 욥기 8장 7절입니다. 한번 읽어보겠습니다.

네 시작은 미약하였으나 네 나중은 심히 창대하리라.

이 말은 하나님께서 선포하신 말씀이 아닙니다. 이 말을 한 사람은 욥의 친구인 수아 사람 빌닷입니다. 그는 모든 것을 잃고 초라한 상태에 있는 욥의 모습을 '네 시작'으로 보고 욥이 회개한다면 예전보다 더 창대함을 얻을 것이라고 말하고 있습니다. 빌닷이 볼 때 욥이 처해있는 현실은 하나님께 가혹한 심판을 받고 있는 모습입니다. 재산도 다 날리고 자녀들도 모두 죽임을 당하고 욥의 온 몸에는 악창이 나 있는 상황을 보고 빌닷은 욥에게 회개를 촉구합니다. 욥이 하나님께 엄청난 죄를 범했기 때문에 이 모든 심판을 받고 있다고 생각하면서 이 고통으로부터 회복될 수 있는 길을 제시한 것입니다. 욥기 8장 7절에 '네 시작은 미약하였으나'와 '네 나중은 심히 창대하리라' 사이에는 중요한 전제가 하나 있습니다. 그것이 무엇입니까. 바로 회개입니다. 욥이 회개하기만 하면 다시 창대해질 수 있을 것이라고 말하고 있습니다. 그래서 이 말씀은 옳지 못한 틀린 말이 되는 것입니다. 욥은 지금 엄청난 죄를 범해서 이런 고난을 받고 있는 것이 아닙니다. 그런데 빌닷은 욥이 처해 있는 비참한 현실을 죄로 인한 심판으로 규정하고 회복을 위해서는 속히 회개해야 한다고 말하고 있습니다. 빌닷의 말을 들으면서 욥은 어떤 생각을 하였을까요. 그렇지 않아도 고통 가운데 있던 욥은 빌닷의 말을 들으면서 더욱 괴로웠을 것입니다.

질문하신 것처럼 신앙인들은 개업을 하게 되면 이 말씀이 적힌 액자를 선물합니다. 그분들의 마음은 충분히 이해할 수 있습니다. 이제 막 개업을 했으니 시작은 미약하겠지만 시간이 지난 후에는 손님들로 문전성시를 이루게 해 달라는 마음을 담아서 선물하는 것입니다. 그러나 욥기 8장 7절의 말씀은 하나님께서 선포하신 말씀도 아니고 하나님께 옳다 인정받은 말도 아님을 기억해야 합니다. 문구 자체가 좋아서 선물하는 것까지 막을 수는 없지만 최소한 이 말씀이 어떤 의미로 사용된 것인지, 왜 하나님께 옳다 인정받지 못했는지 아는 것이 필요합니다.

06 성경 공부 시간에 목사님께서 욥기의 본문 배경은 족장 시대라고 말씀하신 것을 들었습니다. 욥기의 본문 배경을 족장 시대로 볼 수 있는 근거가 무엇인가요?

ⓐ 욥기의 본문 배경을 족장 시대로 보는 것은 크게 세 가지 이유 때문입니다. 첫째는 욥이 동방에서 가장 훌륭한 자라고 할 때 그 근거로 제시되는 것이 욥의 자녀수와 짐승의 수입니다. 욥기 1장 2~3절을 보겠습니다.

> 그에게 아들 일곱과 딸 셋이 태어나니라 그의 소유물은 양이 칠천 마리요 낙타가 삼천 마리요 소가 오백 겨리요 암나귀가 오백 마리이며 종도 많이 있었으니 이 사람은 동방 사람 중에 가장 훌륭한 자라.

여기 열거된 자녀들의 수와 짐승의 수는 대부분 완전수입니다. 고대 사회에서 3, 4, 7, 10, 12가 완전수입니다. 3은 하늘의 완전수이고, 4는 동서남북을 가리키는 땅의 완전수입니다. 7은 하늘의 완전수인 3과 땅의 완전수인 4가 합쳐진 수입니다. 10은 역사의 한 주기를 나타내는 숫자이고, 12는 3과 4를 곱한 숫자입니다. 욥의 자녀는 아들 일곱 딸 셋으로 합이 열 명입니다. 양은 칠천 마리, 낙타는 삼천 마리, 합이 일만 마리로 이것도 완전수입니다. 욥은 모든 것을 가장 온전하고 완전하게 소유한 사람이었습니다. 이런 존재를 복 받은 자의 표본으로 보던 시대가 족장 시대였습니다.

둘째는 욥이 직접 제사를 드리는 주체로 등장합니다. 이는 제사장 제도가 확립되기 이전의 모습이라고 할 수 있습니다. 제사장 제도가 확립되기 이전에는 집안의 가장이 자녀들을 위해 하나님께 제사를 올려드렸습니다. 창세기에 아브라함과 야곱이 하나님께 제단을 쌓는 이야기를 통해 우리는 이것을 알 수 있습니다.

셋째는 욥기 42장에 욥이 모든 것이 회복된 이후에 140년을 더 살았다는 말씀이 나옵니다. 욥기 42장 16절입니다.

그 후에 욥이 백사십 년을 살며 아들과 손자 사 대를 보았고.

욥이 알 수 없는 고난을 겪었던 시점이 언제인지 정확하게 알 수는 없습니다. 그때를 족장 시대라고 본다면 욥은 40세에 결혼했을 것입니다. 이삭의 결혼 연령도 40세, 에서의 결혼 연령도 40세로 족장 시대 남성들은 대부분 40세에 결혼했다고 볼 수 있습니다. 그리고 열 명의 자녀를 두었으니 욥이 고난을 받았을 때 나이를 50~60세라고 할 수 있습니다. 그리고 42장에서 욥이 140년을 더 살았다고 하면 욥의 나이는 190~200세 정도가 됩니다. 이것이 족장들이 삶을 마감한 나이와 비슷합니다. 아브라함이 175세, 이삭은 180세를 살았습니다. 이 세 가지 근거로 욥기의 본문 배경을 족장 시대로 보는 것입니다.

07 욥기를 읽게 되면 욥이 내뱉는 주장에 마음이 힘들어집니다. 신앙인이라면 어떤 고난 속에서도 하나님의 뜻을 기대하며 인내해야 하는 것이 아닌가요. 욥이 하나님께 보이는 저항의 언어를 어떻게 봐야 하는가요?

Ⓐ 우리는 어떤 상황에서건 하나님에 대한 믿음과 신뢰를 가지고 하나님께 감사의 고백을 올려드리는 것이 이상적인 신앙인의 모습으로 배웠습니다. 그런 배경에서 욥을 보면 신실한 신앙인들은 매우 불편한 감정을 느끼게 될 것입니다. 욥은 고난의 상황 속에서 침묵하지 아니하고 하나님께 저항적 무신론의 언어, 냉담함의 언어, 신앙을 갖지 못하는 언어, 하나님 부재의 현실에 대해 탄식하는 언어들을 쏟아냈습니다. 하나님을 믿는 사람이 이런 말을 쏟아내도 되나 싶을 정도로 보는 모두가 불안 불안합니다. 그런데 기억해야 할 것은 불평의 말을 쏟아내면서도 욥은 하나님과의 관계를 단절하지 않았다는 것입니다. 욥이 끝까지 하나님께 따지고 묻는 것은 하나님 외에는 의지할 자가 없었기 때문입니다. 이것이 바로 참 신앙의 모습이라고 할 수 있습니다.

먼저 저항과 불평과 탄식도 하나님이 용납하시는 신앙의 한 표출 방식임을 기억하셔야 합니다. 하나님이 기대하시는 것은 정직함입니다. 하나님께서는 우리가 하나님 앞에 정직하기를 원하십니다. 하나님이 잘 믿겨지지 않는데 믿는 것처럼 위장하는 것은 사람은 속일 수 있을지 몰라도 하나님은 속일 수 없습니다. 하나님에 대한 신뢰와 믿음이 전혀 없으면서 하나님을 신뢰하고 믿는 것처럼 위장하게 되면 사람은 속일 수 있을지 몰라도 하나님은 우리의 속마음을 다 알고 계십니다. 왜 예수께서 우리에게 '골방에서 기도하라'고 하셨을까요. 골방에서 기도해야만 정직한 대화가 가능하기 때문입니다. 모여서 기도하게 되면 옆 사람을 의식하면서 하나님과 정직한 대화를 하기가 어렵습니다. 너무 어려운 상황 속에서는 육하원칙에 근거한 논리 정연한 기도가 불가능합니다. 말하다가 말문이 막히면서 한숨도 쉬게 되고 탄식하게 되고 울부짖게 됩니다. 하나님은 우리들이 다른 사람의 눈치를 보지 않고 하나님과만 정직하게 대화하기를 원하십니다. 그래서 골방에서 기도하라고 하신 것입니다.

어떤 형태가 되었건 어떤 내용이 되었건 하나님은 우리의 간절한 외침을 들으시는 분입니다. 성경을 하나님의 말씀이라고 할 때 하나님이 하시는 말씀도 하나님의 말씀이지만 하나님이 들으시는 말씀도 하나님의 말씀입니다. 그 대표적인 본문이 시편입니다. 시편은 이 땅에 있는 하나님의 백성들이 하늘에 계신 하나님께 올려드린 인간의 탄식, 간구, 찬양입니다. 사람이 만든 것이고 사람이 한 말인데 그 시편을 우리는 하나님의 말씀이라고 고백합니다. 그 이유가 무엇입니까. 하나님께서 그 말씀을 경청하시고 열납하셨다고 믿기 때문입니다. 하나님은 인간의 탄식에 귀를 기울여 들으시는 분이십니다. 오늘 이 시대에도 자기 죄와 무관하게 고통 받고 있는 무수한 욥들이 있습니다. 그들이 하나님께 쏟아내는 무수한 탄식을 우리 하나님은 들으십니다. 하나님이 들으시는 그 음성을 하나님의 백성된 우리들이 귀를 활짝 열어 놓고 들어야 합니다. 하나님이 귀 기울여 들으시는 음성을 하나님의 백성들인 우리가 듣지 않는다면 이 얼마나 황당한 일입니까. 이 시대의 탄식에 대해 하나님의 백성된 우리가 귀를 기울여야 하는 이유가 바로 여기에 있습니다. 하나님이 들으시는 그 음성을 우리도 예의주시하며 경청해야 하는 것입니다.

욥에게서 배워야 할 자세는 고난 중에도 값싼 희망으로 도피하지 않고 정직하게 절망과 맞서는 것입니다. 욥은 하나님을 부정하지는 않지만 모든 것을 손쉽게 하나님의 뜻으로 받아들이지 않고 불경하다 싶을 정도로 하나님께 묻고 또 묻습니다. 욥에게 있어 가장 큰 고통은 자신이 왜 이런 고난을 당해야 하는지 그 의미나 이유를 알지 못한다는 것입니다. 그 이유에 대해 욥은 끊임없이 하나님께 묻고 또 묻습니다. 그리고 마침내 하나님께서는 질문하는 자에게 나타나십니다. 욥에게서 우리가 배워야 하는 것이 바로 이 질문하는 신앙입니다. 하나님이 존재하지 않는 것 같은 하나님 부재의 경험은 신앙인이 경험할 수 있는 가장 괴로운 순간입니다. 욥은 그 고통스러운 순간을 단순히 참아내지만 않았습니다. 끊임없이 자기가 왜 이런 고통을 받아야 하는지를 하나님께 질문하며 저항했습니다. 그 질문과 저항 속에서 욥은 끝내 하나님과의 관계를 붙잡았습니다. 하나님과의 관계를 단절하지 아니하는 것, 이것이야말로 어떤 상황에서건 신앙인이 드러내야 할 참된 믿음의 모습입니다. 그런 의미에서 욥이야말로 참된 믿음의 사람이라고 할 수 있습니다.

08 욥의 이름의 뜻이 무엇인가요?

Ⓐ 욥의 이름의 뜻을 정확하게 알 수는 없습니다. 아카드어로는 '하늘 아버지는 어디에 계시는가' 라는 뜻입니다. 그런데 탈무드에는 욥의 이름의 뜻을 '원수', '적' 이라고 하면서 욥을 깎아내리는 말이 많이 나옵니다. 아마도 욥이 이스라엘 사람이 아니고 우스 땅에 살았던 이방인이라는 이유로 부정적인 맥락에서 이름의 뜻을 규정한 것이 아닌가 싶습니다. 만약 그렇다면 이것은 명백한 배타적 선민사상에 근거한 주장이라고 할 수 있습니다. 또 하나는 욥이 하나님께 반항하고 반기를 들었기 때문이라는 이유도 있습니다. 그래서 욥에게 히브리인 프로메테우스라는 별명을 붙이기도 합니다. 경건한 유대인들의 관점으로 보게 되면 하나

님께 대들고 저항하는 욥의 모습은 많이 불편했을 것입니다. 그러나 역으로 욥기가 빼어난 이유 중 하나가 하나님과 끝까지 투쟁하는 욥의 모습이 담겨 있기 때문입니다. 구약에는 욥이나 요나와 같이 하나님께 따지는 사람들의 이야기가 기록되어 있습니다. 욥의 불경함을 승인하시는 하나님은 허례에 찬 경건보다는 원망에 찬 경건을 더 진실하게 보시는 분입니다. 맹목적 신앙이 눈을 감고 실상을 보기를 거절하는 신앙이라면 욥은 믿을 수 없는 상황에서도 현실을 직시하고 하나님께 매달린 사람입니다. 아픈 사람의 절규는 그 어떤 미사여구의 기도보다 더 진실한 기도의 말이 될 수 있음을 기억해야 합니다.

09 욥기와 잠언과 전도서를 지혜서로 분류한다고 들었습니다. 이 본문을 지혜서로 분류하는 이유가 무엇인가요. 그리고 욥기, 잠언, 전도서가 동일한 내용의 지혜를 말하는 것인가요?

🅐 욥기, 잠언, 전도서는 지혜서로 분류합니다. 지혜서는 어떻게 살 것인가에 대한 내용을 담고 있습니다. 지혜서는 크게 두 가지로 인생의 행복과 성공을 위한 실천적 지혜와 인생의 고통과 의미에 대한 사색적 지혜로 나뉩니다. 잠언은 실천적 지혜를, 전도서와 욥기는 사색적 지혜에 속하는 것으로 분류됩니다. 실천적 지혜는 보응의 원리를 충실하게 지지하는 내용을 담고 있습니다. 잠언 3장 33절을 보겠습니다.

악인의 집에는 여호와의 저주가 있거니와 의인의 집에는 복이 있느니라.

하나님께 순종하는 의인의 집에는 하나님의 복이 임하고 하나님께 반역하는 악인의 집에는 하나님의 저주가 임한다고 말하고 있습니다. 뿌린 대로 거둔다는 신명기 신학이 온전하게 반영된 말씀입니다. 반면에 사색적 지혜는 이 원리에 대해 회의하거나 깊은 의문을 품고 저항하는 입장을 담고 있습니다. 전도서 7장 15절을 보겠습니다.

> 내 허무한 날을 사는 동안 내가 그 모든 일을 살펴 보았더니 자기의 의로움에도 불구하고 멸망하는 의인이 있고 자기의 악행에도 불구하고 장수하는 악인이 있으니.

전도서는 신명기 신학에 대해 문제 제기를 합니다. 의인은 복을 받고 악인은 멸망당한다고 신명기 신학은 말하는데 현실 속에서는 멸망하는 의인도 있고 장수하는 악인도 있는 반대의 현상이 일어나고 있음을 폭로하고 있습니다. 이렇게 잠언이 신명기 신학을 옹호하는 실천적 지혜의 입장이라면 전도서와 욥기는 신명기 신학에 대해 문제 제기를 하는 사색적 지혜로 구분할 수 있습니다.

10 이 시대에도 욥과 같이 의롭게 살아가지만 알 수 없는 고난 가운데서 고통 받는 자들이 있습니다. 왜 하나님께서는 의인들의 고난을 해결해 주지 않을까요. 불의한 자들에 대한 심판을 종말로 미루시는 이유가 무엇인가요?

Ⓐ 그리스도교 신앙은 시간을 크게 세 시대로 구분합니다. 태초의 창조, 역사적 중간기, 마지막 종말의 때입니다. 태초의 창조와 마지막 종말의 때에는 하나님의 전능하심이 유감없이 발휘됩니다. 하나님의 전능하

심이 온전히 구현된다는 점에서 태초의 창조와 마지막 종말의 때는 유사한 측면이 있습니다. 그런데 그 중간에 있는 역사적 중간기는 다릅니다. 이때는 하나님께서 때마다 당신의 전능하심을 드러내지 아니하시고 하나님의 백성된 자들에게 하나님께서 창조하신 이 땅의 많은 것들을 위임하십니다. 창세기 1장 28절을 보겠습니다.

> 하나님이 그들에게 복을 주시며 하나님이 그들에게 이르시되 생육하고 번성하여 땅에 충만하라, 땅을 정복하라, 바다의 물고기와 하늘의 새와 땅에 움직이는 모든 생물을 다스리라 하시니라.

우리가 지금 살아가고 있는 시간이 역사적 중간기입니다. 이때는 하나님이 부재하고 사탄이 지배하는 듯한 혼란스러움을 많은 사람들이 경험합니다. 역사적 중간기를 살아가는 신앙인의 절규를 담고 있는 본문이 욥기입니다. 그렇다면 왜 역사적 중간기에 이러한 혼란이 일어나게 되는 것일까요. 그 이유는 크게 세 가지입니다. 첫째는 한 곳에 모여 있어야 할 원시 바다가 경계를 침범하기 때문입니다. 창세기 1장 9절을 보겠습니다.

> 하나님이 이르시되 천하의 물이 한 곳으로 모이고 뭍이 드러나라 하시니 그대로 되니라.

창세기를 공부할 때 말씀드린 것처럼 천지를 창조할 때 거대한 물이 땅을 덮고 있었습니다. 여기서 거대한 물은 하나님을 대적하는 세력을 상징합니다. 하나님께서는 둘째 날에 궁창을 만드셔서 거대한 물을 궁창 위와 궁창 아래로 나누셨고 셋째 날에는 궁창 아래의 물을 한 곳에 모이게 하셔서 드디어 물에 잠겨 있던 땅을 건져 올리셨습니다. 그런데 역사적 중간기에 한 곳에 모여 있어야 할 거대한 물이 자신의 경계를 넘어 사람들이 살아가는 세상으로 침범했습니다. 그로 인해 이 땅에 혼란이 발생하게 됩니다.

둘째는 공중 권세 잡은 사탄이 자신의 하수인들을 동원하여 이 땅을 더럽히고 있는 것입니다. 에베소서 6장 12절을 보겠습니다.

우리의 씨름은 혈과 육을 상대하는 것이 아니요 통치자들과 권세들과
이 어둠의 세상 주관자들과 하늘에 있는 악의 영들을 상대함이라.

여기서 사탄의 하수인들을 통치자들, 권세들, 어둠의 세상 주관자들, 하늘에 있는 악의 영들이라고 말하고 있습니다. 이 모든 것의 특징은 강력한 힘을 가지고 있다는 것입니다. 사탄은 하나님의 뜻이 하늘에서 이루어진 것처럼 땅에서도 이루어지는 것을 너무나 싫어합니다. 이 땅에 하나님 나라가 건설되는 것을 훼방 놓기 위해 자신의 하수인들을 동원하여 이 땅을 혼란스럽게 만듭니다.

셋째는 하나님의 백성들의 무기력함과 직무 유기로 인해 이 땅의 혼란이 지속됩니다. 하나님 나라를 훼방 놓는 사탄의 하수인들과 지상의 교회는 치열하게 싸워야 합니다. 그래서 사탄의 훼방을 이겨내야 합니다. 그러나 많은 경우에 신앙인들은 사탄의 하수인들과의 싸움을 회피합니다. 싸우기도 전에 항복하는 경우들도 많습니다. 이로 인해 역사적 중간기에 지상에서 혼란한 상황이 계속 지속되는 것입니다.

하나님께서는 천지를 창조하실 때 하나님을 대적하는 거대한 물을 완전히 제거하지 않으셨습니다. 그것들을 일부 남겨 놓으심으로 하나님의 백성들이 하나님의 동역자가 되어서 이 땅의 혼돈을 극복하는 일에 힘써 주기를 기대하셨습니다. 그런데 하나님이 기대하신 동역자의 역할

을 제대로 하지 못함으로 인해 악의 세력은 더욱 강력하게 역사적 중간기에 활동하고 있습니다. 역사의 중간기에 하나님께서는 당신의 백성된 우리에게 자녀다운 행위를 기대하고 계셨습니다. "하나님은 사랑이시다"라고 하는 것을 우리는 어떻게 증거할 수 있겠습니까. 하나님의 백성인 우리가 사랑 충만한 존재가 됨으로 말미암아 하나님이 사랑이심을 우리는 증거해야 합니다. 하나님이 진실하시고 거룩하신 분임을 우리는 어떻게 증거할 수 있겠습니까. 하나님의 백성인 우리가 진실한 삶과 거룩한 삶을 살아냄으로 하나님의 진실하심과 거룩하심을 증거해야 합니다. 그것이 역사적 중간기를 살아가는 그리스도인들에게 요청되는 삶의 자세입니다. 우리는 구원받기 위해서 하나님께 순종하는 것이 아닙니다. 하나님의 은혜로 구원받은 성도가 하나님의 통치를 이 땅 가운데 완성히기 위하어 우리는 순종함으로써 하나님께 협력하는 것입니다. 하나님이 이 땅을 통치하고 계심을 드러내야 할 책임이 우리에게 있음을 기억해야 합니다.

11 사탄은 욥이 아무런 이유 없이 하나님을 믿겠는가 하면서 신앙의 순수성에 대해 문제를 제기합니다. 오늘날 한국 교회 안에 만연한 기복주의 신앙에 대해서도 비슷한 문제 제기가 가능하지 않을까 생각하게 되는데 목사님의 생각은 어떠신지요?

Ⓐ 욥기 1장 9절을 보겠습니다.

사탄이 여호와께 대답하여 이르되 욥이 어찌 까닭 없이 하나님을 경외하리이까.

사탄은 욥의 거룩함과 진실함에 대해 동의합니다. 그러나 욥의 신앙이 어떤 대가를 바라는 행위라고 폄하합니다. 순수한 신앙이 아니라 더 많은 것들을 얻어내기 위한 투자 행위라는 것입니다. 만약 사탄의 말이 사실이라면 욥은 자기 자신을 섬기는 자가 됩니다. 자기가 잘되는 것이 목적이고 그 목적을 이루기 위해 하나님을 이용한다고 볼 수 있습니다. 하나님을 제대로 섬기는 것이 아니고 하나님을 단지 자기에게 복을 제공해주는 도구로 이용하는 것이라고 할 수 있습니다. 사탄은 이 말을 통하여 이 땅에 참된 신앙을 가진 사람이 있는가 하는 문제 제기를 하고 있습니다. 진정한 신앙은 보상을 기대하지 않는 것이어야 하는데 순수 신앙은 없고 모든 신앙은 복을 얻기 위한 행위가 아닌가 하고 도발하고 있는 것입니다.

사탄의 주장은 욥의 신앙이 기복적이라고 말하는 것입니다. 기복신앙은 하나님께 더 잘 보여서 더 많은 부와 명예와 권력을 누리려고 하는 이기적인 신앙을 말합니다. "어찌 까닭 없이 하나님을 경외하리이까"라는 사탄의 공격은 모든 시대 신앙인들에게 가해지는 가장 위협적인 질문이라고 할 수 있습니다. 예수님을 좇은 제자들의 동기도 그러하지 않았습니까. 그들은 외형적으로는 예수를 좇은 듯 보였지만 실상은 예수를 통해 얻을 수 있다고 생각한 부, 권력, 명예, 개인적 욕망의 실현이 그들에게 목적이었습니다. 예수는 자신들이 기대하는 그 모든 것을 가능케 해주는 도구와 수단에 불과했습니다. 그래서 그것을 기대하면서 그들은 예수를 좇았고 어느 순간 예수를 좇아도 그것을 얻을 수 없다고 생각한 순간 그들은 단호하게 예수를 배반하고 버리고 떠났던 것입니다. 이런 사람들의 심리를 너무나 잘 아시는 주님께서는 자기를 부인하는 것을 제자의 가장 중요한 조건으로 제시하셨습니다. 자기를 부인한다는 것이 무엇입니까. 자기가 마땅히 누릴 수 있는 것조차 내려놓는 것을 말합니다. 그렇다면 오늘 우리가 하나님을 믿는 이유가 무엇입니까. 사탄의 이러한 도발적인 질문 앞에서 우리는 그러하지 않다고 우리는 순수한 마음으로 길과 진리와 생명 되신 예수를 믿고 있다고 자신 있게 말할 수 있습니까. 욥은 하나님이 주신 모든 복이 사라진 그 순간에도 하나님을 포기하지 않았습니다. 복을 얻기 위한 목적으로 하나님과 관계 맺지 않았음을 그는 자신의 주장을 통해 증거했습니다. 욥기 1장 21~22절입니다.

이르되 내가 모태에서 알몸으로 나왔사온즉 또한 알몸이 그리로 돌아갈지라 주신 이도 여호와시요 거두신 이도 여호와시오니 여호와의 이름이 찬송을 받으실지니이다 하고 이 모든 일에 욥이 범죄하지 아니하고 하나님을 향하여 원망하지 아니하니라.

욥은 모든 것을 상실한 상황에서도 하나님에 대한 무조건적 신뢰를 드러냈습니다. 그의 신앙의 동기가 번영 때문이 아님을 드러낸 것입니다. 어떤 설문조사를 보니까 신앙인들이 하나님을 믿는 대부분의 이유들은 마음의 안정, 삶의 행복, 건강, 내세 구원 등으로 조사되었습니다. 이 길이 인간이 걸어가야 할 참된 길이고 우리가 붙잡아야 할 참된 진리이고 이곳에 참된 생명이 있기 때문이 아니라 자기가 기대하는 그것을 얻을 수 있다고 생각하기에 그리스도교 신앙을 가지고 있음을 알 수 있습니다. 그러나 욥은 그러하지 않았습니다. 그는 모든 것을 상실한 그 순간에도 하나님을 굳게 붙잡았습니다. 참 신앙의 자세가 어떠한지를 우리에게 모범적으로 보여주고 있는 것입니다. 하나님과의 관계를 이 세상 다른 어떤 것보다 중시하는 절대 신앙의 정수를 여기서 우리는 욥에게서 발견하게 됩니다. 사탄이 욥을 고난에 빠뜨리면서 기대했던 것은 욥과 하나님 사이의 관계가 단절되는 것이었습니다. 그러나 재앙의 상황 속에서도 욥은 하나님과의 관계를 굳게 붙잡았습니다. 이것이 고난의 상황에서 신앙인이 본받아야 할 신앙의 모습이라고 생각합니다.

12 욥기가 신정론의 문제를 다루고 있다고 들었는데 신정론은 무엇인가요?

Ⓐ 신정론은 신의 정당함에 대한 문제 제기라고 할 수 있습니다. 신은 전능하시고 선하신 존재인데 어떻게 신이 다스리는 이 땅에 이렇게 많은 악이 존재할 수 있는가에 대한 문제 제기가 신정론의 문제입니다. 우리가 하나님의 전능하심을 인정하게 되면 전능하신 신이 악을 막지 않는 것이니 신이 선한가 라는 문제에 걸리는 것이고 신의 선함을 인정하게 되면 신은 선하지만 악을 막을 힘이 없는 것이 아닌가 라는 문제에 걸리게 됩니다. 이처럼 신정론은 두 가지 딜레마로 표현됩니다. 하나님이 만일 정의로우시다면 그는 무능하다는 것과 반대로 하나님이 만일 전능하시다면 그는 의롭지 못하다는 것입니다. 하나님이 의로우시고 전능하시다면 의인에게 고난이 닥치는 것을 허용하지 않을 것이라고 생각하는 것입니다.

의인인 욥이 고난을 당하는 상황에서도 우리는 신정론의 문제에 직면하게 됩니다. 의인은 복을 받고 악인은 벌을 받아야 할 것 같은데 이 세상에서는 이런 기대가 뒤집어지는 경우들을 수없이 목격하게 됩니다. 지난 시간에 말씀드린 역사적 중간기에 신앙인들이 감당해야 할 과제에 대해 다시 생각을 해야 합니다. 역사적 중간기에는 하나님께서 이 땅 가운데서 행하시고자 하는 바를 하나님의 백성된 우리가 신실하게 감당해야 합니다. 그 사명을 하나님께서 우리에게 맡겨주신 것입니다. 하나님의 사랑과 하나님의 진실하심과 하나님의 능력을 하나님의 백성들이 하나님을 대신하여 보여주어야 합니다. 물론 우리의 노력에는 한계가 있을 것입니다. 그래서 우리는 마지막 종말의 때에 하나님께서 당신의 전능하심과 선하심을 온전히 드러내 주실 것을 소망하게 됩니다. 또 하나 우리들이 고민해야 할 것은 전능을 어떻게 볼 것인가 하는 문제입니다. 타락할 여지가 전혀 없는 완전한 인간을 만드시는 것이 전능한 일입니까, 아니면 타락할 여지가 있는 자유가 무한한 인간을 만드셔서 비록 인간이 타락하더라도 마침내 그 인간을 구원하여 갱생하게 하시는 하나님이 더욱 전능하신 것인가요. 성경의 이야기는 후자의 전능을 말해주고 있습니다.

13 욥기 32장부터 등장하는 엘리후는 욥의 세 친구와 어떤 다른 주장을 하고 있나요?

Ⓐ 욥의 세 친구는 인과응보의 교리를 가지고 욥의 현실을 진단했습니다. 세 친구는 욥을 강제로 회개시키고자 하는 종교적 보수주의자들입니다. 그들은 신명기 신학을 가지고 모든 고난을 죄의 결과로 이해했습니다. 그들이 볼 때 욥은 지금 하나님으로부터 엄청난 심판을 받고 있는데 이런 심판을 받는 것을 보니 욥은 엄청난 죄를 범한 것이라고 그들은 생각했습니다. 그래서 이 심판의 상황에서 욥을 건져내기 위해 그들은 욥에게 회개를 촉구합니다. 그러나 욥은 자신의 죄로 인해 이런 재난을 당하는 것이 아님을 항변하며 욥의 친구들의 제안을 거절합니다. 그렇게 지루하게 욥과 세 친구 사이에 세 번에 걸친 논쟁이 계속됩니다. 이런

상황에서 등장한 사람이 엘리후입니다. 엘리후는 인간이라는 나무 그 자체를 문제 삼습니다. 인간의 죄성과 한계에 주목한 것입니다. 친구들이 욥에게 계속하여 회개를 요청했을 때 욥은 회개할 만한 죄를 범하지 않았다고 항변했습니다. 그런데 엘리후는 인간이라는 존재 자체가 죄된 존재임을 강조합니다. "나는 고난 받을 이유가 없다"라고 말할 수 있는 인간 존재가 있겠는가며 문제 제기를 하는 것입니다.

욥기 32장부터 37장까지 엘리후의 연설이 등장합니다. 엘리후는 하나님보다 자기를 의롭다 하는 욥과 욥을 정죄하는 친구 모두에게 노를 발합니다. 우리가 주목해야 하는 것은 엘리후의 말이 다 맞는 말은 아니라는 것입니다. 엘리후의 신학을 하나님의 초월 절대주의라고 할 수 있습니다. 하나님의 절대주권을 강조하는 것입니다. 하나님은 인간과 격차가 너무 커서 자기 종도 안 믿고 하나님 앞에 인간은 아무것도 아니라는 것으로 인간 모멸주의와 같은 말입니다. 하나님을 높이기 위해 인간을 한없이 낮추는 방식의 주장이라고 할 수 있습니다. 대표적인 것이 욥기 35장 6~7절의 말씀입니다.

> 그대가 범죄한들 하나님께 무슨 영향이 있겠으며 그대의 악행이 가득한들 하나님께 무슨 상관이 있겠으며 그대가 의로운들 하나님께 무엇을 드리겠으며 그가 그대의 손에서 무엇을 받으시겠느냐.

엘리후는 하나님께서는 사람들의 일에 관심이 없으시고 사람들이 행하는 것이 하나님께는 그 어떤 영향력도 미치지 못하는 것처럼 말합니다. 한마디로 사람들의 삶을 주목하지 아니하시는 이신론적 하나님을 말하고 있는 것입니다. 이것이 정말 성경에서 우리가 만나게 되는 하나님의 모습인가요. 그렇지 않습니다. 성경에서 우리가 만나는 하나님은 인간의 삶에 누구보다 관심을 가지시고 사람들의 희노애락에 깊이 관여하시는 분입니다. 사람들이 고통 가운데서 울부짖을 때 누구보다 그 탄식의 소리를 경청하시고 그들을 도우시는 분이 우리 하나님이십니다. 정리하면 욥의 친구들은 신명기 신학을 가지고 욥이 처해 있는 현실에 근거하여 욥에게 구체적인 죄를 회개할 것을 촉구하였고 이런 친구들의 요청에 저항하며 자신의 의를 주장하는 욥에게 엘리후는 인간 존재 자체가 죄 된 존재임을 강조하면서 욥의 자기 정당화에 대한 문제 제기를 하고 있다고 이해하면 됩니다.

14 오늘날에도 고난의 경험에 직면하게 되면 사람들은 대부분 억울해 합니다. 고난의 상황 속에서 신앙인은 어떤 자세와 태도를 취해야 할까요?

Ⓐ 사람들이 고통에 직면하게 되면 제일 먼저 드러내는 자세는 자신은 이런 고통을 당해야 할 아무런 이유가 없는 것처럼 생각하는 것입니다. 대부분은 자기 자신은 고통을 받아야 할 아무런 이유가 없는 존재라고 생각합니다. 그러나 인간이 당하는 대부분의 고통은 인간 실존의 한계로 인해 발생하게 됩니다. 인간은 흙으로 지음 받은 존재입니다. 여기서 '흙'은 부서지기 쉽고 깨지기 쉬움을 뜻합니다. 인간 존재 자체가 부서지기 쉽고 깨지기 쉽고 넘어지기 쉬운 존재입니다. 누구든 예외 없이 병들 수 있고 언젠가는 죽음을 맞이하게 됩니다. 무엇보다 인간의 출생 자체가 죄의 현실 가운데 던져지는 것입니다. 최초의 인간이었던 아담과 하와 이후에 태어난 모든 사람들은 죄가 지배하는 현실 속에서 삶을 시작합니다. 우리가 태어나기 전부터 세상에는 이미 악과 불의, 거짓이 존

재하고 있었습니다. 이런 현실 속에서 정직하고 진실하고 정의롭게 살아간다는 것은 불의와 거짓과의 충돌을 각오해야만 가능한 일입니다. 불의가 편만한 세상에서는 정의로운 존재들이 핍박을 당하게 되어 있습니다. 거짓 충만한 세상 속에서는 진실한 자들이 미움을 받게 되어 있습니다. 무엇을 잘못한 것이 아님에도 불구하고 정의롭고 진실하게 살아가고자 할 때 고난에 직면하게 되는 것입니다.

인간이 경험하는 고난의 현실은 크게 세 가지 이유로 발생하게 됩니다. 첫째는 자기 자신의 잘못입니다. 게으른 자들이 가난하게 살아가는 것이나 방탕한 삶을 살아온 자가 경제적 곤궁과 육체적 질병에 시달리는 것이 그러합니다. 그러나 모든 고난의 현실이 그 사람의 잘못으로 인해 발생한 것이 아님을 기억해야 합니다. 둘째는 그동안 방관해왔던 사회적 불의가 외적으로 발산될 때 많은 이들이 고통을 당하기도 합니다. 히틀러라는 한 사람의 등장으로 인해 유대인들이 600만 명이나 학살을 당한 것이나 독재 정권 아래서 의로운 자들이 핍박을 당하는 것을 생각해보면 됩니다. 또한 왜곡된 관습이나 전통에 의해서도 많은 이들이 고난을 경험하기도 합니다. 신분제나 가부장제와 같은 제도로 인해 얼마나 많은 사람들이 인간 이하의 삶을 살아왔습니까. 지금도 인도에서는 카스트 제도로 2억 이상의 사람들이 불가촉천민으로 낙인 찍혀 인간 이하의 대접을 받고 있습니다. 마지막으로는 수해나 산불과 같은 자연 재해로 인해 많은 이들이 고통 가운데 처해지기도 합니다. 기후 위기의 시대에 우리는 이러한 현상을 더 자주 목격하고 있습니다. 기후 위기의 시대에 경험하게 되는 재앙은 누구에게나 열려 있는 고난의 사건입니다.

이처럼 인간이 고통과 고난 가운데 처하게 되는 것은 다양한 이유로 인해 발생합니다. 따라서 우리는 고난과 고통 가운데 처한 사람들을 보면서 그가 죄를 범하였기 때문에 신으로부터 심판을 받고 있는 것이라고 성급하게 규정해서는 안 됩니다. 이러한 판단은 고통 가운데 처해 있는 사람을 더욱 괴롭게 하는 폭력임을 알아야 합니다. 기후 위기의 시대 속에서 누구든 예외 없이 재앙의 피해자가 될 수 있습니다. 인류 전체가 지금의 삶을 획기적으로 전환시켜 내지 않는다면 그 고통의 강도는 더욱 커질 것입니다. 고통과 고난의 현실 가운데 처해 있는 자라면 이 고통의 시간이 어떤 이유로 찾아왔는지를 돌아보며 자기 성찰의 계기로 삼아야 할 것이고 고통과 고난 가운데 처해 있는 자를 알고 있다면 그의 고통과 고난에 함께 아파하며 위로하고 돕는 친구가 되어야 할 것입니다.

15 욥기 38장에서 하나님은 욥에게 나타나셔서 여러 질문들을 하셨습니다. 욥이 궁금해 했던 그 어떤 것에 대해서도 하나님은 대답하지 않으시는데 욥은 더 이상 어떤 질문도 하지 않고 회복의 사건을 경험하게 됩니다. 그 이유가 무엇인가요?

🅐 욥과 세 친구는 치열하게 논쟁을 하지만 사실 욥도 인과응보 신학을 가지고 있었습니다. 인과응보 신학에 근거해보면 하나님께 죄를 범해야만 벌을 받는 것인데 욥은 의롭게 살았음에도 불구하고 엄청난 심판을 받게 됩니다. 이것을 욥은 도저히 받아들일 수 없었습니다. 하나님이 세계를 통치하시는 방식이 인과응보 신학인데 하나님의 세계 통치에 문제가 생겼다고 욥은 외쳤습니다. 하나님이 살아계시고 여전히 세계를 통치하신다면 이런 일은 일어날 수가 없는 것인데 의인이 고난 받는 현실이 발생한 것을 보고 욥은 하나님의 세계 통치에 문제가 생겼다고 소리를 친 것입니다. 하나님이 존재하지 않는 것 같은 하나님 부재의 상황에서 욥은 절규했습니다. 그런데 그 하나님께서 욥기 38장에서 욥을 만나

기 위해 등장하신 것입니다. 욥은 고통과 시련의 상황 속에서 하나님을 만나게 됩니다. 그리고 하나님이 여전히 살아계시다는 그 자체만으로 위로를 받았습니다. 왜냐하면 하나님은 없는 것을 있게 만드시고 죽은 것을 살리시는 분이시기에 지금의 혼란스러운 모든 상황들을 다시 새롭게 해 주실 수 있는 분이심을 욥은 믿었기 때문입니다. 고난 중에 있는 욥에게 하나님께서 나타나 주신 것 자체가 위로가 되고 소망이 된 것입니다. 욥이 고난의 결과 얻은 가장 값진 수확은 하나님과 눈으로 대면할 수 있을 만큼 영적으로 가까워진 것입니다.

16 욥기 1장에 보면 하나님과 사탄의 대화가 나옵니다. 우리가 알고 있는 사탄의 모습과는 조금 다른 모습인데 이 부분을 어떻게 이해해야 할까요. 사탄에 대해서 우리는 어떤 이해를 가져야 할까요?

Ⓐ 우리가 성경을 자세히 살펴 보더라도 명확하게 알기 어려운 것이 있습니다. 바로 악의 기원입니다. 하나님을 대적하는 사탄이라는 존재가 어떻게 등장하게 되었을까에 대해 우리는 너무나 궁금한데 성경은 이에 대해 침묵합니다. 대부분의 신앙인들이 가지고 있는 천사 타락설은 위경인 에녹 2서에 등장하는 내용입니다. 그런데 하나님을 섬기라고 지음 받은 천사가 타락한 것에 대해 하나님의 위기관리 능력에 대한 의심과 이후 새 하늘과 새 땅에서도 동일한 상황이 발생할 수 있을 것이라는 문제가 발생합니다. 그리고 하나님이 제한적으로 하나님께 맞서는 대적자를 허락하셨다고 한다면 하나님의 절대주권은 높일 수 있지만 도덕적으로 왜 그러셔야만 했는지에 대해서는 설명하기가 어렵습니다. 무엇보다 사탄을 하나님께 맞서는 거의 대등한 하나님적인 존재로 설정하게 되면

그리스도교 신앙은 이원론이 됩니다. 이런 이원론을 극복하기 위해 아우구스티누스는 악이 '선의 결핍'이라는 일원론적인 주장을 하게 되었습니다. 사탄이 어떤 존재인가에 대해 고민하는 분들에게 새로운 관점을 제공해주는 것이 욥기 1장 6절입니다. 함께 보겠습니다.

> 하루는 하나님의 아들들이 와서 여호와 앞에 섰고 사탄도 그들 가운데에 온지라.

여기 '하나님의 아들들'은 하나님의 지상대리자로서 천사를 가리키는 표현입니다. 하나님의 천상회의의 정회원으로 천사들이 모인 곳에 사탄도 참석하고 있는 것입니다. 여기서 분명히 알 수 있는 것처럼 사탄은 하나님의 지상대리사 중 하나로서 하나님이 부리시는 천사입니다. 그런데 사탄이라는 천사가 맡고 있는 역할이 하나님의 세계 통치에 대해 문제 제기를 하는 감찰관, 고소관과 같은 역할입니다. 욥기 안에서 사탄은 천사 중 하나가 감당하는 기능에 대한 타이틀입니다. 사탄은 천상법정의 일원으로서 검사와 같은 역할을 하는 존재입니다. 그래서 사탄은 다른 하나님의 아들들과 같이 자신의 임무 수행을 하나님 앞에서 보고합니다. 사탄은 인간의 허물을 찾기 위해 여기저기를 배회하고 돌아다녀왔다고 보고합니다. 그리고 하나님의 통치에 대해 문제 제기를 합니다. 그리고 욥을 시험하는 과정에서도 사탄의 권한은 자율적이지 않으며 하나님의 권한에 의해 분명한 제한을 받습니다. 사탄은 하나님의 뜻을 벗어나서 그 어떤 것도 행할 수 없습니다. 이처럼 욥기 1~2장에서 사탄은 고발자, 적대자라는 뜻으로 현대적 의미에서 하나의 고유명사가 아니라 직무나 역할을 가리키는 명칭으로 사용되고 있음을 볼 수 있습니다. 그러나 신약이 묘사하는 사탄은 하나님에 대해 맞짱을 뜨는 존재로 격상되어 있습니다. 사탄에 대한 이해가 시간이 지날수록 발전되어 가고 있음을 볼 수 있습니다.

17 욥이 살았던 지역은 우스로 되어 있는데 우스는 어디인가요?

Ⓐ 욥기 1장 1절을 보겠습니다.

우스 땅에 욥이라 불리는 사람이 있었는데.

욥이 살았던 지역을 우스라고 분명히 알려주고 있습니다. 우스는 어디에 있는 곳이었을까요. 그 답이 예레미야 애가 4장 21절에 나옵니다.

우스 땅에 사는 딸 에돔아 즐거워하며 기뻐하라 잔이 네게도 이를지니 네가 취하여 벌거벗으리라.

우스는 에돔 지역으로 욥은 에돔 땅에 살던 이방인이었습니다. 그러면 왜 이스라엘 백성이 아닌 동방에 사는 이방인을 주인공으로 등장시키고 있을까요. 욥기에서 욥은 하나님 앞에 자신의 고통의 이유에 대해 굽힘없이 저항하는 모습을 드러냅니다. 이러한 욥의 모습은 전형적인 이스라엘의 경건한 백성들의 모습과는 거리가 먼 모습입니다. 그래서 이스라엘 백성이 아닌 이방인 욥을 주인공으로 내세운 것이라고 학자들은 보고 있습니다. 물론 욥이라는 인물이 살았던 시기를 족장 시대로 본다면 이때는 이스라엘이라는 공동체가 탄생하기 이전입니다. 우리는 아브라함이나 이삭이나 야곱을 이스라엘 사람이라고 생각하지만 엄밀한 의미에서는 그렇지 않습니다. 아브라함은 갈대아 우르 출신의 메소포타미아 사람입니다. 아브라함의 아들 이삭도 메소포타미아 사람입니다. 이삭의 아들 야곱도 메소포타미아 사람입니다. 야곱의 열두 아들도 당연히 메소포타미아 사람입니다. 이들이 출애굽 이후에 시내산에서 하나님과 언약을 체결하면서 하나님만을 섬기는 이스라엘 공동체로 탄생하게 된 것입니다. 메소포타미아 사람이었던 아브라함을 만나 주셨던 하나님께서 우스 땅에 살고 있던 욥도 만나주셨습니다.

18 욥기 2장 9절로 인해 욥의 아내에 대해 부정적으로 평가하는 내용들이 많습니다. 욥의 아내를 어떻게 바라봐야 할까요?

Ⓐ 욥기 2장 9절을 보겠습니다.

그의 아내가 그에게 이르되 당신이 그래도 자기의 온전함을 굳게 지키느냐 하나님을 욕하고 죽으라.

우리는 욥의 고통을 바라보며 절규하는 그의 아내의 목소리를 듣게 됩니다. 욥의 고통뿐이겠습니까. 자신이 낳은 열 명의 자녀가 죽임당하는 현실 속에서 가장 크게 상처 입은 존재가 욥의 아내였을 것입니다. 여기 나오는 "하나님을 욕하고 죽으라"는 표현으로 인해 욥의 아내는 그리스도교 역사 2천년 동안 악녀의 대명사처럼 낙인찍혀 왔습니다. 교부 아우구스티누스는 욥의 아내를 '사탄의 협조자'라고 했고, 종교 개혁자 칼빈은 '사탄의 도구'라고 했으며, 교부 요한 크리소스톰은 하나님이 욥의 아내를 데려가지 않은 것이 욥의 고통을 더욱 가중시킨 이유 중 하나라고 했습니다. 하나 같이 욥의 아내에 대해 비난의 태도를 드러냈습니다. 이들이 말하는 것처럼 정말 욥의 아내는 나쁜 여인이었을까요. 먼저 영혼이 갈가리 찢긴 이에게 윤리 도덕의 잣대를 들이대는 행위 자체가 폭력적임을 알아야 합니다. 고통 가운데 있는 사의 설규를 윤리 도덕의 잣대로 판단할 수 있습니까. 욥의 아내의 말이 어떤 상황과 맥락 속에서 나온 것인가를 살펴보는 것이 중요합니다. 여기 "하나님을 욕하고 죽으라"는 욥의 아내의 말은 여호와를 저주함으로써 욥의 죽음을 앞당겨 그의 고통을 조금이라도 단축시키고자 하는 말로 해석하기도 합니다. 고통스러운 상황이 지속되는 것보다 죽는 것이 더 낫다고 판단한 것입니다. 욥이 당하고 있는 고통의 상황을 바라보는 것이 너무나 괴로운 자의 외침으로 이 말씀을 이해해야 합니다. 70인경 욥기는 이렇게 표현하고 있습니다.

그동안 나는 이 지긋지긋한 일거리를 찾아 이곳에서 저곳으로, 이 집에서 저 집으로 떠돌아 다녔습니다. 애써 일거리를 얻어 놓고도 너무나 괴롭고 억울해서 잠시라도 쉬기 위해, 빨리 해가 지기만을 기다리곤 했습니다. 여보, 하나님을 향해 무어라고 항의나 하고서, 죽어버리십시오.

신구약 중간 시대의 문헌에 속하는 <욥의 유언서>라는 작품이 있습니다. 여기서 욥의 아내는 빵을 구하기 위해 자신의 머리카락을 잘라 팔아서 욥과 자신의 양식을 구하는 여인으로 묘사되어 있습니다. 중요한 것은 욥이 모든 것을 잃고 고통 받는 모든 상황 속에서 욥의 아내가 욥과 함께 있었다는 것입니다. 이후에 욥이 다른 아내를 구했다는 보도가 없는 것을 보면 계속해서 욥의 아내가 욥과 함께했다고 볼 수 있습니다.

19 욥의 친구들을 보면서 고통 가운데 있는 사람을 돕고자 하다가 그를 더욱 괴롭힐 수도 있겠다는 생각을 하게 됩니다. 고통 가운데 있는 자에게 좋은 위로자가 되기 위해 어떻게 해야 할까요?

🅐 욥의 세 친구라는 표현을 사용하고 있지만 사실 세 사람은 욥보다 훨씬 연장자들이었습니다. 욥기 15장 10절을 보겠습니다.

우리 중에는 머리가 흰 사람도 있고 연로한 사람도 있고 네 아버지보다 나이가 많은 사람도 있느니라.

이들은 욥이 처한 비참한 상황을 듣고 욥을 위로하기 위해 찾아옵니다. 욥을 위로하러 온 것을 보면 이들과 욥의 사이가 매우 긴밀한 관계였음을 알 수 있습니다. 이들이 욥을 찾아와서 제일 먼저 한 것이 무엇입니까. 욥기 2장 13절입니다.

밤낮 칠 일 동안 그와 함께 땅에 앉았으나 욥의 고통이 심함을 보므로 그에게 한마디도 말하는 자가 없었더라.

욥을 찾아온 세 친구는 욥이 경험하고 있는 곤경을 보고 칠일 동안 아무 말도 하지 못하고 앉아 있었습니다. 욥의 고통을 바라보면서 할 말을 잃어버린 것입니다. 비참한 현실 가운데 있는 사람들을 위로하고자 할 때 인간의 언어가 얼마나 무력한가를 우리는 경험하게 됩니다. 아무 말도 하지 못하는 상황 속에서 그들은 욥과 함께 땅에 앉아 7일을 있었습니다. 우리는 여기서 세 친구의 탁월한 공감 능력을 볼 수 있습니다. 여기까지 이들은 참 좋은 위로자요 친구였습니다. 고통 가운데 있는 자와 더불어 애통하는 것 자체가 때로는 치료 행위가 되기도 합니다. 입을 다물어야 할 때 그들은 입을 열지 않았습니다. 그러나 3장 이후에 욥의 고통에 대해 원인 분석을 하고 해결 방법을 제시하는 순간부터 그들은 판단자가 되고 재판자가 되었습니다. 욥을 돕고자 하는 마음으로 말을 하기 시작했는데 실상은 욥을 괴롭히는 자가 되어 버렸습니다. 고통 가운데 있는 자에게 좋은 위로자가 되기 위해서는 함께 울어주는 것, 손잡아주는 것, 아파하는 것이 중요합니다. 성급한 원인 분석과 해결 방법의 제시가 때로는 고통 받는 자의 아픔을 더욱 가중시킬 수 있음을 기억해야 합니다.

20 욥과 친구들 사이에는 세 차례에 걸쳐 논쟁이 진행되었습니다. 비슷한 이야기들이 계속 반복되는 것 같은데 논쟁이 거듭될수록 강조점이 달라진 것인가요?

Ⓐ 1차 논쟁에서 친구들은 신명기 신학에 근거하여 욥이 처해 있는 현실을 하나님으로부터 임한 심판으로 보고, 이 심판으로부터 욥이 구원받기 위해서 회개할 것을 촉구합니다. 1차 논쟁에서 친구들은 욥의 회복을 기대하고 있음을 알 수 있습니다. 그러나 욥은 자신의 죄로 인해 이 모든 고난이 임했다는 것을 단호하게 거부합니다.

그래서 2차 논쟁부터 친구들은 신명기 신학을 거부하는 욥을 회개할 줄 모르는 완악한 죄인으로 규정하기 시작합니다. 신명기 신학의 적용을 거부하는 욥을 하나님을 거부하는 사람으로 낙인찍어 공격한 것입니다. 그래서 2차 논쟁부터는 욥의 운명이 좋게 회복될 것이라는 전망은 사라집니다. 친구들은 욥의 운명이 점점 더 악화되는 것을 그의 행동에 대한 당연한 결과로 여깁니다. 자신의 죄가 무엇인지도 모르고 자신이 죄인인 것도 인정하지 않는 욥을 보면서 친구들은 욥이 악인임을 스스로 증명하고 있다고 생각합니다. 그래서 자기들의 원인 분석과 해결책을 받아들이지 않는 욥에 대해 저주를 퍼붓습니다. 위로자가 되고자 찾아온 친구들이 시간이 지날수록 욥을 정죄하고 판단하는 심판자가 되어버린 것입니다.

재미있는 것은 1차 논쟁에서 욥이 자신에게 신명기 신학을 적용하는 것을 거부하자 2차 논쟁부터 친구들은 욥을 하나님을 거부하는 사람으로 낙인찍어 공격합니다. 욥이 하나님을 거부한 적이 없음에도 불구하고 친구들은 그렇게 이해합니다. 친구들은 신명기 신학과 하나님을 동일시하였고 신명기 신학의 적용을 거부하는 것을 하나님에 대한 거부로 받아들였습니다. 이것을 우리는 또 하나의 우상이라고 할 수 있습니다. 하나님 아닌 것을 하나님과 동일시하는 것이 우상입니다. 친구들에게 신명기 신학이라고 하는 것은 거의 하나님과 같은 절대적인 것이었습니다. 그래서 신명기 신학의 적용을 받아들이지 않는 욥에 대해 그들은 화를 낸 것입니다. 우리는 이러한 태도를 조심해야 합니다. 그것이 아무리 선하고 유용한 것이라고 하더라도 하나님 앞에서 그 어떤 것도 절대적인 것이 될 수는 없습니다. 하나님 아닌 것을 하나님의 자리에 올려놓는 것, 절대화시키는 것, 그것이 바로 우상임을 기억해야 합니다.

21 욥기 1장 1절은 욥을 "온전하고 정직하여 하나님을 경외하며 악에서 떠난 자"라고 말하고 있는데 이렇게 욥을 판단하는 기준이 무엇인가요?

Ⓐ 욥기 1장 1절을 보겠습니다.

우스 땅에 욥이라 불리는 사람이 있었는데 그 사람은 온전하고 정직
하여 하나님을 경외하며 악에서 떠난 자더라.

욥기의 저자는 욥을 온전하고 정직하여 여호와를 경외하며 악에서
떠난 자라고 말합니다. 욥의 어떠한 면을 보고 저자는 욥에 대해 이런 평
가를 내리고 있는 것일까요. 욥기 전체에서 순전함과 의를 판단하는 기
준은 가난한 자를 어떻게 대하는가 하는 것입니다. 당시의 불의한 귀족
들은 가난한 자들의 토지를 빼앗았는데 이것을 욥기 20장 19절에서 이
렇게 말하고 있습니다.

이는 그가 가난한 자를 학대하고 버렸음이요 자기가 세우지 않은 집
을 빼앗음이니라.

불의한 귀족들은 자기가 세우지 않은 집을 빼앗았습니다. 어떻게 빼
앗았습니까. 채무 관계를 통하여 토지를 저당 잡은 후에(느 5:3~5) 법
정 판결을 통하여 토지를 강제로 빼앗았습니다. 소발은 욥이 부를 축척
하기 위하여 가난한 자들이 가지고 있던 보잘 것 없는 것까지 다 빼앗아
갔다고 하면서 욥을 비방합니다. 이것에 대한 반박이 욥기 29장에 나옵
니다. 29장에서 욥은 자신이 밑바닥 인생들의 생존권을 지키는 일에 힘
썼음을 주장합니다. 욥기 29장 12~13절입니다.

이는 부르짖는 빈민과 도와 줄 자 없는 고아를 내가 건졌음이라 망하
게 된 자도 나를 위하여 복을 빌었으며 과부의 마음이 나로 말미암아
기뻐 노래하였느니라.

욥은 빈민과 고아와 과부를 도와주는 자였습니다. 욥기에서 고아와 과부를 대하는 태도는 그의 신앙을 가늠하는 중요한 잣대로 등장합니다. 하나님께서 고대 근동의 일반적인 신들과의 차별성을 드러내는 것 중 하나가 사회적 약자와 자신을 동일시하신 것입니다. 하나님께서 사회적 약자를 돌보시고 사랑하시는 것처럼 사회적 약자를 하나님 대하듯이 존귀하게 대하는 자가 진정한 하나님의 백성입니다. 욥은 악인들과는 다르게 자신의 경제적 손실을 감수하면서까지 사회적 약자를 도왔습니다. 욥기 29장 15절을 보겠습니다.

나는 맹인의 눈도 되고 다리 저는 사람의 발도 되고.

욥은 시각장애인의 눈이 되었고 지체장애인의 발이 되었습니다. 욥이 다른 사람의 도움이 없으면 생활하기 어려운 이들의 친구로서 살았음을 알 수 있습니다. 그들을 돌보고 보호하는 일에 누구보다 적극적이었던 사람이 욥이었습니다. 29장 16절을 보겠습니다.

빈궁한 자의 아버지도 되며 내가 모르는 사람의 송사를 돌보아 주었으며.

욥은 가난한 자에게 아버지의 역할을 대신했습니다. 모르는 사람이지만 그들의 억울한 송사에 참여하여 그들을 돕기도 했습니다. 이와 같은 욥의 모습을 1장 1절은 온전하고 정직하여 하나님을 경외하고 악에서 떠난 자라고 말하고 있는 것입니다.

22
42장 12~13절을 보면 욥기는 결국 인과응보를 수긍하는 듯 보입니다. 이것을 어떻게 해석해야 하나요?

A 욥기 42장 12~13절을 보겠습니다.

여호와께서 욥의 말년에 욥에게 처음보다 더 복을 주시니 그가 양 만 사천과 낙타 육천과 소 천 겨리와 암나귀 천을 두었고 또 아들 일곱과 딸 셋을 두었으며.

고통과 고난의 시간 속에서도 하나님과의 관계를 단절하지 않은 욥에게 하나님께서는 회복의 은총을 허락하셨습니다. 의인 욥이 회복되는 이야기가 욥기 42장에 나옵니다. 결국 인과응보의 원리가 시행되고 있는 것입니다. 욥기의 저자는 인간이 이해할 수 없는 신비로운 사건들이 존재하지만 인과응보의 원리는 여전히 유효하고 타당한 인간 삶의 중요한 원리라는 점을 강조하고 있습니다. 종국에는 하나님께서 인과응보의 원리라는 대원칙을 시행하신다는 것을 42장을 통해 우리에게 알려주고 있습니다. 오늘날 신앙인들이 소망하는 궁극적인 하나님 나라의 삶도 넓은 의미에서 인과응보의 원리가 적용되는 것이라고 볼 수 있습니다. 42장에서 중요한 것은 욥이 잃어버린 모든 것들을 곱절로 받는 것이 욥에게 주어진 복의 핵심이 아니라는 것입니다. 욥에게 일어난 참된 복은 하나님의 현현을 통한 하나님과의 만남입니다. 하나님께 나아오는 자가 가져야 할 일차적 관심은 하나님으로부터 주어지는 복이나 안정인 번영이 아니라 하나님과의 관계임을 욥기가 우리에게 말해주고 있습니다.

시편

01 시편은 시가서로 알고 있습니다. 유대인들도 시편을 시가서로 분류하고 있는가요?

Ⓐ 시편은 히브리어 성경에는 '테힐림', 즉 '찬양들'로 불렸습니다. 우리는 시편을 시라고 생각하지만 정확하게는 시편은 구약 시대 예루살렘 성전과 지방 성소에서 불렀던 찬양들을 모아 놓은 찬양집입니다. 유대인들은 성경을 세 개의 장르로 구분했습니다. 율법서, 예언서, 성문서입니다. 시편은 성문서에 해당됩니다. 그런데 주목해야 할 것은 시편이 성문서 중에서 제일 먼저 정경의 권위를 획득했다는 것입니다. 누가복음 24장 44절을 보겠습니다.

> 또 이르시되 내가 너희와 함께 있을 때에 너희에게 말한 바 곧 모세의 율법과 선지자의 글과 시편에 나를 가리켜 기록된 모든 것이 이루어져야 하리라 한 말이 이것이라 하시고.

주님은 제자들에게 성경에 자신에 대해 기록된 모든 것이 이루어져야 하리라고 말씀하시면서 "모세의 율법과 선지자의 글과 시편"이라고 말씀하셨습니다. 예수의 공생애 기간이 주후 27년부터 30년이라고 할 수 있는데 이때 이미 시편은 유대인들의 사고 속에서는 성경에 포함되었음을 알 수 있습니다. 모세의 율법인 토라가 정경이 된 시점을 주전 400년으로 봅니다. 그리고 선지자의 글인 예언서가 정경이 된 시점을 주전 200년으로 봅니다. 재미있는 것은 시편을 포함한 성문서가 정경이 된 시점은 주후 90년입니다. 예수의 공생애 시점보다 60년 후에 성문서가 정경이 된 것입니다. 그런데 예수의 말씀을 통해서 예수께서 공생애 사역을 하시던 주후 20년대 말에도 이미 시편은 정경적 권위를 획득하고 있었음을 알 수 있습니다. 그래서 시편은 성문서 중에서도 제일 앞에 배치되었던 것입니다.

02 시편은 사람들에 의해 만들어져 하나님께 올려드린 찬양으로 알고 있습니다. 사람이 만든 노래인데 어떻게 시편이 하나님의 말씀으로 인정받게 되었나요?

Ⓐ 우리는 성경을 하나님의 말씀으로 정의합니다. 성경이 하나님의 말씀인 이유와 관련하여 기억해야 할 세 가지가 있습니다. 첫째는 성경은 하나님이 직접 또는 간접적으로 선포하신 말씀이기 때문에 하나님의 말씀입니다. 여기에 해당되는 본문이 토라와 예언서입니다. 방향성과 관련해서는 하늘에 계신 하나님께서 땅에 있는 사람들에게 내려주신 것입니다. 둘째는 하나님께서 경청하시고 열납하신 말씀이기 때문에 하나님의 말씀입니다. 여기에 해당되는 본문이 시편입니다. 방향성과 관련해서는 땅에 있는 사람들이 하늘에 계신 하나님을 향해 올려드린 것입니다. 셋째는 하나님의 뜻이 그 안에 담겨 있기 때문에 하나님의 말씀입니다. 여

기에 해당되는 본문이 구약의 지혜 문학과 신약의 서신서입니다. 방향성과 관련해서는 땅에 있는 사람이 다른 사람에게 전달한 것입니다. 여기서 중요한 것은 사람이 사람에게 전달한 말과 글 안에 하나님의 말씀이 담겨 있다는 것을 무엇을 통해 확인할 수 있는가 하는 것입니다. 이것은 하나님께서 직접 또는 간접적으로 주신 말씀에 근거하여 판단합니다.

질문하신 것처럼 시편은 사람들이 만들어 하나님께 올려드린 찬양입니다. 사람이 만든 노래인데 이것을 어떻게 우리는 하나님의 말씀이라고 고백하고 있는 것인가요. 시편에 나오는 이 찬양을 하나님께서 경청하시고 열납하시고 기뻐하셨다는 것을 우리가 믿는 것입니다. 인간이 하나님께 토해내는 탄식, 간구, 찬양 등을 하나님은 귀 기울여 들으십니다. 하나님이 귀 기울여 들으시는 말씀도 하나님의 말씀이 됩니다. 무엇보다 중요한 것은 하나님의 백성들도 하나님이 들으시는 그 음성을 귀 기울여 들어야 한다는 것입니다. 그것이 진정한 하나님 나라 백성들의 모습입니다.

03 시편은 구약 시대 성전에서 불려진 찬양 모음집으로 알고 있습니다. 오늘도 찬양을 부르고 있는데 찬양에 대한 가장 올바른 정의는 무엇인가요?

ⓐ 고대 사회는 문맹률이 아주 높았습니다. 문맹률이 높았기 때문에 문서로 의사소통을 하는 것이 쉽지 않았습니다. 이때 가장 유용한 도구로 사용된 것이 노래입니다. 신명기 31장 22절을 보겠습니다.

그러므로 모세가 그 날 이 노래를 써서 이스라엘 자손들에게 가르쳤더라.

사람들을 하나 되게 하고 중요한 정보를 알려주는 매개로 노래가 적극적으로 활용되었음을 이 구절을 통해 우리는 알 수 있습니다. 오늘날에도 신앙 공동체 안에서 노래는 매우 유용한 신앙의 도구로 활용되고 있습니다. 오늘도 우리는 예배 안에서 그리고 개인의 삶 속에서 많은 찬양을 부르고 있습니다. 그렇다면 찬양은 무엇일까요. 찬양에 대한 가장 일반적인 정의는 찬양은 곡조가 있는 기도라는 것입니다. 우리가 하나님께 올려드리는 기도에 곡을 붙이게 되면 그것이 찬양이 됩니다. 기도의 내용이 바로 찬양의 내용이 됩니다. 그런데 오늘 우리의 찬양은 일상의 기도와 상당히 유리되어 있음을 보게 됩니다. 하나님께 올려드리는 기도의 내용과 우리가 부르는 찬양 사이에는 약간의 괴리가 있습니다. 예를 들어 오늘 청년들의 기도를 생각해 보십시오. 청년들은 과도한 등록금의 문제, 취업의 문제, 결혼의 문제 등으로 인해 하나님께 기도를 올려드립니다. 그런데 청년들이 부르는 찬양 가운데 이런 기도의 내용을 담고 있는 찬양은 거의 없습니다. 어른들의 기도도 마찬가지입니다. 자녀 양육의 문제, 주택 구입의 문제, 경제적인 문제, 부모 봉양의 문제 등으로 인해 기도를 많이 드리고 있는데 이런 기도의 내용을 담고 있는 찬양은 거의 존재하지 않습니다. 기도하는 내용 따로 하나님께 올려드리는 찬양 따로 이것이 우리의 현주소입니다. 무엇보다 우리의 기도에 부재한 것이 있습니다. 로마서 8장 6절을 보겠습니다.

육신의 생각은 사망이요 영의 생각은 생명과 평안이니라.

성령에 사로잡힌 자는 생명과 평화의 문제에 관심을 가질 수밖에 없습니다. 영의 생각은 생명과 평안이기 때문입니다. 따라서 성령 충만한 그리스도인이라면 생명과 평화가 파괴된 현실, 하나님의 창조세계의 신음 소리에 누구보다 민감할 수밖에 없습니다. 그러한 내용을 담아 하나님께 기도하게 될 것이고 그러한 기도에 곡조를 붙인 찬양을 부르게 될 것입니다. 그런데 오늘 우리의 기도와 찬양에 이러한 내용들이 잘 보이지 않습니다. 시편에서 보게 되는 찬양의 핵심은 찬양자의 주관적인 감정의 방출에 있지 않고 객관적으로 임하는 하나님 나라의 영접과 송축에 있습니다. 하나님의 다스림을 사모하고 영접하는 경배 행위의 연장이 찬양으로 드러나게 되는 것입니다. 무엇보다 성경에서의 찬양은 그 찬양을 나오게 만든 현장성, 상황성, 역사성이 중요합니다. 출애굽기 15장의 홍해 도하 사건 이후에 찬양과 사사기 5장의 가나안 전쟁 승리 후에 찬양이 그러하고 시편에 나오는 찬양의 무수한 표제가 그러한 찬양이 어떤 배경 가운데서 탄생하게 되었는지를 우리에게 알려줍니다. 그런데 오늘날 우리의 찬양에는 현장성, 상황성, 역사성이 부재합니다. 우리의 구체적인 삶의 토대에서 나오는 찬양, 무엇보다 우리의 기도에 곡조를 붙인 찬양들이 더 많이 탄생되길 기대합니다.

04 시편하면 하나님을 찬양하는 본문으로 알고 있는데 실제 시편 안에는 탄식시가 많다는 이야기를 들었습니다. 시편 안에 탄식시가 많은 이유는 무엇 때문인가요?

Ⓐ 시편은 고대 이스라엘의 신앙고백 모음집이라고 할 수 있습니다. 하나님께서 주신 말씀과 행하신 일에 대한 이스라엘의 응답이 시편입니다. 그런데 시편의 기자는 하나님께서 적극적으로 역사하시는 경험뿐 아니라 때로는 하나님의 부재도 경험합니다. 이때 하나님의 놀라운 역사하심에 대해서 찬양시로 응답했고 하나님의 침묵에 대해서는 탄식시

를 올려 드린 것입니다. 질문하신 것처럼 시편 안에는 탄식시가 많습니다. 우리는 시편 안에 하나님에 대한 찬양이 많을 것으로 생각하지만 실제로는 탄식시가 가장 많이 나옵니다. 어떻게 보면 탄식은 고단한 삶을 살아가는 인생의 여정에서 자연스럽게 나오는 삶의 중요한 부분이라고 할 수 있습니다.

찬양시는 야웨를 찬양하라는 외침과 함께 찬양의 이유를 제시합니다. 탄식시는 하나님에 대한 부름, 불평과 탄식, 도움 요청, 하나님에 대한 신뢰 확신, 찬양 맹세로 구성되어 있습니다. 탄식시는 '어찌하여', '어느 때까지'와 같은 절규가 시 안에 담겨 있습니다. 탄식시는 크게 개인 탄식시와 공동체 탄식시로 분류합니다. 개인 탄식시에 나타난 시인은 대부분 사회경제적으로 약자이며 종교적으로나 사회적으로는 의로운 자입니다. 시인의 원수는 막강한 권력이나 부를 소유한 자로서 시인과 같은 약자를 괴롭히면서 자신들의 사리사욕을 채우는 데 여념이 없는 자입니다. 원수는 세상적으로는 악인이며 종교적으로는 야웨를 업신여기며 믿지 않는 교만한 자입니다. 시인과 원수의 관계는 처음부터 대적관계이기도 하며 간혹 친한 친구나 이웃으로서 동고동락했던 사이이기도 합니다. 정치적으로 시인은 강한 권력을 지닌 원수들에게 압제를 당하고 사회경제적으로는 모든 것을 착취당합니다. 무엇보다 시인은 자신의 고난을 방치한 것에 대하여 하나님께서 자신에 대해 숨으시거나 분노하시거나 버리신 것으로 생각하며 탄식합니다. 그런데 놀라운 일이 벌어집니다. 찬양이 극한 고난 속에 있는 영혼을 지탱시키는 위력을 발휘하는 것입니다. 현실을 보면 하나님은 계시지 않는 것 같고 계시더라도 왕으로 다스리지 않는 것처럼 보이지만 시인은 찬양을 통해 현실 너머에서 역사하고 계신 하나님의 왕적인 통치를 믿고 그 통치가 자신에게도 임하기를 갈구하게 됩니다. 우리가 주목해야 하는 것은 시편 1~3권에는 탄식시들이 많이 나오는 반면, 4~5권에는 찬양과 감사의 시들이 많이 나옵니다. 시편 전체를 하나의 큰 흐름으로 보면 처음에는 탄식에서 마지막에는 찬양으로 전환되는 큰 그림을 보여주고 있습니다. 십자가의 고난 뒤에 부활의 승리라는 성경적 진리를 시편이 따르고 있습니다.

05 시편이 성경의 다른 본문과 다른 특징은 무엇일까요?

Ⓐ 시편에는 성경의 다른 본문과 다른 몇 가지 특징이 있습니다. 크게 네 가지입니다. 첫째는 시편은 성경의 다른 본문과 달리 저자가 여럿 등장합니다. 전체 150장 중 73장이 다윗의 노래입니다. 시편의 반 정도가 다윗의 노래입니다. 그 외에도 아삽의 노래가 12장(50, 73~83장), 고라 자손의 노래가 11장(42, 44~49, 84~85, 87~88장), 솔로몬의 노래가 2장(72, 127장)이 나옵니다. 그리고 모세(90장), 헤만(88장), 에단(89장)의 노래가 1장씩 나옵니다. 참고로 아삽과 헤만과 에단은 왕정 시대 성전 성가대의 지휘자들입니다. 둘째는 시편은 다섯 권으로 구성되어 있습니다. 시편 전체를 하나라고 할 때 그 하나 안에 다섯 권으로 구분되어 있습니다. 셋째는 시편 안에는 다양한 양식이 있습니다. 찬양, 애가, 감사, 역사적 고백, 신앙 고백적 노래, 지혜의 노래, 왕을 위한 노래 등 다양한 양식의 노래가 시편 안에 담겨 있습니다. 넷째는 시편은 긴 시간 동안 다양한 삶의 자리에서 만들어진 노래들의 모음집으로 저술의 시기가 길다는 특징이 있습니다.

06 시편은 총 5권 150장으로 구성되어 있는데 이렇게 구성된 이유가 무엇인가요?

Ⓐ 유대인들이 회당에 가서 예배를 드릴 때 먼저 하나님으로부터 주어지는 말씀을 듣게 됩니다. 랍비가 하나님의 말씀을 읽어주는 것입니다. 이때 랍비가 읽어주는 말씀이 토라입니다. 토라는 창세기부터 신명기까지 다섯 권이 있습니다. 토라의 말씀은 하늘에 계신 하나님께서 땅에 있는 당신의 백성에게 주시는 말씀입니다. 말씀의 방향이 하늘로부터 땅으로 임하는 것입니다. 토라의 말씀을 들은 다음에 하나님의 백성들은 시편의 찬양으로 하나님께 응답을 올려드립니다. 토라의 방향이 하늘로부터 땅으로 향한 것이라면 시편은 땅으로부터 하늘로 향하여 올려지게 됩니다. 토라가 다섯 권이기에 시편은 토라의 다섯 책에 상응하기 위해 다섯 권으로 구성되었습니다. 1권은 1~41장, 2권은 42~72장, 3권은 73~89장, 4권은 90~106장, 5권은 107~150장입니다.

그러면 왜 150장일까요. 100장 일수도 있고 200장 일수도 있는데 왜 150장으로 구성된 것일까요. 이것도 토라와 연관이 있습니다. 안식일에 회당에서 랍비가 토라를 읽어줄 때 토라의 모든 부분을 한 번에 읽을 수는 없었습니다. 분량이 너무 많기 때문입니다. 그래서 토라의 다섯 권을 3년 단위로 나누어 읽었습니다. 이것을 3년 단위 일과표라고 부릅니다. 이스라엘은 음력을 사용하기에 한 해가 51주입니다. 3년이면 총 153주가 됩니다. 그래서 토라를 153개로 나누어 한 주에 하나씩 랍비가 낭독했습니다. 랍비가 낭독하는 토라의 말씀을 들은 후에 예배에 참여한 백성들은 시편의 노래로 하나님께 화답했습니다. 토라 하나에 찬양 하나씩을 올려드린 것입니다. 그렇다면 토라가 총 153개로 구분되었다면 시편도 153개로 구성되어야 하는 것 아닌가요. 맞습니다. 시편도 153개로 구성되어야 합니다. 그런데 지금 우리가 가지고 있는 시편은 총 150개의 찬양으로 구성되어 있습니다. 그러면 3개가 모자라는 것 아닌가요. 개인적인 생각으로는 시편 119장 때문에 그렇게 된 것이 아닌가 생각합니다. 시편 대부분은 분량이 길지 않습니다. 그런데 119장은 성경에서 가장 긴 176절로 구성되어 있습니다. 이것을 4주에 나누어 읽은 것이 아닐까요. 시편이 5권 150장으로 구성된 것은 토라와 긴밀한 연관이 있습니다.

07 시편에는 '다윗의 시'가 많이 등장하는데 이 모든 시를 다윗이 다 지은 것인가요?

Ⓐ 시편은 총 150장으로 구성되어 있는데 그 가운데 73장이 다윗의 시라는 표제를 가지고 있습니다. 시편의 반 정도를 다윗의 시로 구성하고 있음을 알 수 있습니다. 그런데 이 73장의 시 모두를 다윗이 쓴 것이 맞을까요. 정답은 그럴 수도 있고 그렇지 않을 수도 있다는 것입니다. 우리가 기억해야 할 한 가지 사실이 있습니다. 그것은 이스라엘의 전통과 연관된 것입니다. 이스라엘 공동체 어딘가에서 이스라엘의 신앙과 관련된 무엇인가가 발견되었는데 이것을 기술한 사람이 누구인지를 알지 못할 경우에 율법 전승은 모세에게, 예언 전승은 엘리야에게, 지혜 전승은 솔로몬에게, 시가 전승은 다윗에게 돌리는 전통이 있었습니다. 왜냐하면 모세는 율법을, 엘리야는 예언을, 솔로몬은 지혜를, 다윗은 시와 노래를 대표한다고 생각했기 때문입니다. 그 결과 모세의 율법이나 솔로몬의 지혜, 다윗의 노래 등이 시간이 지날수록 분량이 많아지게 된 것입니다. 그러나 모든 율법이 모세로부터 온 것이 아니고 모든 지혜서들이 솔

로몬으로부터 온 것이 아닙니다. 마찬가지로 시가 전승은 다윗에게 돌리려는 전통이 초기부터 있었는데 그 모든 시와 노래가 다윗의 것은 아닐 수 있습니다.

시편 1장에 대한 미드라쉬에는 이런 말씀이 나옵니다.

모세는 이스라엘에게 다섯 권의 토라를 주었으며, 다윗은 이스라엘에게 다섯 권의 시편을 주었다.

시편에서 다윗이라는 존재가 얼마나 중요한 인물인지를 잘 알 수 있는 대목입니다. 실제 시편 150장 가운데 73개의 시가 '레다윗', 즉 '다윗에게 속한' 또는 '다윗 시집에 속한'이라는 표제를 가지고 있습니다. 그렇다면 '다윗의 시'라고 되어 있는 모든 시들은 다윗이 직접 지은 시라고 할 수 있을까요. 그 시편들을 자세히 들여다보면 다윗이 다 썼다고 보기 어려울 정도로 매우 복잡한 역사적 배경을 가지고 있음을 알 수 있습니다. 먼저 '다윗의'라고 할 때 '의'에 해당하는 단어가 히브리어 전치사 '라멧'입니다. '라멧'은 크게 세 가지 의미로 해석이 됩니다. '다윗이 지은'이라는 의미의 of, '다윗을 주인공으로 한'의 의미의 for, '다윗에게 속한', '다윗에게 봉헌한'의 의미의 to로 번역이 가능합니다. 예를 들어 시편 30장을 보겠습니다. 시편 30장의 표제를 보면 "다윗의 시, 곧 성전 낙성가"로 되어 있습니다. 시편 30장은 성전 낙성식 때 불렀던 찬양입니다. 그런데 성전 낙성식 때 다윗이 살아 있었나요. 그렇지 않습니다. 다윗 사후에 성전은 건축되었습니다. 그렇다면 시편 30장의 성전 낙성가를 다윗이 지었다고 보기는 조금 어렵습니다. 물론 성전 건축이 완료된 후에 성전 낙성식 때 이 노래를 부르라고 다윗이 지었을 수도 있습니다. 그러나 성전 건축을 갈망했던 다윗을 주인공으로 한 노래, 다윗에게 바쳐진 노래로도 이해할 수 있습니다.

실제 다윗은 많은 시편을 창작한 저자입니다. 그리고 비파와 수금의 연주자로서 야웨 신앙을 일반 백성들의 삶의 현장에 접목시키는데 결정적으로 이바지했을 것입니다. 학자들은 다윗이 망명 시절에 블레셋과 두로의 예배 문화에서 시편의 노래 문화를 배웠을 것이라고 봅니다. 원래 이스라엘의 5대 제사 안에는 찬양이 존재하지 않았습니다. 그런데 다윗 시대부터 성전에서 찬양 문화가 활성화됩니다. 다윗은 이방 신들에게 부여된 신적 품성들을 과감하게 야웨 하나님께 전용하여 사용했습니다. 예를 들어 '구름 타고 날아가는 바알'을 '구름타고 날아가는 야웨'로 개사하여 하나님을 찬양합니다. 시편에 등장하는 '다윗의 시'는 실제 다윗이 지은 시일 수도 있고 다윗에게 헌정되거나 바쳐진 시일 수도 있고 다윗을 주인공으로 한 시일 수도 있습니다.

08 동일한 시편의 본문이라도 히브리어 성경과 한글 성경의 구절이 다르다는 이야기를 들었습니다. 왜 그런 차이가 발생하는 것인가요?

A 히브리어 성경과 한글 성경에서 시편의 구절이 조금씩 다릅니다. 그 이유는 표제 때문에 그렇습니다. 히브리어 성경에서 시편은 책 표제어가 1절이고 역사적 설명이 2절입니다. 예를 들어 시편 51장을 보겠습니다. 표제가 "다윗의 시, 인도자를 따라 부르는 노래, 다윗이 밧세바와 동침한 후 선지자 나단이 그에게 왔을 때"라고 되어 있습니다. 보통의 시편보다는 표제가 조금 깁니다. 표제의 앞부분에는 저자가 누구인지, 어떻게 불러야 하는지가 나오고, 표제의 뒷부분에는 어떤 배경 가운데 이 시가 탄생하게 되었는지를 설명하고 있습니다. 여기서 앞부분이 히브리

어 성경에서는 1절입니다. 그리고 뒷부분이 히브리어 성경에서는 2절입니다. 그리고 한글 성경에서 1절이 3절입니다. 그래서 시편 51장은 한글 성경과 히브리어 성경 사이에 두 절의 차이가 납니다. 역사적 설명은 없고 표제만 있는 대부분의 히브리어 시편은 한글 성경과 한 절의 차이가 납니다.

총 150장의 시 가운데서 34개의 시는 표제가 없는 시입니다. 표제가 없다고 해서 '고아시'라고 불렀습니다. 116개의 시는 표제를 가지고 있습니다. 중요한 것은 표제는 시가 창작되는 순간부터 존재했던 것은 아니라는 것입니다. 표제는 후대의 첨가입니다. 그래서 학자들은 표제를 가장 오래된 시편 주석 중 하나로 평가합니다. 아래에 나오는 시에 대한 최초의 해석이라고 보는 것입니다. 표제에는 저자의 이름, 고대 장르의 이름(미즈모르, 믹담, 마스길, 성전에 올라가는 노래, 등극시, 할렐루야 시편, 제왕시 등), 용도에 대한 지시사항, 역사적 배경 등을 담고 있습니다.

09 시편의 가장 중요한 특징은 무엇인가요?

Ⓐ 시편의 특징을 한 문장으로 정리할 수는 없습니다. 하지만 시편이 말하고자 하는 것을 가장 잘 보여주는 것이 1장입니다. 시편 1장은 시편 전체의 서론임과 동시에 주제 본문이라고 할 수 있습니다. 시편 1장에서 핵심은 사람들이 걸어가게 되는 인생의 길이 의인의 길과 죄인의 길로 나뉜다는 것입니다. 이 두 개의 길 가운데서 어느 길을 걸어갈 것인가를 독자에게 질문하고 반드시 의인의 길을 신실하게 걸어갈 것을 촉구하고 있는 것이 시편의 특징입니다. 시편의 특징이 바로 이런 이분법입

니다. 의인의 길과 죄인의 길 외에 다른 길은 존재하지 않습니다. 이 두 개의 길 가운데서 의인의 길을 걸어가고자 하는 결단이 중요합니다. 시편은 전체적으로 의인과 악인의 첨예한 대립을 보여줍니다. 여기서 악인은 우리 존재 외부에만 있는 것이 아닙니다. 우리 안에 있는 죄성도 가리키는 표현입니다. 신앙이 성숙하기 전에는 싸워야 할 적이 밖에만 있다고 생각하지만 시간이 지날수록 점점 자신과의 싸움이 가장 힘든 것임을 경험하게 됩니다. 마치 로마서에서 바울의 탄식과 비슷합니다. 로마서 7장 24절을 보겠습니다.

오호라 나는 곤고한 사람이로다 이 사망의 몸에서 누가 나를 건져내랴.

시편에서는 인간을 독립된 존재로 보지 않고 언제나 하나님과 연결시켜 인간을 이해합니다. 인간은 하나님 앞에 서 있는 존재입니다. 하나님과 관계 맺고 살아가야 할 존재입니다. 하나님과 어떠한 관계를 맺을 것인가에 따라 우리 인생의 질은 하늘과 땅의 거리만큼 달라집니다. 언제 어느 곳에서나 하나님과 긴밀하게 연결되고 하나님과 동행하는 존재가 의인입니다. 반대로 하나님과 격리되고 단절된 상황을 시편은 죽음으로 강조하고 있습니다.

10 시편 3장 4절에는 '성산'이라는 단어가 나옵니다. 한국 교인들이 성지 순례를 많이 가는데 정말 이스라엘 땅이 성지이고 예루살렘 산은 성산인가요?

Ⓐ 시편 3장 4절을 보겠습니다.

내가 나의 목소리로 여호와께 부르짖으니 그의 성산에서 응답하시는
도다(셀라).

내가 주님께 부르짖었을 때 주님께서 성산에서 응답하신다는 말씀입
니다. 여기 분명히 '성산'이라는 표현이 나옵니다. 대부분 성산을 거룩
한 산이라고 생각하기 쉬운데 사실은 그렇지 않습니다. 성산은 영어로
'mountain of my holiness'로 산이 거룩한 것이 아니라 하나님의 거룩하
심이 드러나는 산이라는 의미입니다. 하나님의 백성다운 거룩함이 있는
곳, 그곳이 바로 성지입니다. 예루살렘이 거룩한 이유는 그곳에 거룩한
백성이 있기 때문입니다. 하나님의 거룩하심이 드러날 때 그곳은 거룩
한 곳이 됩니다. 반대로 하나님의 거룩하심을 드러내지 못할 때 하나님
은 친히 그곳을 떠나시고 그곳을 무너뜨리십니다. 이러한 사실을 에스
겔 8~11장이 잘 보여줍니다. 타락하고 부패한 성전에서 여호와의 영광
이 점점 떠나십니다. 여호와의 영광이 떠난 성전은 건물 덩어리에 불과
합니다. 그리고 하나님께서는 타락하고 부패한 예루살렘 성전, 건물 덩
어리에 불과한 그곳을 바벨론 군대를 통해 친히 무너뜨리십니다. 어느
특정한 지역이 거룩한 곳이 아닙니다. 만약 이스라엘 백성들이 살고 있
는 그곳이 거룩한 지역이라면 우리 모두 그곳으로 이사 가야 하지 않겠
습니까. 어디가 거룩한 곳입니까. 거룩한 백성이 있는 곳이 성지입니다.
진실하고 정직하고 하나님만을 믿는 백성들이 있는 곳이 성지입니다.
그런 의미에서 모든 신앙인들은 자신이 거하는 집과 교회를 성지로 만
들어야 할 책임이 있습니다. 앞으로는 여러분의 가정에 누군가 방문하
게 되면 "성지에 오신 것을 환영합니다"라고 인사할 수 있었으면 좋겠
습니다.

11 시편에는 "새 노래로 찬양하라"는 표현이 많이 나옵니다. 여기서 말하는 새 노래는 무엇인가요?

Ⓐ 시편 149장 1절을 보겠습니다.

할렐루야 새 노래로 여호와께 노래하며 성도의 모임 가운데에서 찬양할지어다.

여기에 '새 노래'라는 표현이 나옵니다. 새 노래는 새로운 시대의 기쁨과 감격을 담은 노래를 의미합니다. 자기 백성들을 예상치 못한 놀라운 방식으로 돕고 돌보시는 하나님의 은혜를 경험한 사람들이 하나님을 새롭게 찬양하는 노래가 새 노래입니다. 우리가 매순간 새 마음 새 존재로 하나님을 만나게 될 때 하나님에 대한 우리의 지평은 넓어지고 깊어지게 됩니다. 내 좁은 사고의 틀 속에 하나님을 가두게 되면 하나님에 대해 마치 다 알고 있다는 교만함과 진부함에 사로잡히게 됩니다. 우리 하나님은 신실하신 하나님이십니다. 오늘 내가 만난 하나님은 믿음의 사람들과 오랜 시간 만나오신 바로 그 하나님이십니다. 그러나 오늘 내가 만난 하나님은 내가 알고 있던 지평을 초극하여 오시는 낯선 하나님이십니다. 그 하나님을 찬양하기 위해서는 새 노래가 필요합니다. 날마다 새 노래로 하나님을 찬양하는 깨어있는 성도들이 되어야 합니다.

12 시편 58장은 원수의 소멸을 바라는 기도입니다. 신앙인은 이러한 기도를 해서는 안 되고 어떤 상황에서건 원수를 사랑해야 한다고 배웠습니다. 이런 시가 성경 안에 기록되어 있는 이유는 무엇이고 원수에 대해

Ⓐ 시편 58장 6~11절을 보겠습니다.

하나님이여 그들의 입에서 이를 꺾으소서 여호와여 젊은 사자의 어금
니를 꺾어 내시며 그들이 급히 흐르는 물 같이 사라지게 하시며 겨누
는 화살이 꺾임 같게 하시며 소멸하여 가는 달팽이 같게 하시며 만삭
되지 못하여 출생한 아이가 햇빛을 보지 못함 같게 하소서 가시나무
불이 가마를 뜨겁게 하기 전에 생나무든지 불 붙는 나무든지 강한 바
람으로 휩쓸려가게 하소서 의인이 악인의 보복 당함을 보고 기뻐함이
여 그의 발을 악인의 피에 씻으리로다 그 때에 사람의 말이 진실로 의
인에게 갚음이 있고 진실로 땅에서 심판하시는 하나님이 계시다 하리
로다.

질문하신 것처럼 원수의 소멸을 바라는 기도는 신앙인들이 해서는
안 되는 기도인 것처럼 보입니다. 어떤 상황에서도 끝까지 원수를 품고
사랑하는 것이 신앙인다운 모습이 아닌가 생각하게 되는 것입니다. 그
러나 원수 사랑과 관련해서 두 가지를 기억해야 합니다. 하나는 원수가
강할 때와 약할 때 우리의 행동은 달라져야 한다는 것입니다. 원수를 사
랑해야 하는 시점은 원수가 약할 때입니다. 원수가 강할 때 우리는 원수
에게 단호하게 저항해야 합니다. 상황을 고려하지 않고 무조건적 원수
사랑을 주장하는 것은 자칫 원수와 한편이 되어 역사의 수레바퀴를 후
퇴시키는 범죄 행위가 될 수 있습니다. 다른 하나는 원수에 대한 규정이
나를 중심으로 판단되어서는 안 된다는 것입니다. 시편에서 원수는 나
의 원수가 아닙니다. 원수는 궁극적으로 하나님의 원수입니다. 하나님

나라가 이 땅 위에 실현되어지는 것을 대적하는 자가 원수입니다. 명심해야 할 것은 인간적 이기심과 탐욕에 사로잡혀 살아가게 될 때 우리 자신이 하나님의 원수가 될 수 있다는 것입니다. 그런 어리석음을 범하지 않도록 매순간 하나님 앞에서 깨어 있어야 합니다.

잠언

01 한국 교회 안에서 잠언과 같은 말씀은 설교 시간이나 성경 공부 시간에 잘 듣지 못하는 말씀인 것 같습니다. 잠언과 같은 말씀을 잘 하지 않는 특별한 이유가 있나요?

A 일반적으로 교회에서 잠언으로 설교하는 것을 우리는 잘 보지 못합니다. 성경 공부 시간에도 다른 본문들에 비해 잠언을 본문으로 성경 공부하는 것을 잘 경험하지 못합니다. 그 이유가 무엇일까요. 일반적으로 신앙을 가진 부모님들이 청소년 자녀들에게 매일 잠언의 말씀을 1장씩 읽을 것을 권하는 경우들이 있습니다. 잠언을 지혜의 말씀이라고 생각하면서 자신의 자녀가 지혜로운 사람이 되기를 바라는 마음으로 그렇게 하는 것입니다. 한국 교회에서 잠언이 사랑받지 못하는 가장 큰 이유는 한국 교회의 주관심이 잠언과는 거리가 있기 때문입니다. 한국 교회는 복음 전도와 교회 성장을 강조합니다. 구원에 대해 많이 강조합니다. 그래서 자연스럽게 우리에게 구원을 가져다주신 예수에 대한 관심이 높습니다. 그런데 잠언과 같은 지혜 문학에서는 예수에 대한 기독론적 메시지가 거의 나오지 않습니다.

구약의 지혜서로는 욥기, 잠언, 전도, 아가서가 있습니다. 지혜서들은 몇 가지 공통된 특징이 있습니다.

첫째는 하나님의 구원사에 대해서는 최소한의 관심을 드러내고 보편적인 인간 삶에 대한 관심이 높다는 것입니다. 그래서 지혜 문학은 신앙을 갖고 있지 않은 사람도 누구든 편하게 읽을 수 있는 장점이 있습니다.

둘째는 국가로서의 이스라엘에 대해 관심이 없다는 것입니다. 이것도 비신앙인들이 지혜 문학에 쉽게 접근할 수 있는 큰 장점입니다.

셋째는 신정론에 대한 관심이 높습니다. 신앙인들이 누구든 한번쯤 질문하게 되는 것이 신정론의 문제입니다. 내가 믿는 하나님이 전능하시고 선하신 분이고 그분이 세계 역사를 주관하시고 섭리하시는데 왜 세상에는 이렇게 악이 만연하는가에 대한 질문에 대해 지혜 문학은 관심이 많습니다.

넷째는 인생을 어떻게 성공적으로 살 수 있을까에 대한 관심이 높습니다. 이러한 질문은 모든 인간들에게 존재하는 보편적인 관심사입니다. 그래서 비신자도 편하게 지혜 문학에 접근할 수 있는 것입니다.

토라나 예언서가 하나님과 인간 사이의 직간접적인 접촉으로 형성된 계시라면 지혜서는 인간의 이성이 적극적으로 매개된 간접적 성격의 계시라고 할 수 있습니다. 지혜 문학은 크게 두 개로 나뉩니다. 잠언을 실천적 또는 경험적 지혜라고 하고 욥기와 전도서를 사색적 지혜 또는 반성적 지혜로 분류합니다. 여기서 가장 중요한 분류의 기준은 보응의 원리입니다. 잠언은 보응의 원리에 근거한 지혜를 말하고, 사색적 지혜는 잠언과 같은 실천적 지혜에 대한 의심과 회의를 제기하고 있습니다.

Ⓐ 여러분은 지혜라는 말을 들으시면 어떤 모습이 연상되십니까. 지혜로 가득한 지혜자의 모습은 어떤 모습일까요. 높은 산 위에서 깊은 명상에 들어간 사람의 모습이 떠오르십니까. 원래 지혜는 어떤 직업이나 전문 분야의 숙련된 기술을 의미하는 말입니다. 인간이 살아 가는데 있어 필요한 전문적인 기술, 즉 생의 기술을 지혜라고 합니다. 이러한 지혜 안에는 옷 만드는 기술(출 28:3), 집 짓는 기술(출 35:30), 철을 다루는 기술(왕상 7:14), 주술을 부리는 능력(출 7:11), 외교적인 능력(왕상 5:7), 통치의 능력(사 11:2) 등이 포함됩니다. 인간 삶에 필요한 생의 기술을 지혜라고 이해했다고 보시면 됩니다. 그런데 지혜 문학에서는 어떻게 살아야 하는지에 대해 공동체가 도달한 합의를 지혜로 봅니다.

지혜는 성공하는 인생을 살아가기 위한 기술입니다. 그렇다면 어떤 인생이 성공하는 인생일까요. 잠언에서는 그것을 의로운 삶이라고 말합니다. 잠언이 말하는 잘 사는 것은 의롭게 사는 것입니다. 의롭다는 것은 정의롭다는 것과 자비롭다는 것이 결합된 것입니다. 정의로움만을 강조하게 되면 사람은 차가워지기 쉽습니다. 그 정의로움을 따뜻하게 만드는 것이 자비로움입니다. 정의로움과 자비로움이 조화된 삶이 의로운 삶입니다. 그렇다면 어떻게 하면 이러한 의로운 삶을 살 수 있을까요. 잠언은 의로운 삶을 살아낼 수 있는 핵심으로 여호와 경외를 말합니다. 여호와를 경외하는 자가 의로운 삶을 살아낼 수 있다는 것입니다. 이것이 이스라엘 지혜 문학의 특징입니다. 결국 잠언이 목표로 하는 것은 하나님을 경외하는 자가 탄생하는 것입니다. 하나님을 경외한다는 것은 삶의 모든 영역 안에서 하나님의 절대주권을 인정하며 그를 두려워하는 태도를 갖는 것입니다. 하나님을 경외하는 참 지혜의 삶은 사회적인 관계에서 올바른 행동으로 드러날 수밖에 없습니다. 하나님을 경외하는 자가 자기 이익을 위해 사람에게 거짓을 말할 수 있겠습니까. 폭력을 사용할 수 있겠습니까. 하나님을 경외하는 사람은 자기가 만나는 모든 사람들을 하나님을 만나듯 대할 것입니다. 이것이 바로 잠언이 기대하는 지혜로운 자의 모습입니다.

03 잠언이라는 말의 의미는 무엇인가요?

Ⓐ 잠언은 한문으로 잠(箴)은 '대바늘'을 가리킵니다. 사람을 옷에 비유하면 인생이 낡아 해지거나 구멍이 날 때 잘못을 고쳐 잡는 말씀의 대바늘이 필요한데 그것이 바로 잠언이라는 것입니다. 또한 잠언은 '바늘로 찌르는 말'이라는 뜻으로 경계하는 말, 훈계하는 말의 의미를 가지고 있습니다. 잠언은 경험에 기초하여 짧은 문장에 압축하여 진리를 표현하고 있습니다. 잠언의 가장 중요한 특징이 간결성입니다.

04 잠언도 시편과 같이 여러 개의 표제가 모여 한 권으로 구성된 것으로 알고 있습니다. 잠언에는 총 몇 개의 묶음이 있나요?

Ⓐ 잠언에는 총 일곱 개의 표제가 등장합니다. 첫째는 1장 1절입니다. "다윗의 아들 이스라엘 왕 솔로몬의 잠언이라." 둘째는 10장 1절입니다. "솔로몬의 잠언이라." 셋째는 22장 17절입니다. "너는 귀를 기울여

지혜 있는 자의 말씀을 들으며 내 지식에 마음을 둘지어다." 넷째는 24장 23절입니다. "이것도 지혜로운 자들의 말씀이라." 다섯째는 25장 1절입니다. "이것도 솔로몬의 잠언이요 유다 왕 히스기야의 신하들이 편집한 것이니라." 여섯째는 30장 1절입니다. "이 말씀은 야게의 아들 아굴의 잠언이니 그가 이디엘 곧 이디엘과 우갈에게 이른 것이니라." 일곱째는 31장 1절입니다. "르무엘 왕이 말씀한 바 곧 그의 어머니가 그를 훈계한 잠언이라." 이렇게 총 일곱 개의 표제를 묶어서 한 권의 잠언으로 편집이 된 것입니다. 일곱 개의 표제 가운데 세 개가 솔로몬의 잠언입니다. 여기서 '솔로몬의 잠언'이라는 말은 솔로몬이 저자이거나 솔로몬에 의해 편집되었거나 솔로몬에게 바쳐진 것임을 말하는 것입니다. 아마도 잠언은 솔로몬 시대부터 부분적으로 기록되었다가 주전 2세기경 한 권의 책으로 완성되었을 것이라고 추정합니다.

05 잠언에 있는 말씀을 오늘날에도 문자 그대로 준수해야 하는지 궁금합니다. 특별히 자녀 훈육과 관련된 13장 24절과 23장 13절을 어떻게 이해해야 하는지요?

Ⓐ 잠언은 지혜의 말씀인 격언을 모아 놓은 본문입니다. 그런데 이 격언을 오늘날에도 문자 그대로 적용해도 되는지에 대해서는 조심해야 합니다. 왜냐하면 시대적 환경이 많이 달라졌기 때문입니다. 잠언이 쓰여지고 교육되어졌던 구약 시대에는 교육적 목적으로 매를 사용하는 것에 대해 매우 긍정적이었습니다. 그러나 오늘날에는 체벌에 대한 입장이 많이 달라졌습니다. 무엇보다 체벌을 받는 당사자들의 견해가 많이 달라졌습니다. 그래서 잠언의 말씀을 문자 그대로 적용하는 것에 대해

서는 심사숙고가 필요합니다. 일단 잠언이 기술되고 교육되던 시기에는 매에 대해서 매우 긍정적인 인식이 있었음을 알아야 합니다. 잠언 20장 30절입니다.

상하게 때리는 것이 악을 없이하나니 매는 사람 속에 깊이 들어가느니라.

잠언 22장 15절입니다.

아이의 마음에는 미련한 것이 얽혔으나 징계하는 채찍이 이를 멀리 쫓아내리라.

이 모든 것은 어린 아이에게도 교육이라는 것이 얼마나 중요한가를 강조하는 잠언입니다. 당시에는 채찍으로 어린이들을 훈계하는 것이 보편적인 방식이었습니다. 심지어 철학자 플라톤은 도덕적 훈련은 채찍으로만 가능하다고 주장하기도 했습니다. 이런 시대적인 배경 속에서 잠언 13장 24절과 23장 13절이 등장하는 것입니다. 잠언 13장 24절입니다.

매를 아끼는 자는 그의 자식을 미워함이라 자식을 사랑하는 자는 근실히 징계하느니라.

자식을 사랑한다면 매를 아끼지 말 것을 권면하고 있습니다. 다음으로 잠언 23장 13절입니다.

아이를 훈계하지 아니하려고 하지 말라 채찍으로 그를 때릴지라도 그
가 죽지 아니하리라.

아이를 훈계함에 있어서 필요하다면 채찍으로라도 때릴 것을 말하고
있습니다. 핵심은 필요한 훈육을 잘 하라는 것입니다. 그런데 23장 13
절의 말씀을 아무데나 적용하게 되면 매우 위험해집니다. "채찍으로 그
를 때릴지라도 그가 죽지 아니하리라"는 말씀을 아멘으로 받아들이고
자녀를 채찍으로 때리게 되면 불상사를 경험할 수도 있습니다. 본문이
말하고자 하는 핵심은 필요한 훈계를 하라는 것입니다. 이 본질을 붙잡
으셔야지 문자 그대로 이것을 준수하고자 하는 일은 매우 위험합니다.

06 잠언 28장 9절의 "그의 기도도 가증하다"는 말씀은 어떻게 이해해야 하나요?

Ⓐ 잠언 28장 9절을 보겠습니다.

사람이 귀를 돌려 율법을 듣지 아니하면 그의 기도도 가증하니라.

본문은 하나님의 말씀에는 귀를 기울이지 않으면서 하나님께서 우
리의 기도에는 귀를 기울이기를 바라는 사람들에 대한 책망의 말씀입
니다. 이 말의 의미가 무엇인지 살펴보겠습니다. 우리는 흔히 기도를 하
나님과의 대화라고 말합니다. 대화의 기본은 듣고 말하는 것입니다. 기
도가 하나님과의 온전한 대화가 되기 위해서는 우리가 하나님의 음성
을 잘 듣는 것이 필요합니다. 하나님의 음성을 모아 놓은 것이 율법입니

다. 그런데 하나님의 음성은 들으려고 하지 아니하고 자기 이야기만 하나님께 하고자 하는 이가 있습니다. 자기 이야기가 끝나면 재빠르게 하나님과의 대화의 창구를 닫아버리는 사람들이 있습니다. 그리고 스스로는 하나님과 대화인 기도의 시간을 가졌다고 생각합니다. 사실 이런 대화는 기도가 아니라 주장입니다. 이런 행위를 하나님께서는 가증하다고 말씀하십니다. 세계 어느 나라보다 뜨겁게 기도하는 한국 교회가 이제는 성숙한 기도를 드려야 할 과도기에 접어들었다고 생각합니다. 지금까지 주장하고 간구하는 일에 힘썼다면 이제는 하나님의 음성을 귀 기울여 듣는 기도에 집중해야 합니다. 들음에서 참된 믿음이 생겨나기 때문입니다(롬 10:17).

전도서

01 전도서는 인생의 허무함을 강조하는 책이라는 느낌이 듭니다. 전도서가 말하는 '헛되다'라는 말의 의미는 무엇인가요?

Ⓐ 전도서에서 가장 익숙한 말씀이 1장 2절이라고 생각됩니다. 전도서 1장 2절을 보겠습니다.

전도자가 이르되 헛되고 헛되며 헛되고 헛되니 모든 것이 헛되도다.

여기 '헛되다'라는 말이 다섯 번이나 반복되고 있습니다. 얼마나 인생의 헛됨을 강조하고 싶었으면 헛되다는 말을 다섯 번이나 반복하고 있겠습니까. 그래서 전도서를 생각하면 인생의 헛됨을 강조하는 본문이라고 생각하게 됩니다. '헛되다'라는 말의 히브리어 원어는 '헤벨'입니다. '헤벨'은 비영속성, 순간성을 가리키는 단어입니다. 내가 언제든 붙잡을 수 있을 것이라고 생각했는데 쏜살같이 지나가 버리는 것, 어느 순간 사라져 버리는 것을 말합니다. 우리의 젊음이 그렇지 않습니까. 언제나 청춘이 지속될 것이라고 생각하고 자신만만했는데 어느 순간 젊음은 저 멀리 사라지고 몸도 마음도 예전 같지 않음을 느끼는 순간들이 찾아옵니다. 내 젊음이라고 생각했는데 내가 소유하고 붙잡을 수 있는 나의 것이 아니었던 것입니다. '허무하다' 라는 말은 '불확정적이다, 불확실하다, 믿을만한 항속적인 실체가 없다' 는 의미입니다. 전도서는 우리의 인생이 그러함을 알려줍니다. 불확정적인 삶의 현실과 삶의 유한성과 제한성 그리고 모순성을 직시하도록 만듭니다. 무엇보다 하나님과 분리되어 살아가는 삶, 즉 세상 의존적인 삶의 무의미성과 허무함을 강조하고 있습니다. 그러면서 언젠가 끝이 있는 우리의 인생을 자각하고 일상의 삶 속에서 하나님께로부터 받은 은혜를 감사하며 향유하는 삶을 살아갈 것을 촉구합니다. 전도서 3장 12절입니다.

사람들이 사는 동안에 기뻐하며 선을 행하는 것보다 더 나은 것이 없는 줄을 내가 알았고.

02 전도서도 지혜 문학으로 알고 있습니다. 전도서가 강조하는 지혜는 무엇인가요?

Ⓐ 전도서가 말하는 지혜의 메시지는 크게 두 가지입니다. 첫째는 창조주 하나님의 심판을 생각하면서 살아가라는 것입니다. 인간은 죽음을 향해 나아가는 존재입니다. 한 사람도 예외 없이 죽음이라는 사건을 경험하게 됩니다. 그 어떤 사람도 인생을 자기 마음으로 지배할 수 있는 사람은 없습니다. 이것을 전도서에서는 인생은 헛되다고 표현합니다. 인생은 내가 붙잡을 수 있는 것이 아닙니다. 영원히 나의 것으로 만들 수도 없습니다. 불로장생을 꿈 꾼 많은 사람들이 있었지만 결국은 죽음이라는 사건 앞에서 모든 인간은 평등하다는 것을 깨닫게 됩니다. 죽음의 사

건 이후에는 우리 인생에 대한 하나님의 최종적인 판단이 있습니다. 그것을 기억하면서 오늘을 살아가야 합니다. 세상의 판단에서는 승리하고 하나님의 판단에서는 실패한다면 얼마나 비극적인 인생입니까. 비록 세상에서는 인정받지 못하는 삶이라 하더라도 하나님의 판단에서 우리 모두가 승리하는 자가 되어야 하지 않겠습니까.

둘째는 오늘을 즐겁게 살아가라는 것입니다. 하나님께서 허락하신 삶의 은총들을 오늘 여기에서 감사하며 즐겁게 살아갈 것을 촉구하고 있습니다. 전도서가 말하는 이 두 가지 지혜의 메시지가 라틴어로 메멘토 모리(*memento mori*)와 카르페 디엠(*carpe diem*)입니다. 메멘토 모리는 '죽음을 기억하라'는 말입니다. 인생은 헛되며 모든 인생은 결국 죽음을 맞이하게 됩니다. 그리고 마지막에 창조자의 심판을 받게 됩니다. 이것을 기억하며 하나님 앞에 부끄럽지 않은 삶을 살아가야겠습니다. 카르페 디엠은 '오늘을 즐기라'는 말입니다. 하나님께서 우리에게 허락하신 매일의 은총을 감사한 마음으로 누리는 것이 필요합니다. 문자적으로만 보면 전도서는 인생의 헛됨을 강조하는 것처럼 보입니다. 그러나 우리의 인생이 언젠가 끝이 있음을 말하면서 결국 전도자가 강조하고 싶은 것은 일상의 삶을 감사와 기쁨으로 향유하라는 것입니다. 그래서 전도서를 일상 향유의 본문으로 부르기도 합니다.

03 대부분의 한국 교인들은 전도서의 저자를 솔로몬이라고 생각합니다. 그런데 목사님께서는 전도서의 저자가 솔로몬이 아닐 가능성이 높다고 하셨는데 그 이유는 무엇인가요?

🅐 한국 교인들은 솔로몬의 3부작이 있다고 봅니다. 잠언, 전도서, 아가

입니다. 그런데 잠언에서는 '솔로몬의 잠언' (잠 1:1)이라는 표현이 나오고 아가서에서도 '솔로몬의 아가' (아 1:1)라는 표현이 나오는데 전도서에는 솔로몬의 이름이 나오지 않습니다. 전도서 1장 1절을 보겠습니다.

다윗의 아들 예루살렘 왕 전도자의 말씀이라.

여기서 전도자를 대부분의 교인들은 솔로몬이라고 생각합니다. 그런데 전도자는 히브리어 '코헬렛'으로 그 뜻은 '공동체의 최고 책임자', '편찬자', '수집자', '선포자', '설교자'를 의미합니다. 공동체에 내려오던 지혜를 수집하고 그것을 가르치고 선포하는 자입니다. 만약 전도서의 저자가 솔로몬이라면 잠언과 아가서처럼 왜 솔로몬의 이름을 구체적으로 명시하지 않았을까요. 그런데도 전도서의 저자를 솔로몬이라고 보는 이유는 1장 1절에 나오는 수식어들 때문입니다. 1장 1절에서 전도자를 수식하는 표현은 "다윗의 아들 예루살렘 왕"입니다. 다윗의 아들이고 예루살렘의 왕이었던 사람이 누구입니까. 솔로몬입니다. 그래서 많은 분들은 여기 나오는 전도자가 솔로몬일 것이라고 생각하는 것입니다. 그런데 다윗의 아들이 꼭 다윗의 혈통적 아들만을 가리키는 표현일까요. 아들을 뜻하는 히브리어는 '벤'입니다. '벤'은 '아들, 손자, 아이, 단원, 젊은이, 백성' 등 다양한 의미가 있습니다. 다윗의 아들이라는 표현이 다윗의 손자일 수도 있고, 다윗의 통치를 받는 백성들을 뜻할 수도 있습니다. 그리고 예루살렘 '왕'이라고 할 때 왕을 뜻하는 '멜레크'는 '지도자'의 의미도 있습니다. 따라서 다윗의 후손 또는 백성 중에 예루살렘의 지도자였던 어떤 사람을 가리키는 것으로 볼 수도 있습니다. 전도서를 연구하는 학자들은 전도서의 저자가 솔로몬이라는데 대해 문제 제기를 합니다.

첫째는 전도서 1장 16절입니다.

내가 내 마음 속으로 말하여 이르기를 보라 내가 크게 되고 지혜를 더 많이 얻었으므로 나보다 먼저 예루살렘에 있던 모든 사람들보다 낫다 하였나니 내 마음이 지혜와 지식을 많이 만나 보았음이로다.

여기서 전도자는 자신이 먼저 예루살렘에 있던 모든 자보다 지혜를 많이 얻었다고 말합니다. 이것은 자기 이전에 선대로 왕들이 많이 있었다는 것을 전제로 하는 말인데 이것을 솔로몬에게는 적용시킬 수 있을까요.

둘째는 전도서 1장 12절입니다.

나 전도자는 예루살렘에서 이스라엘 왕이 되어.

예루살렘에서 이스라엘 왕이 되었다는 것은 과거 시제로 되어 있습니다. 현재는 왕이 아니라는 것입니다. 그런데 솔로몬은 생애 마지막까지 왕으로 있었습니다. 저자가 솔로몬이라면 솔로몬에게는 해당될 수 없는 표현이 사용된 것입니다.

셋째는 전도서 3장 16절입니다.

또 내가 해 아래에서 보건대 재판하는 곳 거기에도 악이 있고 정의를 행하는 곳 거기에도 악이 있도다.

고대 이스라엘 사회에서 법적 정의는 절대적으로 왕의 책임이었습니다. 그런데 여기에서는 사법적인 정의가 이루어지고 있지 않음에 대한 문제 제기를 하고 있습니다. 전도서의 저자가 솔로몬이라면 이런 진술을 솔로몬이 하기는 어렵다고 봐야 합니다. 4장 1절도 마찬가지입니다.

> 내가 다시 해 아래에서 행하는 모든 학대를 살펴 보았도다 보라 학대 받는 자들의 눈물이로다 그들에게 위로자가 없도다 그들을 학대하는 자들의 손에는 권세가 있으나 그들에게는 위로자가 없도다.

5장 8절도 보겠습니다.

> 너는 어느 지방에서든지 빈민을 학대하는 것과 정의와 공의를 짓밟는 것을 볼지라도 그것을 이상히 여기지 말라 높은 자는 더 높은 자가 감찰하고 또 그들보다 더 높은 자들도 있음이니라.

전도자가 만약 솔로몬이라면 이스라엘 공동체 안에 사법적인 정의가 시행되고 있지 않음에 대해 자기반성을 해야 하는 것 아닙니까. 그런데 전도자는 이스라엘 공동체 안에서 사법적인 정의가 실현되지 않고 있음에 대해 비판적인 문제 제기를 하고 있습니다. 저자가 솔로몬이 아니었기 때문에 가능한 일이라고 생각됩니다. 제2성전기에 자신의 저작을 과거 이스라엘 역사에 등장했던 영웅의 저작으로 발표하는 문학적 관행이 유행했습니다. 신구약 중간기에 나온 므낫세의 기도, 에녹 1,2서, 바룩 1,2서, 에스라2서, 아브라함 묵시서 등이 여기에 해당됩니다. 전도서도 솔로몬이 저작한 것처럼 발표된 지혜 문학으로 봅니다. 대부분의 학자들은 전도서를 주전 4~3세기 작품으로 당시 헬라 문화권에서 신앙과 현실의 문제를 고민한 현인의 작품으로 봅니다. 그렇게 보는 결정적인 증거는 전도서 안에 아람어 또는 후기 히브리어에서 발견되는 단어들(예컨대 정원, 다스리다, 끌다, 고정된 시간, 공식적인 결정, 지역, 옳다 등)이 많이 나타나기 때문입니다. 전도자는 세계 보편주의의 기치를 내세운 헬레니즘의 위협 가운데서 유대주의 사상을 가지고 사상적 경쟁을 치루고 있는 것입니다.

04 전도서는 당시 이스라엘 공동체를 지배하던 헬라 제국의 사상이 물밀 듯이 들어온 상황에서 헬레니즘에 대한 반박을 담고 있다고 배웠습니다. 헬레니즘의 주장과 이것을 반박하는 전도자의 생각을 볼 수 있는 본문이 있을까요?

Ⓐ 전도서 7장 26~29절을 보겠습니다.

> 마음은 올무와 그물 같고 손은 포승 같은 여인은 사망보다 더 쓰다는 사실을 내가 알아내었도다 그러므로 하나님을 기쁘게 하는 자는 그 여인을 피하려니와 죄인은 그 여인에게 붙잡히리로다 전도자가 이르되 보라 내가 낱낱이 살펴 그 이치를 연구하여 이것을 깨달았노라 내 마음이 계속 찾아보았으나 아직도 찾지 못한 것이 이것이라 천 사람 가운데서 한 사람을 내가 찾았으나 이 모든 사람들 중에서 여자는 한 사람도 찾지 못하였느니라 내가 깨달은 것은 오직 이것이라 곧 하나님은 사람을 정직하게 지으셨으나 사람이 많은 꾀들을 낸 것이니라.

이 본문은 전형적인 여성 혐오적 주장을 담고 있습니다. 남자 1,000명 중에 한 명쯤은 쓸 만한 남자가 있는데 여자 1,000명 중에는 쓸 만한 여자가 하나 없다는 것입니다. 이것은 전도자의 주장이 아닌 하나의 인용구입니다. 당시 유행했던 헬레니즘의 여성 혐오적 경향을 반영하는 말입니다. 여기에 대해 전도자는 29절에서 여성 혐오의 주장을 반박합니다. 전도자의 반박 근거는 창조신학적 진술입니다. 하나님은 사람, 즉 남자와 여자를 동등하게 창조하셨다는 것입니다(창 1:27). 전도서의 해석이 어려운 이유가 여기에 있습니다. 전도서는 당시 이스라엘 공동체 안으로 밀려들어 온 헬레니즘에 대한 헤브라이즘의 반박입니다. 그런데 인용 부호가 없기 때문에 이것이 헬레니즘의 주장을 인용한 것인지 아니면 전도자가 말하는 헤브라이즘의 주장인지를 알기가 쉽지 않습니다. 전도서 안에 있는 헬레니즘의 여성 혐오적 주장에 대한 반대의 목소리가 전도서 9장 9절입니다.

네 헛된 평생의 모든 날 곧 하나님이 해 아래에서 네게 주신 모든 헛된 날에 네가 사랑하는 아내와 함께 즐겁게 살지어다 그것이 네가 평생에 해 아래에서 수고하고 얻은 네 몫이니라.

여기서는 여성을 긍정적으로 평가하고 있습니다. 이처럼 전도서 안에는 다른 관점이 공존하고 있습니다. 이것이 헬레니즘의 주장인지 아니면 헤브라이즘의 주장인지를 제대로 이해하기 위해서는 헬레니즘과 헤브라이즘에 대한 별도의 공부가 필요합니다.

아가

01 아가서는 인간의 성에 대해 다루고 있는 지혜 문학으로 알고 있습니다. 아가서가 가진 의미와 아가의 뜻은 무엇인가요?

Ⓐ 아가서는 지혜 문학입니다. 비종교적 언어로 신학적 메시지를 전달하는 대표적인 장르가 지혜 문학입니다. 지혜 문학인 아가서는 인간의 성을 다루고 있습니다. 남녀 간의 사랑은 하나님의 창조질서 안에 있는 거룩한 행위로서 하나님이 인간에게 주신 선물일 뿐만 아니라 인류를 보존하는 방법이고 인간의 삶을 풍요롭게 하는 복된 장치입니다. 아가서는 인간의 성을 결혼이라는 문맥 안에서 찬양하고 있습니다. 아가서는 결혼이라는 제도 안에서 한 남자와 한 여자 사이에 이루어지는 사랑의 즐겁고 신비로운 성격을 말하고 있는 지혜 문학입니다. 중세 시대에 알레고리적 읽기가 강조되면서 중세 수도사들에 의해 가장 사랑받은 책 가운데 하나가 아가서입니다. 유대 전통은 아가서를 야웨 하나님과 이스라엘 사이의 사랑의 대화로 이해했고 그리스도교 전통 속에서는 아가서를 예수와 교회의 관계에 대한 이야기로 해석했습니다. 그러나 아가서를 알레고리적으로만 해석하게 되면 두 가지 문제가 발생합니다. 첫째는 알레고리적 해석은 자의적인 해석을 피할 수가 없다는 것이고, 둘

째는 알레고리적 해석을 하는 이유가 인간의 성을 본질적으로 악한 것으로 간주하기 때문이라는 것입니다. 그러나 인간의 성은 하나님이 주신 선물이기에 이러한 사고방식 자체에 문제가 있음을 기억해야 합니다. 아가는 한자로 우아할 아(雅)에 노래 가(歌)입니다. 히브리어 성경에서 아가서는 '쉬르 하쉬림'으로 불립니다. '노래들 중의 노래, 가장 아름다운 노래'라는 의미입니다. 아가는 이 세상에서 '가장 아름다운 노래'를 뜻합니다. 아가서 1장 1절을 보겠습니다.

솔로몬의 아가라.

여기서 솔로몬 '의'는 세 가지 의미가 있습니다. '솔로몬이 지은'이라는 의미도 되고, '솔로몬에게 속한', '솔로몬에게 바치는'이라는 의미도 되고, '솔로몬을 위한', '솔로몬을 주인공으로 한'이라는 의미도 됩니다.

02 아가서가 유월절에 불리어진 것으로 알고 있는데 그 이유가 무엇인가요?

Ⓐ 아가서는 오축 중 하나입니다. 오축은 성문서의 일부로서 유대인의 각종 절기에 낭독하는 다섯 개의 작은 책을 의미합니다. 오축에 해당되는 본문은 아가서, 룻기, 애가, 전도서, 에스더서입니다. 아가서는 유월절에, 룻기는 오순절에, 애가는 예루살렘 멸망 기념일에, 전도서는 초막절에, 에스더서는 부림절에 낭독했습니다. 재미있는 것은 오축 중 세 권이 여성을 주인공으로 한다는 것입니다. 아가서, 룻기, 에스더서가 여성

을 주인공으로 하는 본문입니다. 아가서는 유월절 절기에 이스라엘 백성들이 하나님의 사랑을 기억하고 회고할 때 불렀던 노래입니다. 유월절에 낭송되는 본문이라는 사실만으로도 아가서가 이스라엘 신학에서 얼마나 중요한 의미를 가지고 있는가를 알 수 있습니다. 유월절은 이스라엘 공동체가 탄생한 사건입니다. 바로의 압제 가운데 시달리던 자들을 하나님께서 유월절에 구원해주셨고, 그들과 시내산에서 언약을 체결함을 통하여 당신의 백성 삼아주셨습니다. 유월절은 이스라엘 해방절이고, 이스라엘이 탄생한 건국 기념일 같은 날입니다. 이때 아가서를 낭독했습니다. 왜 유월절에 아가서를 낭독하게 된 것일까요.

왕은 술람미 여인을 사랑합니다. 왕이라는 절대 권력자와 시골 여인이었던 술람미 사이에는 엄청난 신분상의 차이가 있었습니다. 그러나 왕은 이 모든 신분상의 거리를 초월하며 술람미 여인을 사랑합니다. 아가서 6장 8~9절을 보겠습니다.

왕비가 육십 명이요 후궁이 팔십 명이요 시녀가 무수하되 내 비둘기, 내 완전한 자는 하나뿐이로구나.

왕의 눈에 술람미 여인은 60명의 왕비와 80명의 후궁보다 더욱 귀하고 아름다운 존재였습니다. 이스라엘을 향한 하나님의 사랑이 그러합니다. 조건적, 외형적으로는 하나님의 사랑을 받을만한 자격이 전혀 없는 이스라엘 백성들에게 사랑의 동반자 관계를 제안하시고 끝까지 신실하게 그 사랑을 이어가시는 분이 우리 하나님입니다. 이스라엘을 지극히 사랑하시는 하나님의 모습을 너무나 잘 보여주는 본문이 바로 아가서입니다. 그래서 이스라엘 백성들은 자신들에게 가장 중요한 유월절 절기에 아가서를 낭독했던 것입니다.

03 아가서의 중요한 특징이 무엇인가요?

Ⓐ 아가서는 왕과 술람미 여인의 사랑 이야기입니다. 이것을 이스라엘 백성들은 하나님과 이스라엘의 사랑 이야기로 읽었고, 초대 교인들은 예수 그리스도와 교회의 사랑 이야기로 읽었습니다. 그리고 중세 시대에 수도사들은 하나님과 자신의 사랑 이야기로 읽었습니다. 핵심은 하나님과 사랑의 관계로 아가서를 이해한 것입니다. 이것이 아가서가 지니고 있는 특별한 중요성이라고 할 수 있습니다. 이전에는 언약관계 안에서 하나님과의 관계를 주종관계로 이해하거나 왕과 백성의 관계로만 이해했습니다. 하나님은 이스라엘을 보호하시고 양육하시고 명령하시는 분으로 생각한 것입니다. 그러나 아가서는 하나님과의 관계에 있어 그 이상의 의미가 있음을 강조하고 있습니다. 사랑하는 신랑과 신부의 부부관계라는 것입니다. 하나님과 이스라엘은 명령하고 순종하는 관계를 뛰어 넘어 서로를 사랑하는 관계임을 말해주고 있는데 이것이 아가서가 지니는 중요한 특징입니다. 오늘날에도 하나님께서는 자신을 뜨겁게 사랑하는 자를 찾으십니다. 하나님을 사랑한다는 것은 무엇입니까. 그분의 말씀에 온전히 순종하는 것이 하나님을 사랑하는 것입니다(신 6:4~5).

04 아가서는 해석하기가 난해하다는 이야기를 들었습니다. 그 이유가 무엇인가요?

Ⓐ 아가서는 다음의 몇 가지 이유로 인해 난해한 본문으로 인식되었습니다. 첫째는 아가서 안에 나오는 대화와 노래가 누구의 것인지를 분간

하기 어렵다는 것입니다. 한글 번역 성경인 공동번역과 새번역에서는 화자를 표시하여 번역하고 있습니다. 공동번역은 등장인물을 신부, 신랑, 합창단으로 나누어 표시하고 있습니다. 그러나 히브리어 사본에는 이러한 표시가 없습니다. 70인경 사본들 중 두 사본에 이러한 등장인물 표시가 나올 뿐입니다. 둘째는 아가서 안에 우리에게 익숙하지 않은 많은 지명들이 등장한다는 것입니다. 셋째는 아가서 안에 하나님에 대한 언급이 8장 6절에만 나오고 하나님의 역사하심이나 구원에 대한 언급이 전혀 없다는 것입니다. 아가서 8장 6절을 보겠습니다.

너는 나를 도장 같이 마음에 품고 도장 같이 팔에 두라 사랑은 죽음 같이 강하고 질투는 스올 같이 잔인하며 불길 같이 일어나니 그 기세가 여호와의 불과 같으니라.

여기 여호와의 이름이 처음으로 나옵니다. 그런데 히브리어 본문에는 야웨라는 말이 나오지는 않습니다. '여호와의 불'은 '샬헤베트야'인데 이것은 '화염'을 뜻합니다. 그런데 이것을 '샬하보트 야'로 떼어 읽으면 '여호와의 불'이 되는 것입니다. 엄밀하게 말하면 아가서 본문 안에는 야웨라는 단어가 나오지는 않습니다. 넷째는 남녀 간의 사랑만이 노골적으로 묘사되어 있다는 것입니다. 그래서 유대교에서도 성인식을 올리지 않은 아이들에게는 아가서를 읽지 못하도록 하는 전통이 있습니다. 다섯째는 아가서의 주요 등장인물이 두 사람인지, 세 사람인지 파악하기 어렵다는 것입니다. 이것이 사실 가장 중요한 이유입니다. 학자들도 이 부분에서 의견의 일치를 보지 못했습니다. 아가서의 주인공을 두 사람으로 보는 경우에는 솔로몬과 술람미 여인의 사랑 이야기가 되고, 세 사람으로 보는 경우에는 솔로몬과 술람미 여인 그리고 술람미 여인이 사랑하는 목동의 사랑 이야기가 됩니다. 아가서 4장 16절을 보겠습니다.

북풍아 일어나라 남풍아 오라 나의 동산에 불어서 향기를 날리라 나의 사랑하는 자가 그 동산에 들어가서 그 아름 다운 열매 먹기를 원하노라.

아가서의 주인공을 세 사람으로 보는 경우에는 4장 16절은 이렇게 해석이 됩니다. 왕에 의해 간택되어 왕비가 된 후에도 여전히 술람미 여인은 자신이 사랑했던 남자를 잊지 못하고 있는 것입니다. 그리고 자신이 사랑했던 남자에게 모든 것을 바치겠다는 소신을 드러내는 것으로 이 구절을 해석합니다. 이러한 다섯 가지 이유로 인해 아가서는 해석하기 난해한 본문으로 평가되고 있습니다.

05 오늘날에도 아가서는 알레고리적 해석을 주로 하는 것 같습니다. 아가서를 문자 그대로 해석하는 것은 위험한가요?

Ⓐ 알레고리적 해석의 특징은 육적인 것과 영적인 것을 분리하려는 강한 이원론적 경향입니다. 아가서는 문자 그대로만 보면 남녀 간의 노골적인 사랑 이야기입니다. 여기서 사랑은 대부분 육체적인 사랑입니다. 그래서 문자적으로만 아가서를 보게 되면 아가서는 에로티시즘의 교과서가 되는 문제가 발생합니다. 그래서 전통적으로 아가서를 하나님과 이스라엘과의 관계 또는 예수 그리스도와 교회의 관계로 풍유적으로 해석했습니다. 만약 알레고리적 해석을 하지 않았다면 경전 속에 이 적나

라한 남녀 간의 사랑의 노래가 들어오기는 쉽지 않았을 것입니다. 알레고리적 해석이 전제되었기 때문에 아가서가 경전 안에 들어올 수 있었다고 볼 수 있습니다. 물론 아가서 안에 나오는 인간 육체에 대한 묘사가 외설적인 음란물로는 느껴지지는 않습니다. 크게 두 가지 이유 때문입니다. 첫째는 여인의 몸을 묘사하면서 실제적으로 묘사하기보다는 시적으로 변형하였기 때문입니다. 둘째는 우아한 은유를 상징적으로 사용하였기 때문입니다. 드러내면서도 숨기는 기능을 갖는 상징을 사용하였기에 독자들은 음란하다는 느낌을 전혀 느끼지 못합니다.

전통에서도 그러했지만 오늘날에도 아가서를 알레고리적으로 해석을 많이 합니다. 그러나 알레고리적 해석을 하게 되면 중요한 문제가 하나 발생합니다. 핵심적인 주인공들은 누구인지 설명할 수 있지만, 아가서 안에 등장하는 예루살렘 여자들, 솔로몬의 가마를 호위하는 60명의 용사들, 술람미 여인의 오빠들은 누구를 상징하는지에 대해 설명하기가 어렵습니다. 예를 들어 아가서 안에 나오는 왕은 그리스도이고 술람미 여인은 교회라고 한다면 술람미 여인의 오빠들은 교회 오빠가 되는 것인가요. 핵심적인 주인공은 하나님과 이스라엘, 그리스도와 교회로 설명이 가능하지만 나머지 인물들이 누구인지 규정하는 것이 쉽지 않다는 것이 알레고리적 해석의 난점입니다. 아가서는 인간의 성에 대해 말하고 있는 지혜 문학입니다. 인간의 성에 대한 긍정적인 관점을 가지고 본문에 나오는 내용들을 문자 그대로 받아들이는 것이 필요합니다. 인간 육체에 대한 부정적인 관점을 가지고 아가서의 내용을 영적으로만 해석하고자 하는 것은 지나친 자의적 해석으로 빠질 위험성이 있습니다. 종교 개혁가들이 말한 것처럼 일차적으로 문자적 해석을 하는 것이 필요합니다.